The Secret of Jewellery

일러두기
외국 인명, 지명, 영화명, 브랜드 명 등은 외래어 표기법에 맞춰 표기했으나 일부는 통용되는 방식에 따랐다.

The Secret of Jewellery
시크릿 오브 주얼리

송경미 지음

시공사

Prologue

주얼리가 일으키는 마법

주얼리를 바라보면, 저는 사랑할 때와 같이 늘 마음이 설렙니다. 동시에 신비한 미적인 감동을 느낍니다. 그런 주얼리는 저에게 소중한 인연들을 선물해 주었고, 지금의 저를 있게 해 주었습니다.

　이 특별한 인연으로 얻게 된 사소한 행복과 주얼리에 담긴 작은 비밀들, 그리고 주얼리가 일으키는 마법과 같은 신기한 이야기를 여러분과 차 한잔하며 이야기하듯이 편하게 나누고 싶어서 이 책을 준비하게 되었습니다.

　사람의 손으로 만들어지는 최고의 아름다움을 보여 주는 예술품이 바로 주얼리라고 저는 생각합니다. 그뿐 아니라 주얼리는 개개인의 삶에서의 소중한 추억을 응축하는, 그 어디에도 없는 뜻 깊은 선물입니다.

　이런 주얼리를 소유한다는 것은 하늘에서 주시는 특별한 인연입니다. 그러나 우리는 주얼리를 일시적으로 '보관'하는 책임을 질 뿐입니다. 가치 있는 것, 좋은 것, 아름다운 것은 언젠가 우리의 손을 떠나서 다음 주인을 만나 새 생명을 부여받고 또 다른 역사를 만들어 나가기 마련이니까요.

앤티크 주얼리를 위한 살롱, 갤러리 람Gallery RAAM을 오픈하고 아름다운 주얼리와 알콩달콩 지낸 지 벌써 10년이라는 세월이 흘렀습니다. 해가 거듭할수록 작은 욕심이 생깁니다. 정서적 안정이 바로 행복이고 그런 사소한 행복에 감사할 수 있는 인생을 앞으로도 계속 보내고 싶다고 말입니다. 저의 인생에 이런 작은 행복이 전해지는 계기를 주었던 것이 바로 주얼리와의 만남이었습니다.

여러분도 아늑한 아름다움과 끝없는 깊이를 지닌 주얼리를 인생에서 일시적으로나마 소유하는 기쁨을 경험하고, 주얼리가 전하는 메시지에 한번쯤 귀 기울여 보는 것은 어떨까요. 신기하게도 그 특별한 무언의 아우라는 여러분의 '어떤 감각'에 신비한 떨림을 안겨 줄 것입니다. 그리고 웅크린 마음을 열어 주는 마법과 같은 감동을 전해 줄 것입니다.

이 책이 여러분께 또 다른 행복한 인연을 만들어 주는 계기가 되기 바랍니다.

2012년 2월
송경미

contents

Prologue
주얼리가 일으키는 마법 4

1장 앤티크 주얼리의 세계에 들어서다

앤티크 주얼리와의 첫 만남 11
내 손 안의 작은 예술품 19
전설적인 주얼리 디자이너들 28
앤티크 주얼리에 대한 몇 가지 진실 41
앤티크 주얼리의 비밀 53
앤티크 주얼러들의 컬렉션 철학 64
권력, 그리고 남자들의 주얼리 82
여인들의 광기 어린 주얼리 사랑 94
주얼리의 역사를 만들어 온 메종 108
앤티크 주얼리와 친해지고 싶은 당신에게 115
후손에게 전하는 주얼리, 비주 드 파미유 122

2장 반지와 다이아몬드

소중한 친구, 반지 129
약혼반지가 태어나다 137
커팅에 따라 신분이 달라지는 다이아몬드 145
다이아몬드의 최고 전성기, 벨 에포크 154
왕실을 빛낸 다이아몬드 161
영화와 소설 속 다이아몬드 178
다이아몬드 vs 진주, 포기할 수 없는 아름다움 191
인도, 그리고 다이아몬드 202
해골과 다이아몬드, 그 역설적인 관계 212
나만의 다이아몬드 반지 219

3장 주얼리와 친해지는 법

리어카에도 사랑스러운 것들은 있다 231
사랑이 지나간 뒤 주얼리에 대처하는 법 240
협찬 주얼리의 한없는 가벼움 248
인연이 닿는 주얼리는 따로 있다 257
컬렉션을 즐겨라 264
현대 여성의 부적, 주얼리 270
주얼리를 코디하다 276
지성이라는 이름으로 주얼리를 즐기다 288

1장
앤티크 주얼리의
세계에 들어서다

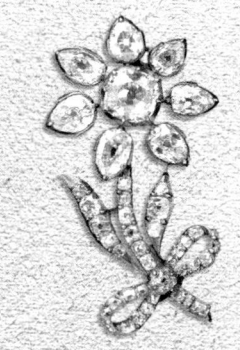

앤티크 주얼리와의 첫 만남

The Scent of Jewellery

앤티크 주얼리antique jewellery와의 진정한 만남은 내가 이십 대에 몸담았던 런던 소더비 인스티튜트 오브 아트Sotheby's Institute of Art에서 이루어졌다. 소더비 옥션 하우스에 부속된 이곳은 당시 국내에는 잘 알려지지 않았지만, 옥션 하우스에서 거래되는 아이템들을 직접 관리하며 주얼리를 접할 수 있는 곳이다. 대학 졸업 후 이곳에 유학하기로 결심한 것은 별다른 이유가 없었다. 미래에 대한 구체적인 꿈을 가지지 못했던 대학 4학년, 서점에서 미술 서적을 보다가 우연히 이곳을 알게 되었고, 그저 거기서 공부해 보고 싶다는 막연한 생각을 했다. 이것이 지금의 갤러리 람Gallery RAAM의 시작이었다.

   소더비 옥션 하우스에서는 세계 각국에서 모인 다양한 아이템들이 취급된다. 회화, 조각, 가구, 악기, 도자, 유리공예, 시계, 주얼리, 카펫 등, 심지어 부동산까지 포함된다. 역사적 아이템부터 현대 제품까지, 기존 소장자의 손을 떠나 다음 주인을 맞이하기 위해 옥션 하우스를 거쳐 가는 것이다. 눈길을 끌지 못하는 '중고품들'과 옥션 하우스에서 다루어지는 이런 아이템들의 차이는, 후자에는 다양한 이야깃거리가 곁들여져 있다는 게 아닐까. 그중 나의 마음을 빼앗아 간 것은 주얼리였다. 그것도 뭔가 심상치 않은 기운을 뿜어내는 앤티크 주얼리.

런던 유학 전에는, 나는 한 가지 디자인으로 만들어진 주얼리가 대량으로 생산되어 한 브랜드의 이름으로 유통되는 것을 당연하다고 생각했다. 아니, 솔직히 그런 상황에 대해서도 관심이 없었다. 영국에서 앤티크 주얼리를 만나기 전까지는……. 앤티크 주얼리는 현재로서는 믿을 수 없을 만큼 큰 자본과 시간이 투자되고, 당대 최고 장인의 손에 의해 그 어떤 시대에도 변함없는 아름다움을 부여받은, 주얼리 세계의 오트 쿠튀르haute couture였던 것이다.

주얼리 컬렉션 고수들의 마음을 사로잡는 앤티크 주얼리는 제작된 지 백 년이 지난 보석, 장신구, 공예품을 의미한다. 최근에는 1930년 즈음에 제작된 것들도 당시 미술 사조의 영향, 즉 예술적·디자인적인 특징을 찾을 수 있다면 앤티크 주얼리로 정의하는 경향이 강하다. '앤티크'의 영역이 점점 넓어지는 이유는 세월의 흔적을 지닌 진품을 손에 넣기가 점점 힘들어지기 때문이 아닐까 싶다. 미래에 어떤 것들이 '앤티크'라는 애칭을 얻게 될지 그 누구도 꼭 집어 말할 수 없기에, 현재 진품 앤티크 주얼리로 검증된 것들은 더더욱 희귀성을 지닌다.

소더비 인스티튜트 오브 아트에서 장식 미술품decorative arts을 접하기 시작한 나는 아기자기한 주얼리를 직접 관리하면서 공부할 수 있는 기회가 있을 것이라고는 기대하지 않았다. 그 까닭은 주얼리가 장식 미술품과 역사를 함께한다는 사실을 당시에는 몰랐기 때문이다. 우리나라에서는 아직까지 장식 미술품이라는 개념이 낯설다. 이는 가구, 도자, 유리공예는 물론 주얼리, 샹들리에, 텍스타일 등을 모두 포함한다.

밀알의 흩음을 상징하는 이삭을 모티프로 한 19세기 초반의 티아라로, 나폴레옹 1세의 대관식에서 그의 아들 및 둘째 보나파르트가 착용한 것이다. 비슷한 밀알 이삭들이 루브르에 전시되어있다.
© Private Collection Courtesy of Albion Art Jewelery Institute, Japan

쉽게 말하자면, 유럽 대가들이 그린 그림 속 풍경에서 사람을 뺀 모든 것들이 장식 미술품에 속한다고 생각하면 된다.

이처럼 장식 미술품의 카테고리 안에 주얼리가 속한다는 사실 자체가 당시의 나에게는 신선한 충격이었다. 특히 내가 공부하던 런던 소더비 옥션 하우스의 보석 파트는 세계의 어느 소더비 지사와 비교해 보아도 앤티크 주얼리의 거래가 가장 활발한 곳, 즉 앤티크 주얼리의 보물 창고다. 실제로 구경도 못 해 보았던 화려하면서도 은은하고 고귀한 티아라tiara(여성용 머리 장신구)를 시작으로, 에이그레트aigrette(원래는 인도 남성의 터번에 장식한 깃털을 말하나 20세기 초반 서양에서는 이를 귀금속과 보석으로 재해석하여 소품으로 사용했다)와 같이 요즘은 사라져서 일반인들에게 생소한 장신구 등을 실제로 보고 만지고 공부할 수 있는 기회가 동양에서 온 내게 주어진 것이다.

특히 본드 스트리트Bond Street와의 만남은 내게 큰 전환점이 되었다. 세계 명품 브랜드들이 집합한 이곳에는 집안 대대로 최고의 앤티크 주얼리를 다루는 숍들이 있다. 런던에 갈 기회가 있다면 꼭 들러 보기를 권한다. 요즘의 주얼리 숍처럼 하나의 쇼케이스에 주얼리 한 점, 한 점을 돋보이도록 여유 있게 배치하는 정형화된 방식과는 달리, 이곳의 앤티크 주얼리 숍들은 대부분 많은 아이템들을 별다른 배치 없이 꽉 채워 보여 준다. 그래서 조금은 번잡스럽지만, 어딘지 모르게 정겹게 느껴지는 디스플레이에서 또 다른 재미를 느낄 수 있다.

이곳이 내게 큰 의미로 다가온 때는 1998년의 어느 비 오는 날이었다. 나는 본드 스트리트의 옥션 하우스에서 열린 고가구antique furniture 수업을 마치고 어둑해지는 거리로 나섰다. 런던 날씨답게 비가 부슬부슬 내리고 있었다. 하지만 나는 본드 스트리트를 구석구석 다니기로 결심했다. 동양인티라도 내듯이 화려한 꽃무늬가 프린트된 핑크색 우산을 쓰고 말이다(영국 사람들은 웬만한 비에도 우산을 쓰지 않는다는 것을 당시에 처음 알았다. 트렌치 코트를 입거나, 우산을 쓰더라도 검은색처럼 우중충한 색상의 것을 사용하는 경우가 대부분이다). 해야 할 과제도 많고 전날 잠도 많이 못 잔 상태였다. 그날 수업을 맡은 고가구 전문가의 이야기는 왜 그렇게 길었던지. 그 바람에 가구를 이리저리 살피면서 꽤 오랜 시간을 서 있어야 했기에 너무 피곤했지만 왠지 그날은 그렇게 기분 전환을 하고 싶었다.

그 거리에 위치한 세계 명품 브랜드 숍들은 내게 별 의미가 없었다. 나는 일찍부터 브랜드에 관한 환상을 갖지 않았던 것 같다. 학생이라는 신분과 집안 분위기 때문에 명품 브랜드를 즐길 수 있는 상황도 아니었다. 설립 당시에 각 브랜드들이 내세웠던 특별한 멋이 점차 없어지는, 막말로 아무나 돈만 있으면 구매할 수 있는 아이템들을 곁눈으로 보면

서 얼른 숙소로 돌아가서 숙제나 할까 싶었다. 그러다 어느 숍 앞에 머무르게 되었다. 그곳은 영국 왕실이 애용하는 앤티크 주얼리 전문 숍인 벤틀리 앤드 스키너Bentley & Skinner의 쇼윈도 앞이었다. 쇼윈도에는 아직은 나에게 생소했던 앤티크 주얼리 아이템들이 빽빽하게 진열되어 있었는데, 왜 그렇게 한 아이템이 내 눈을 사로잡았는지, 지금 생각해도 참 신기하다. 저것은 어떻게 사용하는 것일까, 몸을 장식하는 것일까, 아니면 그냥 지니는 것일까 등의 궁금증이 머리에서 맴돌았다.

그것은 18살의 소녀 빅토리아가 1837년에 여왕으로 즉위하면서 시작된 시대, 즉 63년에 걸친 대영 제국의 전성기였던 빅토리아 시대 때

내가 맨틀린 앤드 스키너 쇼윈도에서 보았던 로켓 펜던트. 빅토리아 시대에 만들어진 것이다. 개인 소장

만들어진 로켓 펜던트 locket pendant (사진 등을 넣을 수 있는 펜던트)로, 당대의 전형적 스타일을 지닌 아름다운 주얼리였다. 당시는 산업혁명의 영향으로 주얼리 제작 기술이 점차 발달하고, 해외 식민지에서 수입된 풍부한 자원, 참신한 교육 등으로 인해 여유와 교양을 갖춘 중산계급이 출현하면서 이전에 없던 주얼리 시장이 형성되었다. 내가 본 로켓 펜던트는 그런 시대가 낳은 작품이었다. 특히 이 전성기에는 주얼리에 쓰이는 소재, 기법, 스타일이 다양화되면서 주얼리의 대중화 및 대량 생산이 시작되었다고도 볼 수 있다.

쇼윈도에 딱 붙어서 얼마나 오랫동안 그 주얼리를 뚫어지게 보았는지 기억이 나지 않는다. 다만, 숍 안의 도어맨 할아버지가 어찌나 수상한 눈빛으로 나를 쳐다보았는지, 지금 생각해도 웃음이 난다. '젊음'이라는 것은 얼마나 당당하고 뻔뻔한 것인지. 나는 운동화와 청바지 차림으로 아무런 거리낌 없이 혼자 숍으로 들어갔다. 놀라웠던 점은 일단 내가 들어가자, 수상한 눈으로 나를 쳐다보던 도어맨의 태도가 손님을 맞이하는 표정과 비즈니스를 위한 몸가짐으로 바뀌었다는 것이다. 청바지 차림의 앳된 동양 여성에게 말이다. 또한 매니저 폴 Mr. Paul Greer 은 내가 바라보던 주얼리를 쇼윈도에서 조심스럽게 꺼내 주었다. 그것도 그것과 스타일이 비슷한 다른 주얼리와 함께 말이다.

대략 130년 전에 만들어진 그 로켓 펜던트의 표면은 천연 진주와 로즈 컷 rose cut 다이아몬드로 가득 차 있었다. 당시는 천연 진주가 다이아몬드만큼 귀했다. 더군다나 거의 같은 형태와 색상의 천연 진주를 몇십 개씩 구한다는 것은 결코 쉬운 일이 아니었다. 이것들이 모인 결과물이 이 작품이라 할 수 있다. 하기야 당시 대영 제국이 식민지를 통해서 구할 수 없는 것이 무엇인들 있었을까. 사진을 넣는 내부의 실크 천도 당시의 형태가 거의 그대로 남아 있는 등, 아주 소중하게 보존되어 왔던 게 틀림없었다. 당시 이 작품을 만들어 낸 장인은 어두운 촛불 아래서 진주를 나열하면서 얼마나 많은 상상력을 동원했을까. 더구나 그는 자신이 만들어 낸 펜던트가 제1, 2차 세계대전을 무사히 거쳐 한 동양인의 시선을 끌게 할 것이라고는 상상하지도 못했을 것이다.

그 많은 주얼리 중에서 내가 왜 이 펜던트에 끌렸는지는 당시로서는 잘 알 수 없었고 그저 예쁘기 때문이라고 단순하게 생각해 보기도 했다. 하지만 지금은 알 수 있고 말할 수 있다. 화려한 보석으로 기교를 부리거나 아름다움을 억지로 만들어 내려는, 그런 무리가 전혀 없는 자연스러운 아름다움. 모든 여성이 바라는 꾸밈없고 우아한 아름다움을 이 주얼리에서 본능적으로 느낀 듯하다. 당시에는 도저히 꿈꾸지 못할 이 로켓 펜던트를 내가 얼마나 뚫어지게 쳐다보았으면, 사람 좋은 매니저 폴이 "사진이라도……."라고 하면서 숍의 판매용 카탈로그를 나에게 선물로 주었을까. 그것도 3.5파운드짜리를 말이다.

내가 그토록 감동했던 빅토리아 시대의 로켓 펜던트……. 그 후, 나는 주얼리 매입을 처음 시작할 때 유학 시절의 모습과는 달리 정장 차림으로 벤틀리 앤드 스키너를 찾아갔다. 혹시나, 하는 마음으로 쇼윈도를 살펴보았지만 그때 그 펜던트는 당연히 보이지 않았다. 도어맨 할아버지는 당시와 변함없이 정정했다. 그리고 놀랍게도 "오랜만입니다 Long time no see you!"라고 전형적인 영국 악센트로 말을 건네며 반갑게 문을 열어 주었다. 그 많은 손님 중에서 초라했던 나를 기억하고 있었던 것이다. 나중에 들은 이야기이지만 숍 안쪽에서 보았을 때 쇼윈도를 바라보던 당시 나의 눈빛은 너무 진지해서 무서웠다고! 여전히 매니저로 일하던 폴은 나를 보자마자 가벼운 인사를 건넨 후 사라졌다. 그리고 손에 주얼리 케이스를 들고 나타났다. 그때 그 로켓 펜던트였다. 이 펜던트는 현재까지도 우아한 아름다움을 간직한 채 사람들의 탄성을 자아내고 있다.

나는 모든 것에서 '인연'을 믿는다. 이것은 나의 인생에서 가장 핵심이 되는 키워드다. 돌이켜 보면 대학 4학년 때 서점에서 발견한 소더비 옥션 하우스의 기사가 현재의 나를 있게 해 주었다. 앤티크 주얼리와의 만남이 여기서부터 시작된 것이다. 겪으면 겪을수록 느끼는 것은 자본력이 있다고 해서 좋은 앤티크 주얼리를 소유할 수 있는 것은 아니라는 점이다. 가지고 싶어도 구할 수 없고, 때가 잘 맞지 않으면 만날 수 없다. 기나긴 세월 동안 잠자고 있던 귀한 주얼리의 주인이 될 수 있는 사람들이란 안목을 지녔거나, 아니면 그런 주얼리에게 선택받는 행운을 가진 사람들이다. 그들만이 그것의 주인이 될 수 있다. 나는 그렇게 믿는다.

이는 7천 년이라는 인류의 역사 속에서 남녀노소에 관계없이 모든 사람들의 부와 신분, 명예, 권력, 충성, 사랑, 우정, 친애, 또는 슬픔마저 표현해 왔으며, 가장 개인적인 예술품이자 당시의 예술·문화·정치·경제의 흐름을 담고 있는 역사적 증인인 앤티크 주얼리만이 지니는 특별한 이야기가 아닐까.

러시아의 예카테리나 2세가 소유했던 1760년경의 다이아몬드 브로치
(c) Albion Art Collection Japan

내 손 안의 작은 예술품
The Scent of Jewellery

앤티크 주얼리는 재미있다. 연애를 하면 처음에 느꼈던 흥분과 설렘이 오래 가기 쉽지 않은 반면, 앤티크 주얼리는 언제나 두근거림을 선사한다. 비단 나만의 이야기가 아닌 듯하다. 주얼리 업종에 있는 사람들뿐 아니라 미적 안목이 필수적인 패션계 사람들도 앤티크, 빈티지 주얼리를 하나둘 모으고 있으니 말이다. 갤러리 람을 찾는 고객들의 컬렉션을 살펴보아도 앤티크 주얼리의 매력을 실감할 수 있다. 브랜드 주얼리, 작가 주얼리, 보석방 주얼리 등의 고행(?)을 겪은 뒤에 거의 마지막으로 도달하는 종착역이 앤티크 주얼리인 것이다.

국내에서는 아직 잘 알려지지 않은 분야이기에, 앤티크 주얼리 하면 고가의 상품을 먼저 떠올리며 나하고는 전혀 상관없는 먼 나라 이야기쯤으로 여기는 이들이 많다. 하지만 가격 면에서 현대 주얼리와 그다지 큰 차이가 없음을 미리 알아 두자. 안목이 있다면 오히려 가격 대비 좋은 주얼리를 얻을 수 있는 기회가 되기도 한다.

앤티크 주얼리가 여성들의 사치품 정도로 과소평가되는 것도 안타깝기 짝이 없다. 어떤 경우에는 여타 예술품을 능가하는 품격을 지녀서 미술 사조의 중심에서 회화나 조각과 어깨를 나란히 했는데도 말이다. 때로는 부적이나 장신구로, 때로는 휴대 가능한 재산이나 사랑과 애정을 전하는 선물로, 혹은 미적인 영감을 주는 감상용으로, 앤티크 주얼리는 찬연하게 빛났던 것이다.

  몇천 년, 몇만 년의 세월이 만들어 낸 자연의 돌덩어리는 사람의 손을 거쳐 '보석'이라는 이름으로 새롭게 탄생한다. 그리고 당대 최고라 불리는 장인들의 손길이 닿으면서 아름다운 주얼리로 주목받게 되는 것이다. 이 모든 과정은 과거에 왕실과 귀족들만이 누릴 수 있었던, 상상을 뛰어넘는 '사치'가 있었기에 가능했다. 자신들만이 소장할 수 있는 아름다움에 대한 광기 어린 열정과 집착이 없었다면, 우리는 지금 이 놀라운 예술품들과 만날 수 없었을 것이다.

  현재 다이아몬드나 루비에 엄청난 돈을 쏟아부을 수 있는 사람들은 많지만, 장인의 손길과 작업 시간을 위해 그만큼 투자할 수 있는 이들은 과연 얼마나 될까? 현재로서는 상상할 수도 없는 '사치'를 즐기던 상류층들의 후원으로 만들어진 주얼리 가운데 지금까지 살아남은 것들이 바로 앤티크 주얼리다. 상류층의 든든한 자금력은, 장인이 시간에 얽매이지 않고 자신들의 예술 세계를 자유로이 펼칠 수 있는 힘의 원동력이 되었을 것이다. 채산성을 주로 따지는 현대에 와서는 이런 광기 어린 모험을 할 수 있는 이들을 찾아보기 어렵다.

  이렇게 만들어진 주얼리들은 아름다움은 물론, 그것들만의 사연과

테이블 컷 | 다이아몬드가 들어 있는 약 1700년경의 반지
역사적으로도 귀중한 이 반지는 태엽이 열린다
© Albion Art Collection, Japan

위트, 역사, 가치 등을 함께 부여받는다. 그렇기 때문에 현재의 대량 생산품에서 찾아볼 수 없는 재미를 우리에게 선사하고 우리를 열광시키는 것이다. 현대에는 재현해 내기 어려운 장인의 창의적인 손길을 작은 주얼리에서 발견하게 되면 이처럼 소중하고 아름다우며 손 안에 쏙 들어가는 예술품이 이 세상에 또 어디 있을까 하는 생각에 사로잡히고 만다.

하지만 앤티크 주얼리가 주인을 만나기까지의 과정은 결코 쉽지 않다. 외국에서 앤티크 주얼리를 보러 다닐 때면 전시 상태가 너무 번잡하다는 느낌을 항상 받는다. 물론 매장마다 콘셉트가 각기 다르기에

일괄적으로 평가할 수는 없지만 말이다. 여하튼 현대 브랜드 주얼리 매장에서는 상품들을 한 점 한 점 돋보이게 하기 위해 아이디어를 짜서 여유 있고 세련되고 우아하게 전시한다. 반면 앤티크 주얼리는 쇼케이스에 빈 공간이 없을 정도로 촘촘하게 배치되는 경우가 허다하며, 어두운 구석에 처박혀 자신을 데려가 줄 새 주인을 애타게 기다리는 경우가 많다. 처음에는 원하는 주얼리가 어떤 것인지조차 헷갈릴 정도로 정신이 없고 보기에 부담스러워서, 각 주얼리가 지니는 장점을 가려내는 데도 지나치게 많은 시간과 에너지를 낭비했다. 그러나 어느 순간부터 그 많은 것들 중에서 나와 귀한 인연을 맺을 친구가 어떤 것인지 단숨에 찾아낼 수 있게 되었다.

 망설이다가 놓친 앤티크 주얼리는 웬만한 인연이 아니면 다시 만나기가 결코 쉽지 않다. 그 당시에 제작된 단 하나의 것이기 때문이다. 한마디로 앤티크 주얼리와의 만남은 일생에 한 번뿐인 '일기일회一期一會'다.

 "쇼케이스 구석에서 먼지를 뒤집어쓰면서 그 오랜 기간 이렇게 쓸쓸히 주인을 기다리고 있었니?" 나의 눈을 사로잡은 보물을 바라보면서 되뇌곤 하는 말이다. 나의 귀, 목, 팔, 손가락과 호흡하는 순간, 그것들은 거짓말처럼 초라함을 벗어 버리고 생생한 기운을 흠뻑 내뿜는 너무나도 사랑스러운 존재들로 변모한다. 그렇게 선택된 나의 보물들은 갤러리 람에서 새 주인을 기다리게 된다.

 미국 팝 아트의 대가인 로이 릭턴스타인 Roy Lichtenstein의 〈행복한 눈물 Happy Tears〉(1964)이 국내에서 주목받은 적이 있다. 2002년 뉴욕 크리스티 경매에서 약 716만 달러(당시 환율로 약 87억 원)에 낙찰된 이 작품이 서울에 있다는 사실을 그 누가 알았을까. 세간의 시선이 이 작품의 소유자에게 집중되었다.

    일반적으로 예술 작품이 현재 소유자에 이르는 과정을 밝혀내기란 쉽지 않다. 동산에 속하는 예술 작품은 다른 재산과 달리 소유자를 밝힐 만한 권리증과 같은 '소유증'이 없기 때문이다. 물론 명성 있는 작품 가운데는 그 출처가 꼼꼼히 기록되어 있는 것들도 있다. 출처의 진위 여부가 가끔 문제시되기도 하지만 말이다.

    유명한 옥션 하우스에서 예술 작품이 거래되는 경우에는 새로운 소유자, 즉 낙찰자의 신분이 함께 이슈화되기도 한다. 그러나 웬만하면 공개되지 않는 경우가 더 많은 것 같다. 그래서 세금 없는 증여, 상속의 수단으로 예술 작품이 선호되는지도 모르겠다. 더욱이 세상에 하나밖에 없는 수작에 대한 수요는 계속 늘어 가기 때문에 투자로서도 손색이 없는 것이다. 실제로 〈행복한 눈물〉은 현재, 낙찰 가격의 몇 배가 되는 가치를 평가받고 있다.

    하지만 이 경우는 작품의 가격이나

명성 등 여러 측면에서 규모가 너무 큰 나머지, 소유자가 스스로를 쉽게 드러내지 못했다. 커다란 캔버스를 몰래 옮겨서 은행 금고에 숨길 수도 없고, 세간의 이목 때문에 쉽게 거래할 수도 없으니 얼마나 답답할까. 이럴 때 아름다운 예술 작품은 그 가치는 잊힌 채 거추장스러운 존재가 되어 버린다. 갤러리들은 가끔 고객에게 판매한 작품을 자사 창고에 보관해 준다. 고객은 당장 가지고 가기에는 부담스러우니 조만간에 가지러 올 것이라는 이유를 대면서 작품을 맡긴다. 하지만 이런 작품들 중 다수는 창고에 갇혀 있다가 한참 후에(가끔 당장이 되기도 한다) 새 소비자가 나타나면 빛도 보지 못한 상태에서 매매된다. 작품이 또 다시 어두운 창고에 보관되어 혼자 우울한 나날을 보낼지, 아니면 정상적으로 세상에 나와서 사람들의 눈을 즐겁게 해 줄지는 그 작품의 팔자에 달린 듯하다.

이에 비해 주얼리는 정말 편리하다. 비상사태가 생기면 가방 하나에 넣어 이동하면 그만이니 자산 가치를 고려하면 이보다 더 좋은 투자 대상도 없을 것이다. 아주 불량한 생각일지 모르지만 이것이 주얼리만이 줄 수 있는 또 다른 매력인 게 틀림없다. 주얼리 컬렉터가 생을 마감하면 이 컬렉션들은 어떤 방법으로 새 주인의 손에 넘어갈까? 딸, 며느리, 그 외의 가족, 사랑하는 이들에게 대물림될 수도 있을 것이고 재산 분배를 위해 경매사에 위탁될 수도 있다. 이런 일 역시 가치 있는 것을 소유한 이들이 누리는 재미라고 생각한다.

내가 앤티크 주얼리 분야에 처음 뛰어들 당시에는 많은 어려움이 있었고 앞으로도 사정은 별반 달라지지 않을 듯하다. 해가 지날수록 공급 수량에 한계가 있는 앤티크 주얼리, 그중에서도 '좋은 아이들'과의

1929년에 피르피에에서 제작한
다이아몬드 소투아르.
총액하면 273캐럿.
4개의 광부와 펜던트로 나뉨.
© Art of Cartier Collection

1장. 앤티크 주얼리의 세계에 들어서다

만남은 그리 쉽게 이루어지지 않는다. 현재 만들어 낼 수 없는 주얼리이기에 원활하게 공급하기란 말처럼 쉽지 않기 때문이다. 그러나 내가 앤티크 주얼리를 사랑하는 마음은 이런 어려움들을 인식하지 못하게 한다. 그 많은 과정을 거쳐 어렵게 내 손에 들어온 주얼리들을 보는 것만으로도 잔잔한 즐거움이 밀려오기 때문이다. 만약 나에게 주얼리가 과시용으로 주렁주렁 달고 다니기 위한 즐거움의 대상이었다면, 이 '사랑의 감정'은 이미 몇 년 전에 급격하게 '싫증의 감정'으로 변했을 것이다.

재미와 매력을 가진, 손 안의 작은 예술품인 앤티크 주얼리. 이 조그만 세계에 푹 빠져 버린 나는 새로운 앤티크 주얼리와의 만남을 늘 기대하며 두근두근 설레는 마음으로 하루하루를 보낸다.

전설적인 주얼리 디자이너들

주얼리 디자이너.

　아름다운 주얼리를 만들어 우리의 눈과 마음을 즐겁게 해 주는 이들이다. 이들의 주얼리는 우리 생활에서 그리 멀리 있지 않다. 격조 높은 전시회뿐 아니라 장을 보다 잠시 들른 백화점에서도, 또 친구들과 찾은 일반 숍에서도 우리는 주얼리를 쉽게 접할 수 있다. 그리고 그것들을 구매하기도 하고 혹은 다음 기회로 넘기기도 한다. 주얼리는 이제 마음만 먹는다면 어떤 형식으로든 모든 이들에게 허락된 것이 되어 버렸다. 이렇게 주얼리가 대중에게 가까이 다가온 것은 과연 언제쯤일까?

　주얼리는 원래 예술품의 하나로, 지금으로서는 상상할 수 없을 만큼 엄청난 자금과 시간을 들여서 엄선된 장인에게서 태어나는 특별한 작품, 즉 오트 쿠튀르였다. '조각의 모나리자'라고 불리는 그 유명한 황금 소금통인 〈살리에라 Saliera〉를 보라. 이는 16세기 피렌체의 금세공인이었던 벤베누토 첼리니 Benvenuto Cellini가 프랑수아 1세를 위해 제작한 장식품으로, 그의 작품 중 유일하게 현존하는 것이기도 하다. '살리에라'는 이탈리아어로 '소금통'이라는 뜻이다. '소금통'이라 하니 그 귀함이 잘

전달되지 않을 수도 있지만, 당시에 소금은 현금과 마찬가지이거나 혹은 그 이상으로 여겨지는 아주 귀한 것이었다. 따라서 소금을 식탁에 올려서 원하는 대로 먹는다는 것뿐 아니라, 그 소금을 담기 위해 장인에게 이런 장식적인 소금통을 만들게 한다는 것은 일반인들로서는 상상도 못 하는 사치의 극치였다.

그러나 19세기에 들어서면서 자본가 계급, 즉 부르주아지가 시장에 미치는 영향력이 점차 커져 가면서 이들을 겨냥한 주얼리 시장 또한 확대되었다. 동시에 주문에 의해 제작되는 맞춤형 주얼리와는 다른, 즉 시대의 변화에 따른 새로운 주얼리 시장이 등장했다. 그것은 〈살리에라〉처럼 극소수의 왕실이나 귀족들의 주문에 의해서 제작되었던 일대일 맞춤형 주얼리와는 달리, 장인들이 본인의 이름을 내걸고 주얼리를 제작·판매하는, 당시로서는 새로운 형식이었다. 이것이 바로 현대적인 주얼리 시장의 시작이라 할 수 있다. 지금부터 소개하는 이들은 당시에 주얼리 디자이너라는 개념을 불어넣은 사람들이다.

카스텔라니 Castellani 와 줄리아노 Giuliano

카스텔라니 일가의 명성은 포르투나토 피오 카스텔라니 Fortunato Pio Castellani(1794~1865)에게서 시작된다. 그는 고대, 특히 그리스와 에트루리아 시대 유물의 디자인과 기술에서 영감을 얻었는데, 이런 그의 주얼리 제작 기법은 두 아들 알레산드로 Alessandro 와 아우구스토 Augusto 에게 이어졌다. 이들은 19세기 유럽을 대표하는 주얼리 제작자가 되었다. 특히 이들이 재현한 에트루리아 유물의 금세공 방식인 낱알 기법 granulation(0.2

밀리미터 정도의 아주 미세한 금속 알을 금속 바탕에 촘촘히 붙여 패턴과 질감을 내는 기법으로, 시간이 많이 소요되는 까다로운 기술이다)은 19세기 금세공의 절정을 보여 준다.

비슷한 시기에 또 다른 명인이 탄생하는데, 그가 바로 카를로 줄리아노Carlo Giuliano (1831~1895)다. 그는 카스텔라니 일가에서 주얼리를 제작하다 나중에 독립한 사람으로, 또 다른 주얼리의 역사를 개척했다. 줄리아노는 르네상스 시대의 주얼리에서 영감을 얻어 주얼리를 제작했는데, 금세공이 돋보이는 카스텔라니 일가의 주얼리와 비교한다면 좀 더 여성스럽고 장식적이다. 불투명하고 다채로운 에나멜과 다이아몬드, 유색석, 진주 등을 아름답게 조화시키는 스타일이다. 카스텔라니 일가와 마찬가지로, 카를로 줄리아노의 아들이 그의 스타일을 이어 나갔다.

　19세기에 들어오면, 주얼리 스타일의 변천 과정이 눈에 띄게 다양해져서 한마디로 정리하기가 참 어렵다. 워낙 여러 스타일이 병행하기 때문이다. 유럽 각국은 물론, 동서양의 교류가 활발해지면서 다양한 문화와 예술이 꽃을 피우고 주얼리의 새로운 소재도 잇달아 발견되는 복잡한 시대였다. 눈에 들어오는 새로운 모든 것들을 예술 창작을 위한 원천, 즉 아이디어로 받아들이는 열정적인 분위기가 그 어느 때보다 과열되었다. 또한 고대 유물의 발굴이 활발히 이루어지면서 과거 역사에 대한 관심과 동경이 당대 문화와 예술에 큰 영향을 미쳤다. 이렇게 과거의 디자인과 기술을 반영한 주얼리를 역사주의적historical 혹은 고고학적archaeological 주얼리라고 한다. 이것이 바로 카스텔라니와 줄리아노 일가의 주얼리 스타일이다.

　개인적으로는 카스텔라니 주얼리를 그리 좋아하지는 않는다. 너무

아카데믹한 이미지가 강해 무겁게 느껴진다고 할까. 주얼리를 착용하면서 일반적인 아름다움보다 지적인 면을 더 즐겨야만 할 것 같은 부담스러움이 내게 전해진다. 카스텔라니의 브로치를 본 고객들의 반응 또한 비슷했다. 물론 취향의 차이일 수도 있고, 세월이 지나면 성숙한 시각으로 또 다르게 볼 수 있을지도 모르겠다. 카스텔라니의 주얼리에 비해, 줄리아노의 것은 좀 더 쉽게 다가갈 수 있으나, 어떻게 보면 가볍게 보이는 면도 부정할 수는 없는 듯하다.

카스텔라니, 줄리아노 일가가 만들어 낸 주얼리를 그들의 창작물이 아닌 과거 유물의 모방이라고 저평가하는 이들도 있다. 그러나 모방이라 하더라도 작가가 자신만의 해석을 넣어 결과물을 만들어 낸다면 그 나름의 독특한 세계가 있기 마련이다. 더 나아가 그런 작품은 다음 세대에 또 다른 모방의 대상이 되기도 한다는 사실을 역사가 늘 증명한다. 그러니 그들이 보여 주는 훌륭한 장인적 솜씨는 모방이니 복제니 하는 말로 간단히 정리할 수 없다. 언젠가 국내의 금속 세공사가 카스텔라니 브로치의 낱알 기법을 보고, 요즘에는 이렇게 세밀한 세공을 위해 많은 시간을 투자할 여력이 없다며 감탄하던 모습이 지금도 떠오른다.

카스텔라니와 줄리아노 일가는 안타깝게도 현대까지 대를 잇지는 못했지만, 주얼리 역사상 획기적인 업적을 남겼다는 점에서 높이 평가받고 있다. 그들 때문에 주얼리의 가치가 재료인 보석의 가격이 아닌 '장인의 세공'에 의해 평가되고, 이전처럼 주문에 의한 제작이 아닌 작가가 만들고 싶은 작품을 만들어 거기에 자신들의 서명을 넣는 방식으로 바뀌었기 때문이다. 작가가 먼저 작품을 제작하고, 그것을 사고 싶은 사람이나 좋아하는 사람이 선택하는 방식, 즉 만드는 이의 개성이

평가받는 시대가 시작된 것이다. 따라서 그들은 현대 주얼리 디자이너, 혹은 주얼리 브랜드 탄생의 시초라고 할 수 있다.

카를 구스타포비치 파베르제 Karl Gustavovich Fabergé

로스차일드가에서 백 년 이상 소장하던 주얼리를 제작한 러시아 주얼러 카를 구스타포비치 파베르제(1846~1920). 그가 1902년에 만든 〈황제의 달걀 Imperial Egg〉('파베르제의 달걀'이라고도 불린다)은 2007년 크리스티 경매에서 무려 1,850만 달러(한화 208억 원)에 낙찰된다. 과연 어떤 달걀이기에 이 정도의 가치를 지니는 것일까. 파베르제는 자신이 제작한 작품을 예술품 objet d'art 이라고 하고, 동시대 주얼러들의 작품은 상품이라고 했다고 한다. 여기서 작품에 대한 그의 무한한 자신감과 열정을 엿볼 수 있다.

파베르제는 로마노프 황실을 위해 달걀 외에도 주얼리, 시계, 담뱃갑, 세밀화 miniature, 식기 세트 등 황실에서 사용하는 일상용품과 장신구를 많이 남겼다. 이는 알렉산드르 3세와 마지막 황제인 니콜라이 2세, 그리고 그 가족을 위한 것들이었다. 파베르제 본인은 황실에서 내려오는 중요한 주문에 한해서만 디자인과 제작에 관여했다고 한다. 파베르제 공방은 전성기 때 장인과 조수를 포함한 작업자가 무려 500명 이상이었다고 하니, 당시의 주얼리 공방으로서는 드물게 시스템화한 생산방식으로 주얼리를 제작한 것이다.

그의 작품의 가장 큰 특징은 아름다운 에나멜 기법을 구사한 것인데, 특히 길로시 에나멜 guilloche enamel (프랑스어로는 '기요셰 에나멜'이라고 하며,

금속 표면에 섬세한 무늬를 조각하여 다양한 반투명 에나멜을 붙이는 기법을 말한다)은 그의 최고 장기이기도 하다. 디자인 모티프는 18세기 프랑스에서 유행한 리본이나 꽃을 활용한 갈런드 스타일garland style부터 러시아 전통을 보여 주는 스타일, 아르 누보Art Nouveau의 영향을 보여 주는 스타일까지 참으로 다양하다. 그러나 파베르제를 논할 때는 무엇보다도 〈황제의 달걀〉을 언급하지 않을 수 없다.

알렉산드르 3세가 파베르제에게 1885년에 특별 주문한 뒤로 매년 한두 개씩 제작되어 러시아 혁명이 일어나기 직전인 1916년까지 만들어진 50여 개의 〈황제의 달걀〉은 혁명 이후에 다른 황실 주얼리와 함께 외국에 판매되는 운명에 처하게 된다. 현재 〈황제의 달걀〉은 40여 개가 현존한다고 하는데, 생각보다 잘 보존되어 온 셈이다.

2004년에는 미국의 포브스Forbes 일가가 소장한 9개의 달걀을 포함한 180여 점의 파베르제 작품이 소더비 옥션 하우스에서 거래될 예정이었다. 총 1천억 원이 넘는 경매로 추정되어 세계적으로 이목이 집중되었으나 경매는 갑자기 중지되었는데, 그 이유 또한 큰 화제가 되었다. 그것은 러시아의 한 기업인이 모든 작품

까르띠에가 제작한 이 작품은 1912년에 니콜라이 2세에게 바친 것으로, 파베르제의 〈황제의 달걀〉은 제위 계승 시마다 프랑스 대통령이 보낸다(좀 더 화려하다)는 것이 그에르제의 작품과 다른 점이다.
© Metropolitan Museum of Art, New York

을 구매하게 되었다는 것이다. 이로써 혁명의 아픔, 즉 예술품의 국유화라는 명목에 의해 희생된, 그러나 격동의 시대를 살아남은 주얼리의 100년 만의 귀환이 이루어졌다.

〈황제의 달걀〉에는 황실 가족의 그림이 들어가기도 하고 마차나 꽃이 숨어 있는 등 언제나 상상을 초월하는 아름다운 장식과 세밀한 장치가 있다. 따뜻한 애정과 스토리가 담긴 작은 세계에는 이런 천진난만한 놀라움이 숨어 있다. 이는 로마노프 왕조의 권위와 재력, 그리고 깊은 신앙심을 과시하는 선물로 영국 등의 왕실에 보내졌다. 마지막 러시아 황실의 찬란했던 부를 상징하는 이 작품들은 역설적이게도 곧바로 찾아오는 러시아 혁명을 맞는 황실의 비운을 더더욱 강조하는 듯하다. 잔인하고 슬픈 과거의 목격자이기도 한 것이다.

르네 랄리크 René Lalique

'유리 공예의 마술사'로 불리는 르네 랄리크(1860~1945)는 사실 주얼리 제작자에서 시작했다. 한때 프랑스 주얼리 문화의 구세주로 평가받기도 했던 그는 아르 누보, 아르 데코라는 미술 사조에 그 이름을 깊이 남긴 대표적인 프랑스 공예가다.

그는 19세기에 유행한 주얼리와는 전혀 다른 스타일로 작업을 했다. 즉 고가의 보석을 주인공으로 하는 주얼리 업계의 상식에서 벗어나 준보석semiprecious stone, 유리, 심지어 동물 뼈를 재료로 하여 잠자리, 딱정벌레, 공작 등의 디자인 모티프에 구불구불한 비대칭 패턴을 결합한 작품을 제작했다. 특히 여기에 에나멜 기법의 하나인 플리카주르plique-à-

37 작품은 르네 랄리크가
1903년경에 만든 목걸이로,
유리와 그의 옥이다.
중아래쪽으로 매 4개로 새어진다
상상의 그림은, 이 목걸이를 디자인할 때
그의 밑그림이다.
ⓒ Albion Art Collection, Japan

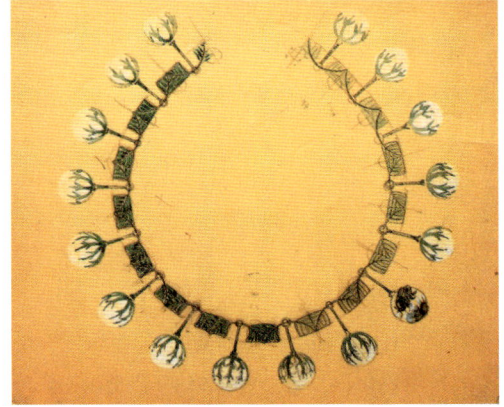

jour(금속 부분 위에 에나멜을 쓰는 일반적인 방식과 달리, 금속 바탕이 없이 에나멜을 부어 형태를 만들어서 마치 스테인드글라스처럼 빛이 통과하게끔 한 기법)를 구사하여 이전에는 없던 신비한 주얼리들을 탄생시켰다. 보석보다는 작가가 창작한 디자인과 세공 기술에 더 가치를 두는 주얼리다.

그는 바로 아르 누보 주얼리의 선구자다. 그의 주얼리를 보고 있노라면 그 신비한 아름다움에 넋을 잃게 된다. 그러나 착용이라는 면에서 보면 실용적이지 못하다. 이는 아르 누보 주얼리의 특징을 고스란히 보여 준다. 이런 사실을 알아서일까, 아니면 자신의 주얼리를 모방한 싸구려 카피 주얼리에 진절머리가 나서일까. 랄리크는 향수병의 제작을 시작으로 꽃병, 식탁용 식기, 벽화 등의 실내 장식품 쪽으로 방향을 돌려 그 명성을 떨쳤고, 더 이상은 주얼리 제작을 하지 않았다. 많은 사람들이 그를 유리 공예가로 기억하는 이유가 바로 여기에 있는 것이다.

가까운 곳으로는 도쿄 정원미술관東京都庭園美術館, 하코네 랄리크 미술관箱根ラリック美術館에서 랄리크의 작품을 볼 수 있다. 조명 혹은 자연광이 살짝 비친 그의 벽 장식을 보면, 무엇인지 알 수 없는 신비한 요염함을 엿볼 수 있다. 나는 개인적으로 그의 아르 누보 주얼리보다는 건축과 관련된 아르 데코 장식에서 랄리크의 천재성을 더 강렬하게 느낀다.

세상에는 가치가 있는 것과 없는 것, 두 가지가 있다. 위에서 언급한 주얼리 작가들의 작품은 당연히 전자의 것으로, 시간이 지날수록 그 가치가 더욱 빛나고 절대 변하지 않는 격조 높은 품위를 보여 준다. 무한한 부와 긴 시간을 통해 탄생했으며, 백 년이 넘도록 사람들을 감동시키는 전설적인 예술가들의 작품을 한 번쯤은 경험해 보기를 바란다.

앤티크 주얼리에 대한 몇 가지 진실

앤티크 주얼리가 왜 좋으냐고 물으면 무엇이라 말할까? '오래됨의 미학이 던지는 가치'라고 해야 하나? 말주변이 없는 내가 찬사를 늘어놓지 않아도, 다행히 요즘에는 앤티크 주얼리와 사랑에 빠지기 시작한 국내 컬렉터들이 많다. 일반 주얼리와 달리 유행을 타지 않으며, 예술사조를 반영한 독특한 디자인, 여러 소장자를 거치면서도 잘 견뎌 낸 내구성과 그 가치, 당시 장인들의 놀랍고 참신한 기술, 희소성과 부가가치로 인한 기대감 등으로 인해 앤티크 주얼리가 각광 받고 있는 것이 틀림없다.

그래서인지 요새 내게 앤티크 주얼리의 수집 방법이나 재산 가치가 있는 것은 어떤 것인지 알려 달라고 요청하는 이들이 많다. 하지만 그럴 때마다 내 대답은 한결같다. "글쎄요." 앤티크 주얼리를 포함한 예술품들은 단순한 대량 생산품과는 구별되기 때문에, 공산품과 달리 소재, 인력 등의 원가에 따라 가격을 매기는 게 어렵다. 이것들은 철저히 수요와 공급의 법칙에 따라 움직일 뿐이다. 그렇기 때문에 아무리 아름답고 가치가 있다고 해도 그 진가를 알아보는 수요자가 없다면 나만의 '흡족한 물건'에 지나지 않는다.

신문에서 이런 기사를 본 적이 있다. 인도 찬디가르 시의 공공건물에서 사용되었던 낡은 수천 개의 의자가 창고에 처박힌 채 폐기될 신세에 놓여 있었다고. 여기까지 들으면 뭐 그런가 보다, 하고 생각할 수도 있다. 그런데 이 도시는 건축가 르 코르뷔지에Le Corbusier와 그의 사촌인 피에르 잔레Pierre Jeanneret가 1950년대에 설계한 곳이고, '고물'로 여겨졌던 가구들은 알고 보니 그들이 디자인한 '골동품'이었다. 이것들을 알아본 해외 수집가들은 이 '골동품'들을 반출했고, 그 가운데 티크 나무 책상이 14만4천 파운드, 르 코르뷔지에가 디자인한 맨홀 뚜껑이 2만1천 파운드에 낙찰되기도 했다. 고물과 골동품의 차이는 이런 게 아닐까. 찬디가르 시는 그제야 이 골동품들의 해외 반출을 금지했지만, 해외 수집가들의 선견지명으로 이것들 대부분이 이미 팔려 나간 뒤였다고.

그럼에도 이 시간부터 주얼리 컬렉션으로 당장 큰 이익을 보겠다는 욕심은 버리기 바란다. 현금, 부동산, 주식, 채권 등으로 자산을 분할하여 관리하듯이, 주얼리 역시 투자 포트폴리오에 포함시켜 장기적인 안목으로 즐기는 편이 더 바람직하다. 가끔 지인들이 무리하게 값비싼 주얼리를 구매하는 경우를 보기도 하지만, 갑자기 현금이 필요할 때 여간 난감해 하지 않는다. 주얼리를 되팔아 현금화하는 데에는 누구도 예측할 수 없는 시간이 걸릴 수 있기 때문이다. 그 주얼리의 진정한 가치를 깨달아 운명적인 사랑에 빠질 누군가가 나타나기 전까지는 돈을 환수하기가 쉽지 않다.

그럼에도 불구하고 주얼리 투자는 꽤 매력적인데, 그 이유는 최근 국내 미술 시장을 통해 어느 정도 가늠해 볼 수 있다. 몇 년 전부터 국내에도 미술품 관련 투자 상품이 생겨날 정도로 미술품 붐이 일기 시작했고, 경매 회사의 자료를 보아도 그 수익률은 짭짤한 편이다. 오죽하면 주얼리 컬렉팅을 우선시하는 나마저 그림 투자에 거부할 수 없는 유혹을 몇 번이나 느꼈을까.

그러나 외도하지 않은 것이 다행이라는 생각이 든다. 당시 욕심을 낸 작가의 작품 가격이 왔다 갔다 하며 요동치는 것은 물론, 경매 시장에서 유찰되는 상황도 벌어졌기 때문이다. 한때 웃돈을 주겠으니 작품만 구해 달라는 수요자가 넘쳐 났던 작가의 작품이 이런 수모를 당하는 것을 직접 목격하고 나니, 미술품에 대한 생각이 많이 달라졌다. 물론 투자라는 개념 이전에 작품성에 만족한다면 금전적 가치가 떨어져도 크게 상관할 바는 아니겠지만, 소장 작품의 가치가 떨어지는 것을 유쾌하게 생각할 사람은 많지 않을 것이다.

당시에 재벌가의 미술품 관련 비자금이 초미의 관심사로 떠오르면서 투자 심리에 찬물을 끼얹어 미술 투자가 전반적으로 위축되었다고 미술 경매 관계자들은 말했다. 미술품을 구입했다가 운이 나쁘면 비자금 조성 등의 문제로

다이아몬드, 루비, 사파이어, 에메랄드.
오팔이 몰래 박혀 있는 1920년대의 주얼리.
아르 데코 시대를 대표하는 작품으로 동양의 영향을 보여 준다.
개인 소장.

눈총을 받을 가능성이 있으니 말이다. 국내에 유통되는 수십 억대 작품들이 재벌 중심으로 거래되는 것을 감안하면 충분히 고개가 끄덕여지는 부분이다. 그뿐 아니라 세계적인 경매 회사의 주요 아이템이었던 인상파 작가 등의 작품이 유찰되는 상황들도 종종 발생한다. 세계 경제 불황이 그 이유가 될 수도 있겠지만 그보다는 작품 가격의 거품이 빠지면서 발생하는 현상이라는 의견이 더 지배적이다.

그러나 무엇보다 안타까운 것은 거래를 통해 구매한 작품들을 감상하고 즐기기보다 거래 화랑 등에 맡겨 놓은 채 시세 차익만 챙겨 되파는 경우가 잦다는 데 있다. 예술의 원초적 기능을 발휘할 기회조차 박탈당한 채 다른 주인의 손으로 넘어가는 미술품들. 주얼리는 아무리 토사구팽 신세라 해도 한때는 주인의 목과 귀, 손, 가슴에 간택되는 기쁨을 누려 보는데, 미술품들 중 일부는 팔리자마자 창고에서 새 주인을 기다리는 신세라니 참으로 딱하다 싶다. 이렇게 보면 주얼리의 운명이 어떤 면에서는 더 낫지 아니한가.

주얼리 이야기에서 너무 멀어져 버린 것 같다. 이쯤에서 독자들에게 질문을 하나 던지고 싶다. 앤티크 주얼리와, 앤티크 스타일의 현대 주얼리는 어떻게 구분할 수 있을까? 아주 쉬운 방법이 있다. 앤티크 주얼리는 더 이상 생산할 수 없는 과거의 것이다. 반면 앤티크 주얼리의 디자인과 소재를 참고로 하여 앤티크 스타일로 제작하는 것은 가능한데, 앤티크 스타일의 현대 주얼리가 여기에 해당한다. 그렇기에 '스타일 주얼리'를 진품 앤티크 주얼리와 혼동해서는 곤란하다. 요즘은 구매자들이 워낙 잘 알기에 이런 혼동은 없겠지만, 그래도 확인할 겸 언급해 본다. 이런 사실을 알고 앤티크 스타일의 현대 주얼리를 구입했다면 문제가 없지만, 이런 사정을 전혀 몰랐거나 혹은 속아서 구입했다면 주얼리를 좋아하는 이에게 이보다 더 당황스러운 일은 없을 것이다. 반품을 요구하려고 숍을 찾아가면 어느새 숍이 없어져 버린 경우도 있고, 있다고 해도 이런 불평에 성실하게 응해 주는 마음 좋은 이도 적을 것이다. 상황이 이러니 인터넷으로 외국의 앤티크 주얼리를 구입하는 것이 얼마나 위험한 일인지 모른다.

말이 나온 김에 한마디 덧붙이고 싶다. 텔레비전 드라마나 영화를 보면, 별생각 없이 싸게 구입한 주얼리가 감정을 받고 보니 몇천만 원에서 몇억 원을 호가하는 귀한 것이었다는 식의 상황이 전개되는 경우가 있다. 글쎄, 아직도 이런 순진한 생각에 사로잡힌 독자들이 있을까. 그 정도로 가치 있는 주얼리라면 이미 전문가, 컬렉터들의 손으로 넘어간 지 오래되었을 것이다. 만약 그런 주얼리를 손에 넣는다면 연속해서 로또에 두 번이나 당첨되는 행운과 맞먹는 것이 아닐까. 그러니 헐값에 주얼리를 구입해 많은 이익을 보려는 기대는 꿈도 꾸지 말지어다. 그럴 시간이 있다면 차라리 '주얼리 컬렉션의 로망'을 꿈꾸는 편이 정신 건강에 훨씬 이롭다. 그럼 '주얼리 컬렉션의 로망'이 무엇일까? 바로 내 마음에 쏙 들면서 가치도 있고 가격도 비교적 저렴한 주얼리가 아닐까. 하지만 일반 구매자뿐 아니라 전문 딜러들에게도 이것은 기막히게 어려운 일이다. 딜러들이 입을 모아 이야기하는 사실이 있다.

"아름답고 가치 있으며, 모든 이들이 원하는 좋은 주얼리는 그만큼의 가격을 요구한다."

다이아몬드가 가득히 세팅된 1830년 의 꽃다뷔 스프레이spray 브로치. 실 제로 착용하면 꽃들이 흔들려 다이아 몬드에 빛을 더한다.

    세상에 공짜가 없다는 이 시시콜콜한 이야기를 애써 강조하는 까닭을 이해할 수 없다면 다음 이야기에 귀 기울이시기를. 이 말 속에는, 주얼리에 전문가 수준의 안목을 가졌다고 자부하는 컬렉터가 싸고 좋은 물건을 구매하려고 세계 여기저기를 돌아다니는 것은 시간 낭비라는 의미심장한 의미가 숨어 있다. 차라리 그럴 바에는 세계적인 옥션 하우스나 각국의 전문 숍들의 문을 과감히 두드려 보는 편이 훨씬 영민한 방법이다. 이런 곳들이야말로 전문가들이 자신의 이름을 내걸고 국제 시세에 맞는 감정 및 평가를 해 주기에 안심하고 구매할 수 있는 곳이다. 물론 전문가들도 사람이기에 가끔 실수를 할 수도 있지만 회사 이름이 있으니 크게 피해 보는 일은 없을 것이며, 만약 있다 해도 그들만의 보상 시스템이 갖춰져 있기에 심적 부담이 훨씬 덜하다.

    이 같은 경로로 주얼리를 구매할 경우 좀 비싸다고 생각할 수 있다. 그러나 무엇보다도 중요한 사항들, 즉 진위 여부를 시작으로 믿을 수 있는 품질, AS 문제, 제품에 문제가 발생했을 때 장기적으로 상담받을 수 있는 조건 등을 고려한다면 나쁘지 않은 선택이 될 것이다. 덧붙여 옥션 하우스를 통해 구매할 경우에 수수료도 예산에 포함시켜야 나중에 당황하는 일이 없을 것이다. 얻기 위해 과감히 버려야 하는 것들을 생각하면서 현명한 선택을 하기 바랄 뿐이다.

그렇다면 국내에서 앤티크 주얼리를 안심하고 구입하는 방법은 없을까. 예전을 생각하면 많이 좋아지기는 했지만 아쉽게도 아직까지 국내 구매는 선택의 폭이 그리 넓지 않다. 무엇보다도 먼저 셀렉션이 많지 않다. 아직까지 수요층이 두텁지 못한 탓이다. 그래도 예전보다는 소재와 연대에 따라 저렴한 것부터 높은 가격대까지 다양화되고 있으며, 앤티크 가구 숍, 소품 숍, 혹은 일반 보석상에서 앤티크, 빈티지 주얼리를 다루고 있다. 국내에서 구매할 경우에 중요한 점은 주얼리들의 정보, 즉 연대, 상태, 소재 등을 정확히 알려 주고 보증할 만한 곳에서 구매를 해야 한다는 것이다. 이 정보들에 의해 주얼리의 가치가 정해지는데, 잘못된 정보로 구입했다가 되파는 경우에 마음의 상처를 입을 수도 있기 때문이다. 저가의 액세서리 수준이라면 착용하고 즐긴 것으로 만족할 수 있겠으나 고가의 것이라면 더욱 신경을 써야 한다.

속이는 사람도 잘못이지만 어리석게 속아 넘어가는 사람에게도 문제는 있다. 무책임한 감정, 허위 감정서, 국제적으로 절대 통용될 수 없는 품질과 가격들에 속지 않으려면 주얼리에 관한 일반적 상식은 물론이고 앤티크 주얼리를 평가하는 안목을 길러야 한다. 이를 위해 국내외의 많은 주얼리를 접해 보아야 한다. 실질적인 구매는 숍의 판매원뿐 아니라 제3자의 전문가와 상담하면서 꼼꼼하게 정보를 수집하는 것이 최선의 방법이다.

가끔 고객들이 과거에 구매한 보석을 되팔고 싶은데 어느 정도 받을 수 있을까 하고 문의를 한다. 안타깝게도 십중팔구는 구매 당시의 터무니없는 가격을 보장받지 못할 뿐 아니라, 앤티크 주얼리로 굳게 믿고 구매했음에도 제작 시기의 진위 여부조차 의심스러운 경우가 태반이다. 안타까운 상황이 생각보다 많이 발생해서 주얼리를 사랑하는 입장에서 당황스러울 정도다. 이런 경우 되팔기보다는 그냥 가끔 착용하고 즐기는 편이 낫겠다고 조심스럽게 조언한다.

이쯤에서 앤티크 주얼리의 구매에 관해 내가 생각하는 기본 사항을 몇 가지 전할까 한다.

첫째, 희귀한 보석을 사용한 주얼리에 주목하라. 화학 처리를 하지 않은 자연산 루비, 사파이어, 에메랄드, 혹은 요즘에 뜨는 팬시 컬러fancy color 다이아몬드, 디맨토이드 가넷demantoid garnet, 콩크conch 진주와 같은 천연 진주 등을 사용한 주얼리가 대표적이다. 이들의 희소성은 분명 그 값을 할 것이다. 그리고 이에 관한 확실한 감정서 및 보증서는 필수다.

둘째, 예산에서 조금 초과하더라도 확실한 것을 구매하라. 모든 주얼리가 자산적 가치를 지니는 것은 아니다. 선택된 주얼리만이 가치를 지니므로 그만큼의 가격 부담은 받아들여야 한다. 미인을 얻으려면 그 값을 치러야 하는 게 당연하다.

셋째, 내구성에 문제가 없어야 한다. 현재의 보존 상태를 점검하는 것은 기본이고 향후 장기적인 보관에 문제가 없는지를 꼼꼼하게 확인해야 한다. 아무리 아름다워도 착용할 수 없다면 주얼리라고 할 수 없지 않은가.

넷째, 부가가치에 눈을 떠라. 주얼리가 제작되었을 당시의 시대 배

카르티에의 예술성
'뚜띠 프루티(tutti frutti)' 컬렉션
조각된 준보석의 음악적 배치가 장식 효과를 더해 준다.
ⓒ Cartier

경과 디자인, 소재의 결합 상태, 유명 인사의 소장품이었다는 점 등 유래가 확실한 것들은 높이 평가받는다.

마지막으로 세계적으로 통용되는 일류 브랜드(예를 들어 반 클리프 앤드 아펠VC & A, 부셰롱Boucheron, 까르띠에Cartier, 티파니Tiffany, 쇼메Chaumet 등)의 앤티크 및 빈티지 주얼리를 선택하는 방법도 있다. 이것들은 태생적으로 자산적 가치를 지닌 것들이니 말이다.

그리고 무엇보다 중요한 것은 주얼리가 '아름다워야 한다'는 것이다. 위에서 언급한 조건을 아무리 채워도 전체적 구성이 엉성해 어딘지 모르게 어색한 느낌을 주는 주얼리가 가끔 있다. 만국 공통으로 통하는 '미'의 기준은 분명히 있다. 이는 주얼리에서도 마찬가지다. 시대를 초월한 변하지 않는 아름다움은 주얼리에서 가장 중요한 필수 조건이다.

텔레비전 연속극을 보면 부도 처리로 온 집안에 빨간 딱지가 붙는 장면이 가끔 등장한다. 집안에 재정난이 생기는 경우 은행 예금, 부동산, 채권, 주식 등의 재산은 압류의 첫 번째 대상이 된다. 반면 앤티크 주얼리를 포함한 가치 있는 주얼리는 세금 없는 증여, 상속 수단이 되기도 한다. 그런 까닭에 예부터 유럽인, 중국인, 유대인 등은 재산을 현금, 유가 증권, 보석과 귀금속으로 나누어 소유했다. 다른 재산과 마찬가지로 주얼리도 중요한 재산의 일부임을 시사하는 것이다. 오죽하면 유대인들이 '액세서리는 사치, 주얼리는 절약'이라고 했겠는가. 가치 있는 주얼리는 액세서리와는 달리, 영원한 자산임을 그들은 이미 깨닫고 있었던 것이다.

어느 유명한 외국 주얼리 딜러가 내게 건넨 이야기가 생각난다. 그

반 클리프 앤드 아펠에서 1925년경에 제작
한 다이아몬드 브로치 겸 드레스 클립

의 고객이 재산 정리를 하는 과정에서, 소장하고 있던 어마어마한 주얼리와 함께 저택 지하에 놓인 몇십 킬로그램짜리 금덩어리를 옮겨야 하는 상황이 있었다고 한다. 너무 무거워 허리가 빠지는 줄 알았다고. 만약 위급한 상황이 생겨 당장 어딘가로 떠나야 할 경우에 금은 무게 때문에 부담스러울 수 있다. 그렇기 때문에 휴대가 쉬운 주얼리만 한 재산은 없다는 뜻이다.

가끔 일본, 홍콩 주얼리 컬렉터들을 위한 특별한 자리가 마련된다. 아주 희귀하고 세계적인 주얼리 컬렉션을 선보이는 자리인데, 그곳에서는 서울의 내로라하는 노른자위 건물들과 얼추 비슷한, 아니 그보다 훨씬 더 비싼 가격의 주얼리들이 소개된다. 이것들은 한결같이 언제, 어디서든 자신이 원할 때 주머니에 넣고 다닐 수 있는 영원한 동산들이다. 세계 경제 위기, 테러 위험, 환경 오염, 엽기적 살인 사건 등으로 떠들썩한 요새 사회 분위기를 감안할 때, 세계 어느 나라에서도 통용되는 주얼리만 있다면 천군만마를 얻은 듯 든든할 것이다. 가치 있는 주얼리는 시대를 막론하고 그 몸값이 유지된다. 오십 년, 백 년 후에도 여전히 사람들에게 그 가치를 인정받는 것이다.

자, 독자들은 어떤 앤티크 주얼리에 도전하겠는가? 그림의 떡이라고 불평하거나 울상 짓지 말고, 여러 방법으로 주얼리에 대한 지식을 얻고 안목을 높여 마음속으로 자신만의 주얼리를 정해 놓으면 어떨까? 혹시 아는가, 로또에 두 번 연속 당첨되는 행운이 당신의 몫이 될지도? 하지만 한 가지 잊지 말아야 할 점이 있다. 세계적으로 유명한 딜러의 말이니 가슴에 새겨 두어도 좋겠다.

"신이 돌을 만들었고 인간은 그것을 연마해 아름다운 보석을 만들었다. 하지만 그 보석을 더럽히는 것도, 그 가치를 높이는 것도 역시 인간이다."

The Secret of Jewellery
앤티크 주얼리의 비밀

앤티크 주얼리에는 비밀이 많다. 어떤 이에게는 아주 특별했던 주얼리가, 다른 누군가에게는 오래되었다는 것 외에는 별로 신통하게 느껴지지 않는 이유도 이 속 이야기에 귀를 기울이지 않은 탓이다. 앤티크 주얼리에는 현대 주얼리에서는 찾아보기 힘든 특별한 내공이 있다.

나 역시 앤티크 주얼리를 만나기 전까지는 주얼리의 가치란 원석의 질에 의해서만 결정된다고 생각했다. 내가 생각했던 주얼리는 여성의 장식을 위한 사치 정도였으니까. 그러나 세계적인 옥션 하우스나 미술관, 그리고 여러 나라에서 열리는 주얼리 전시회 등에서 만난 앤티크 주얼리들은 미지의 아름다움을 일깨워 주었다. 무엇보다도 수년 동안 갤러리 람을 운영하고 앤티크 주얼리를 거래하면서 얻은 경험은 주얼리에 대한 생각에 많은 변화를 가져다주었다.

특히, 앤티크 주얼리의 세계를 접하면서 한국에서 주얼리에 대해 갖는 일반적인 이미지, 즉 주얼리는 여성이 즐기는 사치품에 불과하며, 그래서 보석의 크기에 따라 그 가치가 판단된다는 식의 분위기가 너무나 아쉽다는 생각을 했다. 현재는 좋은 주얼리들이 국내에 들어오기도 하고 인식이 많이 바뀌면서 좋아졌지만, 그래도 아직 이런 이미지는 여전하다고 생각한다.

보석은 인류의 역사 이상의 기나긴 시간을 깊은 땅, 혹은 바닷속에서 잠자고 있던 돌이 사람의 손을 거쳐 그 빛을 발휘하게 된 것이다. 또한 이것들은 장인의 손과 숨결로 인해 아름다운 주얼리로 다시 태어나게 되는 것이다. 장인이 촛불 아래서 하나하나의 작품을 수작업으로 만들어 낸, 그래서 '당시의 유일한 작품'이라는 희소성을 지니는 앤티크 주얼리는 참으로 특별한 존재가 아닐까.

솔직히 나는 싫증을 잘 내는 편이다. 친한 친구들조차 늘 꾸짖을 정도로 나는 매사에 "세월아, 가라" 하는 식이며, 어떤 것에 열정을 가지고 푹 빠지지 못한다. 이 나이가 먹도록 눈에 띄게 무엇인가에 매달려 본 적이 없다. 그런 내가 앤티크 주얼리 전문 갤러리를 연다고 했으니 지인들의 시선이 고울 리 없었다. 거기에다 당시에는 경기도 좋지 않았다. 그러나 그런 상황이 들리지도, 보이지도 않았다. 오직 앤티크 주얼리와 평생 함께할 꿈에 부풀어 갤러리 람을 열고 말았다. 솔직히 후회할까 봐 걱정에 사로잡히기도 했다. 그러나 다행히 나는 지금까지 앤티크 주얼리와 아주 좋은 관계를 유지하며 알콩달콩 잘 살고 있다. 앤티크 주얼리 중독증(?)이라고 해도 과언은 아닐 것이다.

왜 나는 앤티크 주얼리에 내 모든 것을 내던졌을까? 다른 예술품처럼, 아니 어쩌면 그 이상으로 앤티크 주얼리는 다양한 이야기와 놀라움을 품은 환상 덩어리이기 때문이다. 이것들이 지닌 시각적인 아름다움은 독특한 형태로 나를 사로잡는다. 착용하기에는 조금 부담스러우면서도 너무 사랑스러워서 미소를 머금게 하는 주얼리가 있는가 하면, 생각하지도 않은 강렬한 메시지로 나를 옴짝달싹 못하게 하는 주얼리도 있다. 가끔은 위트 넘치는 장인들의 창의성과 당시 사회적 배경이나 미술 사조를 씨실과 날실처럼 학구적인 태도로 잘 조합해 보면, 어느 순간 서양의 역사가 한눈에 펼쳐지기도 한다. 더 나아가 현대 주얼리의 기본적인 요소들, 즉 그 원천을 찾아볼 수 있으니, 앤티크 주얼리와의 뜨거운 사랑은 쉽게 꺼지지 않을 기세다. 그래서일까. 아직도 새로운 앤티크 주얼리를 맞을 때마다, 그리고 거기에 숨어 있는 비밀을 하나둘씩 꺼낼 때마다 벅찬 설렘으로 흥분하곤 한다. 아무래도 내가 여든 살 할머니가 되어도 앤티크 주얼리에 대한 두근거림은 떨쳐 버릴 수 없을 것만 같다.

앤티크 주얼리 시장은 대체로 유럽을 중심으로 전개되어 왔다. 아무리 하찮은 것이라 할지라도 조상한테 물려받은 것들을 소중히 여기는 유럽인들의 삶의 방식, 즉 오래됨에 가치를 둘 뿐 아니라 과거가 지닌 아련함을 사랑하고 기억하는 그들의 태도에는 독특한 정서가 있다. 이런 정서는 19세기 센티멘털 주얼리(sentimental jewellery)에서 특히 도드라진다.

원래 고대에는 주얼리에 개인적 감정보다는 예수 그리스도의 고난의 증표와 같은 종교적 의미나, 죽음을 잊지 말라는 메시지인 메멘토 모리(memento mori), 또는 결혼의 확약과 같은 도덕적 의미를 담았다. 세월이 흐르면서 사회가 점차 신 중심에서 사람 중심으로 옮겨 가면서 개인적인 정서를 담은 센티멘털 주얼리가 낭만주의라는 사상과 맞물려 19세기 유럽에서 전개되기 시작한다.

센티멘털 주얼리 중에서 가장 대표적인 것이 리가드 주얼리(regard jewellery)다. 나폴레옹 1세의 부인이었던 마리루이즈(Marie-Louise)가 부부의 생일, 결혼기념일 등을 기념하는 팔찌를 주문한 것에서 유래되었다고 하는 이 주얼리는 이후 영국을 비롯한 유럽에 퍼져 널리 사랑을 받게 되었다고 한다. 이는 주얼리 장식에 사용하는 보석의 머리글자를 조합하여 개인적 메시지를 전하는 것이 특징이며, 팔찌나 펜던트의 은은한 장식 요소로 사용되기도 했다. 예를 들어 루비^{ruby}, 에메랄드^{emerald}, 석류석^{garnet}, 자수정^{amethyst}, 루비^{ruby}, 다이아몬드^{diamond}의 순서대로 세팅을 하면 각각의 머리글자를 따서 '존경하는^{regard}'이라는 메시지를 담게 된다. 다이아몬드^{diamond}, 에메랄드^{emerald}, 자수정^{amethyst}, 루비^{ruby}, 에메랄드^{emerald}, 사파이어^{sapphire}, 황옥^{topaz}을 사용하면 '소중한^{dearest}'이란 의미를, 청금석$^{lapis\ lazuli}$, 오팔^{opal}, 버밀^{vermeil}, 에메랄드^{emerald}를 배치하면 '사랑^{love}'이란 의미를 담게 되는 것이다.

리가드 주얼리는 진실한 사랑을 뜻하는 '물망초', 늘 당신을 생각한다는 의미의 '팬지', 나를 기억해 달라는 의미의 '클로버' 등의 메시지를 각 보석에 어울리는 하트, 리본과 함께 담아 사랑의 결실에 대한 간절한 염원을 담았다. 리가드 주얼리가 유행하던 시기는 18세기부터 19세기에 걸쳐서다. 유럽 예술 세계를 풍미한 낭만주의의 영향을 받아서, 직설적인 사랑의 표현보다는 간접적이고 은밀한 메시지를 전하는 것이 좀 더 품위 있다고 생각했던 때다. 이런 분위기를 담고 있는 로맨틱한 리가드 주얼리는 애정과 감정을 대변하는 특별한 주얼리라 할 수 있다. 그 외에도 사랑하는 이들의 모습을 그린 세밀화를 간직한 주얼리 또한 센티멘털 주얼리라 할 수 있겠다.

아련함의 정점에 서 있는 센티멘털 주얼리는 사랑을 속삭이기도 하고 우정을 확인시키기도 한다. 하지만 앞에서도 보았듯이, 자신이 품

흑옥을 정교하게 조각한 1870~1885년의 주얼리 세트.
펜던트 안 일부에는 여인의 머리가 새겨져 있으며 그 주위를 나뭇잎, 꽃, 소용돌이무늬가 감싸고 있다.
런던, 빅토리아 앤드 앨버트 박물관.

독일의 사실 빈터할터(Franz Xaver Winterhalter)가 1856년에 그린 젊은 시절의 빅토리아 여왕의 초상. 사이프르 다이아몬드가 세팅된 브로치를 착용하고 있다.

고 있는 메시지를 보란 듯이 드러내는 대신에 소재나 모티프 등 주얼리를 구성하는 부분에다 그 의미를 숨기고 있다. 이런 센티멘털 주얼리 가운데에는 소중한 이의 죽음을 애도하는 모닝 주얼리mourning jewellery도 포함시킬 수 있겠다.

 1861년, 영국 빅토리아 여왕은 남편 앨버트 공이 죽음을 맞이하자 자신이 즐겼던 화려한 주얼리들을 벗어던지고 관례보다 더 오랫동안 모닝 주얼리를 착용했다고 한다. 여왕이 사랑하는 이를 애도하는 마당에 그 밑의 신하들이 어떻게 화려한 주얼리로 자신을 치장할 수 있겠는가. 그들 역시 모닝 주얼리로 앨버트 공의 죽음을 함께 애도했다. 하지만 유행의 출발지라 할 수 있던 당시 왕실과 전혀 상관없는 사람들은 '애도'는 제쳐 둔 채 모닝 주얼리, 그 자체에만 눈독을 들여 새로운 유행으로 삼았던 것이다.

 영국을 중심으로 만들어진 모닝 주얼리의 기본색은 검은색이다. 그렇다고 단순한 검은색이 절대 아니다. 신비로운 윤기를 지녀 그 깊이를 가늠할 수 없는 검은색이라고나 할까. 이토록 심오한 검은색을 재현할 수 있던 당시 소재로는 조각하기에 적당한 경도를 지닌 흑옥jet이나 오래된 나무가 화석화된 보그 오크bog oak 등이 있었다. 이런 소재들로 만든 검은색 장신구는, 몇 년 전 겨울부터 패션계에 돌풍을 일으킨 빅토리아 스타일의 패션과 함께 잡지에 자주 등장하고 있다. 모닝 주얼리가 현대에 와서는 검은 플라스틱과 유리 소재의 액세서리로 재해석되어, 볼륨 있는 레이스 장식의 사랑스러운 블라우스와 코트 등의 의상에 매치된다. 이 검은 액세서리는 여성스럽고 로맨틱한 의상에 시크한 세련됨을 부여하여 전체적으로 균형을 잡아 준다. 하지만 이 액세서리의 기원이 망자를 애도하는 모닝 주얼리라는 사실을 알게 된다면,

빅토리아 스타일의 패션이 단지 사랑스럽다고만 말할 수 없지 않을까.

모닝 주얼리의 중요한 소재 중 하나로는 다소 엽기적이지만 망자의 머리카락이 있었다. 사랑하던 이와 영원히 '함께한다'는 의미로 머리카락이 주얼리의 또 다른 소재로 자리 잡기 시작한 것이다. 사랑하는 사람의 일부를 영원히 간직하고 싶은 애틋한 마음에서 생긴 이 주얼리는 헤어 주얼리hair jewellery라고도 불린다. 곱게 땋은 머리카락만이 보여줄 수 있는 특유의 곡선과 윤으로 디자인한 주얼리라고나 할까. 머리카락이 아주 가늘고 섬세하다는 점을 이용한 것이다. 소중하게 정리된 머리카락은 언뜻 보기에는 머리카락이라고 생각할 수 없게 보석, 금속과 함께 색다른 디자인을 형성하기도 한다. 또한 눈물을 뜻하는 시드 펄seed pearl이나 다양한 색채의 에나멜 등과 함께 디자인적 요소가 되어 무덤을 재현하기도 한다. 여기에 정성스럽게 사랑하는 이의 사망 연도까지 써넣기도 한다. 반지, 브로치와 같은 작은 아이템에 이런 세밀한 디테일을 만들어 넣는 것은 쉽지 않은 일이다. 언뜻 금속 줄처럼 보이는 부분을 자세히 살펴보면 금발 머리카락으로 만든 섬세한 풍경이 자리하고 있기도 하다. 또한 머리카락으로 하트 형태를 만들거나 꽉 조여 리본 형태로 제작한 브로치도 있다. 이는 유난히 가늘어 섬세할 뿐 아니라 색상도 오묘하게 다양한 머리카락만이 재현할 수 있는 디테일들이다. 재미있는 점은 전문적인 장인뿐 아니라 당시의 여성들도 취미 삼아 이런 소품들을 만들기도 했다는 것이다. 마치 요즘 여성들이 뜨개질이나 퀼트를 하는 것처럼 말이다.

이런 전통은 1880년대 코닥이 사진용품을 보급하기 전까지는 망자와의 가장 뚜렷한 연결 고리로 생각되지 않았을까 싶다. 어찌 보면 원시 시대 남성들이 직접 잡은 동물의 뼈를 달고 다니며 힘을 과시한 것,

18세기 후반의 이 펜던트은 살아 바탕에 다이아몬드와 준원을 일컫는 시트 형도 얹히진 유골 항아리 미느나무 머리물나로 추정되는 'LL'로 구성되어 있다. 작은은 인지의 머리카락으로 제작되었다.
런던 런디 박물관

그리고 그것으로부터 인간이 가지지 못한 동물적인 힘을 얻을 수 있다고 믿은 것과 그리 큰 차이가 없는 듯하다.

  죽은 이가 자신의 머리카락으로 세상에서 하나밖에 없는 주얼리가 만들어졌다는 사실을 알면 과연 좋아할지도 의문이지만, 우리 정서로도 선뜻 다가가기 어려운 주얼리다. 만약 가족이나 사랑하는 이의 것이라면 그나마 괜찮겠지만, 100년 전 서양에 살던 누군가의 머리카락이 담긴 주얼리라면 솔직히 섬뜩하다는 생각이 앞서지 않을까.
  내가 아는 분은 남편 생일 선물로 영국에서 제작된 19세기 반지를 엄선해서 구매했다. 벨트 형태를 디자인 모티프로 삼은 전형적인 빅토리아 시대의 14K 옐로 골드 반지였다. 반지 일부를 열 수 있었는데 공교롭게도 그 속에는 짙은 갈색 머리카락이 땋인 상태로 소중히 담겨 있었다. 교포인 그녀는 그런 모닝 주얼리를 로맨틱하다고 생각해 사랑하는 남편을 위해 구매했던 것이다. 하지만 반지를 받은 남편은 기겁했고, 결국 반지는 내게 넘어왔다. 어렵게 구매한 주얼리가 천덕꾸러기 신세가 되어 버렸으니 안타깝기는 하지만, 나는 그 남편의 심정을 너무 잘 이해할 수 있다. 이런 개인적 취향 때문에 갤러리 람에서는 헤어 주얼리는 다루지 않는다. 그러나 디자인과 세공의 아름다움은 물론, 망자를 기억하고 늘 함께하고 싶은 마음만은 로맨틱하지 않은가.

　센티멘털 주얼리를 볼 때면 가끔 마음속에 떠오르는 물음이 있다. '과연 우리에게는 사람 냄새를 풍기는 주얼리가 얼마나 있을까.' 혹시 유행에 너무 민감하거나, 브랜드에 현혹되거나, 값어치에만 너무 광분해 자신만의 추억과 로맨스를 지닌 주얼리를 잊고 살지는 않는가. 오늘 당신의 손가락이나 목, 귀에 걸린 주얼리를 보며, 잊어버렸지만 다시 되찾아야 할 소중한 그 무엇을 떠올려 보면 어떨까. 그 순간 기성품이 되었든 헐값의 상품이 되었든 그 주얼리는 나만의 센티멘털 주얼리로 새롭게 태어날 것이다.

The Secret of Jewellery
앤티크 주얼러드의 컬렉션 철학

어릴 때 4년을 제외하고는 주로 일본에서 성장한 내가 보기에, 일본인들에게는 공통점이 있다. '마니아 기질'이라고나 할까, 아무튼 자신만의 취미에 푹 빠져 산다. 그들의 열정을 보면 단순한 취미를 넘어선다. 한 분야에 집중하는 광기 어린 면이 스멀거린다고나 할까. 이제 나는 모국어가 불편하지 않고 김치와 된장찌개를 너무 사랑하는 진짜배기 한국인이 되었다고 자부하지만, 가끔은 여전히 내게 일본인 같은 구석이 있구나, 하고 생각한다.

그중 하나가 돼지에 대한 집착이다. 그림이든 오브제든 소품이든 상관없이 그 대상이 돼지라면 일단 마음이 움직이기 시작한다. 그러나 아무 돼지나 내 사랑의 대상이 될 수는 없다. 뭐랄까, 내 본능을 살짝 긁어 줄 수 있는 그 무엇이 있어야만 한다. 그리고 절대 평범하지 않아야 한다. 예를 들면 쉽게 구할 수 없는 한정판 돼지라든지, 돈상(?)이 마음에 든다든지, 혹은 못생겼더라도 너무 사랑스러운 어떤 특별함이 있다든지 그런 것 말이다.

런던에서 귀국하는 비행기 안에서 깨질까 걱정하며 안고 온 돼지 오브제(영국 작가가 도자기로 만든 것으로 물론 웃는 돈상이다), 19세기 후반에 제작된 판화 속에서 이상한 나라의 앨리스가 안고 있는 새끼 돼지(앨리스가 은근히 나의 어린 시절 모습과 비슷해 얼른 구매했다), 1930년대에 제작된 다섯 마리의 테디 베어 사이에서 실버 귀걸이를 한 채 미소 짓고 있는 한 마리의 돼지 등. 이런 특별한 돼지들이 지금 나의 사무실 여기저기에 숨어 있다.

 진정한 사랑에 빠지면 상대를 좋아하는 이유를 말하기 어려운 것처럼 나 역시 아주 단순한 감정, 즉 본능적인 이끌림 때문에 이런 돼지들을 좋아한다. 그래서 친구들은(심지어 친구 가족들도) 국내외 어디서든 별난 돼지를 발견하면 꼭 내게 선물해 준다. 이렇게 시작한 돼지 컬렉팅은 주얼리 컬렉팅과 함께 진행 중이다. 그 증거는 바로 친한 친구가 선물해 준 돼지 인형 열쇠고리다. 돼지 인형의 목에는 진주가 달려 있는데, 즉 '돼지 목에 진주'인 것이다. 절대 연결되지 않을 것 같은 돼지와 주얼리가 함께 내 삶에 재미를 더해 준다고 생각하면, 괜찮은 인생이지 않나 싶다.

 하지만 내가 진정한 앤티크 주얼리 컬렉터라고 자신 있게 말할 수 있을까. 갤러리 람을 열고 운영하는 지금에 이르러서도 세계의 여러 주얼리 수집가, 전문가들과 비교하면 그야말로 '새 발의 피'이니 말이다. 그들은 삶의 많은 부분을 오로지 주얼리만 위해 소진하는 무서운

자들이다. 그 무서운 자들을 혼자 알고 있기에는 아까운 것 같아 그들의 이야기를 독자들과 함께 나누고자 한다.

아리카와 가즈미 Arikawa Kazumi

가장 먼저 소개할 컬렉터는 내가 이 원고를 쓰기 직전에 전화를 걸어와서 콧김을 잔뜩 불어넣은 흥분된 목소리로 너무나도 아름다운 팬시 비비드 핑크 fancy vivid pink 다이아몬드를 자랑한 아리카와 가즈미다. 세계적으로 유명한 앤티크 주얼리 딜러나 컬렉터를 꼽으라면, 이름을 상위에 올리고도 남을 만큼 내로라하는 앤티크 주얼러다.

그는 언제나 열정적이다. 아름다운 주얼리가 있는 곳이라면 어디든 날아갈 준비가 되어 있다. 그런 그의 뜨거운 모습을 보면 한국 사람의 기질과 비슷하다는 생각이 들기도 한다. 그를 아는 딜러들은 입을 모아 '워커홀릭의 지존'이라 부른다. 그런 그이니 모든 면에서 느리고 게으른 내게 "헝그리 정신을 가져!" 하고 외칠 수밖에.

아리카와는 '주얼리=자산 가치를 지닌 아름다운 예술품'으로 생각해 양질의 주얼리가 아니면 거들떠보지도 않는다. 이 업계에서 일한 지 30년이 되는 그는 그동안 이거다 싶은 앤티크 주얼리들을 미친 듯 사들였단다. 그러나 그는 그 30년 세월을 이렇게 표현한다. 산소호흡기 없이 맨손과 맨발로 에베레스트 산을 오르는 아슬아슬한 심정으로 지금까지 주얼리를 거래해 왔다고. 하지만 지금 세계 각국의 유명 주얼리 딜러들은 물론 소더비, 크리스티와 같은 옥션 하우스, 미술관, 그리고 개인 고객들은 주얼리를 거래할 때 먼저 그에게 묻곤 한다. 그

뿐 아니다. 그는 다양한 인맥을 동원해 각국의 왕실, 귀족 소장의 미공개 주얼리들을 대여해 앤티크 주얼리 전시회를 여는 데도 큰 기여를 한다. 이런 전시회가 열릴 때면 그는 앞으로 이 주얼리들이 다시 공개될 기회가 없을 테니 잘 봐 두라고 한다. 이렇게 그는 주얼리 거래뿐 아니라 앤티크 주얼리가 지니는 학구적인 매력까지 아주 중요시하는 것이다.

그와 나의 인연은 갤러리 람을 시작하기 전으로 거슬러 올라간다. 일본 친구에게 앤티크 주얼리 업계에서 아주 유명한 분이라고 소개 받았기에 많이 긴장했던 기억이 생생하다. 그를 안 지도 벌써 10년 가까이 되었지만 이 사람처럼 벅찬 기운을 가진 사람은 본 적이 없다. 그에게는 미안한 이야기이지만 그와 함께하는 시간은 정말 피곤하다고 할 수밖에 없다. 좋고 싫은 감정을 떠나서 그가 풍기는 강력한 기운 때문이다. 이는 인생을 순조롭게 보내 온 이에게서는 느낄 수 없는 아주 뜨겁고 열정적인 기다. 나는 그의 기를 통해 주얼리에 대한 진지한 열정을 전달받을 수 있었다.

　주얼리 딜링의 어려운 현실을 모르고 막연히 당신처럼 되고 싶다고 한국에서 찾아간 나를 회상하며, 그는 이렇게 이야기하곤 한다. 얼굴에 아이스크림 범벅인 어린아이가 앤티크 주얼리 사업을 하겠다며 자신을 졸랐다고. 그는 인연이 있으면 다시 보게 되지 않겠냐는 정중한 거절 인사로 나의 등을 떠밀었다. 원래 내 성격이라면 마음에 상처를 받아 거기서 끝을 냈을 텐데, 그렇게 호락호락 그냥 물러설 정도로 앤티크 주얼리에 대한 열정이 얕지는 않았다. 주제넘게 주얼리를 매입하는 데 따라가고 싶다고 제의를 했으니, 지금 생각하면 철면피 중의 철면피라고 할 수밖에 없겠다. 뭘 모르면 용감하다고 하지 않던가. 딱 그 상황이었다. 어김없이 또 다시 거절당했다. 본인은 딜링할 때 기를 집중하기 때문에 누가 옆에 있어서는 안 되며 그런 적도 없다고. 실제로 주얼리 딜링을 몇 년 동안 직접 해 보니 옆에 누가 있다는 것은 굉장히 불편한 일이었다.

　하지만 그때의 나는 혼자서라도 가 보겠다며 영국 출장을 감행했다. 이 사실을 친구에게 전해 들은 그는 직원이 자료를 보낼 테니 꼼꼼하게 숙지하라는 말을 전했다. 그의 유럽 거래처 리스트였다. 그 안에는 딜러들의 성향과 주 상품들의 특징, 주 가격대 등이 모두 담겨 있었다. 게다가 거래처에 이미 나에 관해 이야기를 해 놓았으니 편하게 행동하라는 배려까지 잊지 않았다.

그가 보낸 자료는 앤티크 주얼리의 세계에 뛰어들고 싶은 이들에게는 그 어떤 것과도 바꿀 수 없는 대단한 것이었다. 심지어 어떤 업체 사람과는 식사 약속까지 잡아 주었는데, 알고 보니 그는 세계적인 영국 앤티크 딜러였다. 놀라움은 둘째 치고 너무 긴장되었다. 아리카와가 30년 동안 잠도 제대로 못 자고 세계 각국을 돌아다니며 얻어 낸 일급비밀을 난데없이 한국에서 찾아온 내가 전수받게 될 줄이야. 특히 그는 몇십 년 동안 거래를 해서 높은 신용도를 얻고 있었는데, 그 덕분에 나도 동일한 신용을 부여받고 대금은 언제든 상황이 될 때 지불하라는 조건마저 얻을 수 있었다. 당시의 나에게는 정말 하늘이 내리신 은혜와 같았다.

나중에 나는 그에게, 왜 내게 중요한 기업 비밀을 알려 주었는지 물었다. 주변에서도 그가 왜 내게만 유독 그런 친절을 베풀었는지 궁금해했단다. 그는 역시 다른 딜러와는 다른 거목이었다. 그의 꿈은 아시아 여러 국가에다 자신의 안목으로 고른 아름답고 가치 있는 주얼리를 컬렉션한 박물관 겸 인스티튜트를 세우는 것이란다. 그 사업을 이어가기 위해서는 자신의 딸에게 좋은 인맥을 전수해야 한다고 늘 생각했기에, 내가 이런 행운을 차지하게 된 것이다. 그의 인맥 안에 내가 들어갈 수 있었던 것은 정말 행운이 아닐 수 없다. 만약 내가 영국에 유학 가지 않았더라면, 그리고 거기서 그를 소개해 주었던 친구를 만나지 않았다면 지금의 나는 없었을 것이다. 운명이라는 것이 꼭 있다는 생각이 든다.

　지금도 가끔 농담으로 "사장님 회사에 취직시켜 주세요. 배울 것이 너무 많아요"라고 하면, 그는 이제는 더 이상 전수할 것이 없다며 멀찌감치 도망친다. 그리고 자신도 조언자를 만났더라면 산소호흡기 없이 차가운 에베레스트 산을 오를 필요가 없었을 것이라며, 볼멘소리를 하는 나를 도리어 부러워한다.

　"좋은 앤티크 주얼리를 찾으러 시골을 왔다 갔다 하며 시간과 힘을 낭비할 필요가 없어. 최고의 것은 자연스럽게 최고의 딜러들에게 모이니 그들에게 주목하는 것이 더 합리적이지. 그리고 최고를 알아야만 왜 그것이 최고인지 그 이유를 깨닫게 되고 그 이하의 급들이 보이기 시작하는 법이야. 이렇게 최고의 것들을 추구하다 보면 정신적인 미를 찾아내는 안목이 생기고 이것이야말로 주얼리의 진정한 가치야." 아리카와가 내게 해 준 최고의 충고다.

S. J. 필립스 사 S. J. Phillips Ltd.

다음에 소개할 컬렉터는 개인이 아닌 회사다. 최근에 세계적으로 주얼리를 사랑하는 이들 사이의 화두는 "멋진 진품 앤티크 주얼리를 구매하려면 어디로 가야 하는가"다. 그리고 그들의 선택은 1869년에 창립되어 3대에 걸쳐 운영된 런던의 S. J. 필립스 사다. 3대의 운영자 중 한 명인 마틴 노턴 Martin Norton 은 임종 전까지 세계적인 옥션 하우스에서 조언을 요청할 정도로 이 업계의 숨은 실력자였다. 매장 안쪽의 전시장 탁자 앞에서 장남 니콜라스가 미는 휠체어에 앉아 옥션 카탈로그에 실린 작품과 추정가를 맞춰 보던 마틴 노턴. "음, 적당하군. 하지만 이건 너무 비싸. 저것은 누가 소장했던 주얼리였지" 하며 아들과 대화를 나누던 그의 모습이 지금도 생생하다. 당시 오가던 밀담을 엿듣고 싶어 내 귀가 빨갛게 달아오른 것을 생각하면 웃음이 절로 나온다.

    S. J. 필립스 사에는 세계 각국에서 고객들이 모여든다. 역사가 오래되었기에 그동안 쌓은 인맥을 통해 그 어떤 앤티크 주얼리도 구할 수 있다는 후문이 돈다. 까다롭기 그지없고 모든 면에서 비밀 유지를 원칙으로 하는 유럽 왕실과 귀족 등과 네트워크가 있다는 것도 특징이다. 예를 들어 어느 귀족 집안의 누군가가 사망해서 재산 분배를 할 때 주얼리를 맡아 매매한다든가, 상속세 같은 세금이 부담스러워 집안 대대로 내려오는 주얼리를 팔아 현금화하고자 할 경우에 이 일을 위탁받는 등 그들만이 할 수 있는 일들을 처리하기도 한다. 이는 옥션 하우스와도 비슷한 구석이 있다. 다만 옥션 하우스가 가구, 회화 등 돈이 되는 것이라면 무엇이든 다루는 반면, 이들은 주얼리만을 위한 전문가로 그들의 고객들과 바로 연결되는 것이다. 그래서 세계 최고 딜러들과 고객들이 이곳에 모일 수밖에 없다.

    S. J. 필립스 사는 이렇게 유서 깊은 주얼리 소장자와 바로 연결된다는 훌륭한 장점을 지녔고 이런 점을 자기네만의 차별성으로 강조한다. 하루 이틀 사이에 이루어질 수 있는 네트워크가 절대 아니며, 아주 오랫동안 쌓은 집안의 신용과 능력의 결과물이다. 이는 조상에게 물려받은 크나큰 재산이 아닐 수 없다.

    아리카와의 소개로 S. J. 필립스 사의 매장 지하에 위치한 비밀스러운 공간에서 열리는 식사에 초대를 받은 적이 있다. 나중에 들은 이야기이지만 당시 이곳에 초대받은 동양인은 아리카와와 또 다른 한 사람, 그리고 내가 세 번째란다. 주얼리 업계에서 너무 유명한 두 사람에 비하면 많이 부족한 내가 이곳에 초대받은 것은 대단한 행운이 아닐 수 없었다. 노턴과 그의 가족, S. J. 필립스 사의 실무자들, 그리고 앤티크 주얼리 연구의 대가라 할 수 있는 다이애나 스카리스브릭이 함께하는 자리였다.

하지만 긴장감으로 그 전날부터 위가 아팠다. 가뜩이나 식사 메뉴도 백 퍼센트 영국식인데다가 주 요리로 등장한 양고기를 그다지 좋아하지 않은 탓에 속이 몹시 거북했다. 영국의 전형적인 민트 소스를 참아내기 위해 코로 숨을 쉬지 않은 바람에, 애석하게도 너무나 소중한 순간에 나눈 이야기들에 집중하지 못했다.

그나마 입에 맞는 차를 마시면서 겨우 마음의 안정을 되찾았다. "어제는 불가리의 회장이 이러저러한 것을, 오늘은 고故 다이애나 비의 양어머니가 이러저러한 것을 구매했다" 등 당시 나로서는 입이 벌어지는 이야기들이 오갔다. 갑자기 전화가 울렸다. 당시 크리스티 옥션 하우스에서 지원하는 주얼리 아티스트 자JAR란다. 니콜라스가 그와 몇 마디 농담을 나눈 끝에 갑자기 수화기를 내게 넘기며 인사하라고 하는 황당한 해프닝까지 벌어졌다. 유창하지 못한 영어로 본 적도 없는 사람과 무슨 이야기를 할 수 있겠는가. 식사 후 호텔에 들어서자마자 소화제를 챙겨 먹고 곧바로 침대로 직행했다. 다시 오지 못할 소중한 기회라지만 또 다시 그 자리에서 식사를 하라면 소심한 나는 "노, 땡큐!"를 외치고 싶다.

그들이 내게 전해 주었던 것은 네트워크의 중요성이었다. 이렇게 얻은 그들과의 인연은 여전히 이어지고 있고, 내가 주얼리 딜링을 하는 데 큰 원동력이 되어 준다.

프레드 레이턴 Fred Leighton

『보그』, 『바자』 등 미국의 패션 잡지에서 모델들을 화려하게 돋보이게 하는 주얼리 페이지에는 어김없이 그의 이름이 등장한다. 내가 그를 처음 본 것은 2005년 홍콩에서였다. 본인의 이름을 딴 뉴욕의 숍 '프레드 레이턴'은 앤티크 주얼리뿐 아니라 1950년대 이후의 유명 브랜드들의 주얼리와 이스테이트 주얼리 estate jewellery(제품 유래가 확실한 주얼리, 혹은 물려받은 재산적 가치를 지니는 주얼리를 가리킨다)를 주로 다룬다. 그가 잡지에서 사라 제시카 파커와 같은 여배우들에게 스타일링해 주는 주얼리들은 유럽의 아기자기하고 섬세한 앤티크 주얼리와는 조금 다르다. 자신의 큰 몸집에 걸맞게(그는 한 번 만나면 절대 잊을 수 없는 볼륨 있는 몸매를 지녔다) 크기가 엄청나게 크고 화려하며 눈부신 '알'을 세팅한, 한

마디로 대범한 주얼리들을 선호한다.

　뉴욕 메디슨 가에 위치한 그의 숍을 방문한 적이 있다. 공간 자체는 크지 않았지만 벽면을 가득 채운 크고 화려한 주얼리들 때문에 어디에 눈을 두어야 할지 알 수 없을 정도였다. 손님들도 은근히 많았다. 심호흡을 하고 찬찬히 둘러보니 그 나름의 규칙을 읽을 수 있었다. 고객들이 보통 오른쪽으로 매장을 도는 경향이 많기 때문인지, 앤티크 주얼리에서 시작해서 왼쪽으로 갈수록 현대 주얼리에 가까워지는 식이었다. 항상 그런 디스플레이 상태인지는 알 수 없지만 내가 방문했을 때는 그랬다. 동행한 두 친구 중 한 명이 첫눈에 반한 다이아몬드 귀걸이를 꺼내 달라고 부탁했다. 4캐럿 이상 되어 보이는 쿠션 컷 다이아몬드가 특별한 디테일 없이 실버에 세팅된 19세기 귀걸이였다. 누가 보아도 너무나 아름답고 탐스럽다는 말이 나올 만한 주얼리였다. 실제로 착용하면 더더욱 매력을 풍길 주얼리였지만 가격을 보고 "땡큐"라는 말과 함께 돌려주어야 했다. 그러나 세 여자 모두 그 가격에 불만이 전혀 없었다. "인생이 다 그렇지. 예쁜 것들은 그 값을 톡톡히 한다니까"라는 말을 남기며 우리는 그곳을 떠났다.

　유럽의 주얼리 전통을 고수하거나 고수하고 싶어 하는, 그래서 조금은 보수적인 앤티크 주얼리 딜러들은 프레드 레이턴에 대해 상반된 평가를 내린다. 감각적이고 적극적인 홍보 수완은 높이 평가하는 반면, 유럽의 진품 앤티크 주얼리와는 사뭇 다른 그의 주얼리들을 할리우드다운 셀렉션이라며 약간 비꼬아 말하는 것이다(프레드 레이턴은 가끔 현대의 진주 목걸이에 걸쇠clasp 부분만 아르 데코 시대의 진품으로 교체하여 판매한다. 물론 이 사실을 자신 있게 고객에게 알린다).

　그러나 나는 그에게 박수를 보내고 싶다. 한때 할리우드 여배우들은 레드 카펫을 밟기 위해 주로 해리 윈스턴Harry Winston과 같은 브랜드의 화려한 주얼리를 경쟁하듯 착용했다. 그러나 점차 다양한 드레스에 어울리는 특별한 주얼리를 찾기 시작했다. 이 시장에 과감히 뛰어든 것이 프레드 레이턴이었다. 결과는 아주 성공적이었다. '앤티크 주얼리계의 이단아'라 할 수 있는 그의 주얼리가 조지 부시 전前 대통령의 영부인인 로라의 가슴 위에서 찬란히 빛나며 사람들의 시선을 사로잡지 않았나. 또한 그의 주얼리는 스타들이 착용하면서 세계적인 주얼리 유행의 흐름을 주도하기도 했다. 조금은 부담스럽고 유행에 뒤처진다는 앤티크 주얼리에 대한 인식을, 고급스럽고 세련되며 누구나 쉽게 구할 수 없는 특별한 주얼리로 변신시키는 데 크게 일조한 것이다. 그가 내게 건네준 충고는 이렇다.

"주얼리를 취급할 때 이 아이템이 고객들의 관심을 끌 수 있을까 하고 눈치를 보거나 망설이지 말아요. 자신감을 가지고 본인의 직감을 믿으세요. 그리고 나의 스타일을 평가하고 따라 주는 고객층을 본인 스스로 만들어야 합니다."

다이애나 스카리스브릭 Diana Scarisbrick

처음 만났을 때, 다이애나 스카리스브릭은 행복해 보였다. 거기다 참으로 아름답고 고귀한 아우라를 뿜어냈다. 그녀와의 첫 만남에서 나는 그녀의 실제 나이를 상상할 수 없었다. 내게 너무나 친근하게 다가온 주얼리 연구가 다이애나. 세계 각국에서 열리는 크고 작은 앤티크 주얼리 전시회에서 수석 큐레이터 및 고문이기도 한 그녀는 당시 78세였다. 고령임에도 여전히 세계를 돌며 앤티크 주얼리를 학구적으로 연구하는 그녀의 열정적인 모습에 존경심이 절로 생겨났다. 늘 자신감으로 꽉 차 있는 그녀는 조금 늦은 나이에 앤티크 주얼리와 인연을 맺게 되었다고 한다.

다이애나가 남편과 함께한 취미 활동은 주로 16세기 미술품 수집이었다. 이 부부는 단순히 투자를 위해 미술품을 모은 것이 아니었다. 미술관 탐방과 전문 서적을 통한 연구를 하면서 옥션 하우스 혹은 앤티크 숍에서 아름다운 미술품들을 조금씩 사들였다. 이 부부에게 합격 통지서를 받은 16~17세기 미술품들이 그녀의 집에는 가득 차 있다. 작지만 훌륭한 부부만의 미술관이 탄생한 것이다.

다이애나가 42세 되던 해, 남편 피터가 16세기 주얼리에 관심 있냐고 물은 것이 그녀와 앤티크 주얼리의 인연에 첫 물꼬를 텄다. 여자라면 그것을 마다할 이유가 없지 않은가. 남편은 바로 S. J. 필립스 사에 전화를 걸어 16세기 주얼리를 문의했다. 남편은 부인에게 단순히 앤티크 주얼리를 선물한 것이 아니라 아름답고 멋있는 '앤티크 주얼리의 세계'를 선사한 셈이다.

30여 년 전의 이야기이지만 당시에는 훌륭한 앤티크 주얼리가 지금보다는 더 자주 시장에 돌아다니던 시기이기도 하다. 그렇다 해도 400년 전의 주얼리를 쉽게 찾아내는 것은 그리 쉬운 일이 아니었을 것이다. 하지만 부부는 운 좋게도 러시아로 망명한 헝가리 공주 이자벨의 약혼반지가 도착했다는 소식을 접하게 되었다. 테이블 컷 다이아몬드가 세팅된, 역사적으로도 귀중한 르네상스 시대 작품이었다. 이후에 이처럼 귀한 주얼리를 손에 넣을 기회는 많지 않았다고 하니 그녀와 이 주얼리의 인연은 하늘의 뜻인지도 모르겠다.

보통 초보자가 앤티크 주얼리를 구매하게 되면 경험이 없는 탓에 부담 없는 가격의 것을 선택, 구매하는 경향이 있다. 그러나 이 부부는 최고의 박물관 급 작품을 가장 먼저 손에 넣은 것이다. 물론 그동안 다른 예술품을 수집한 경험과 든든한 경제력이 있었기에 가능한 일이었을 것이다. 그리고 무엇보다도 더 중요한 것은 이런 과정을 통해 얻은, 아름다움과 그 가치를 평가할 수 있는 미의식, 즉 안목이 있었기 때문일 것이다.

여하튼 그녀는 이런 인연으로 앤티크 주얼리의 세계에 푹 빠지기 시작했다. 몇십 년에 걸쳐 어느 정도 만족스러운 주얼리를 수집한 그녀

는 예전같이 수집이 쉽지 않은 탓에 요즘은 당시 주얼리를 착용한 초상화를 컬렉션하는 데 열중하고 있다. 단순히 앤티크 주얼리를 통해 소유욕을 채우려 했다면 한계가 있었겠지만 그녀에게는 그녀만의 철학이 있었다. 재력이 있는 영국 귀족 부인이 단지 '아름다운 보석'을 원했다면, 구하기 힘든 앤티크 주얼리를 고집할 필요가 없었을 테니까. 그녀는 자신이 구매한 앤티크 주얼리를 연구하면서 과거로 떠나는 시간여행을 즐겼다. 눈앞의 아름다움에 현혹되는 것을 넘어서 미지의 세계를 찾아 떠나는 여행에 사로잡힌 것이다.

"순간순간 채워지는 지적인 욕구, 그리고 거기에서 얻는 새로운 지식이 나의 소중한 일부가 되었어요."

그래서 그녀는 앤티크 주얼리를 향해 뜨거운 열정을 퍼부을 수 있었고 이는 현재도 진행 중이다.

이다 파버 Ida Färber

이번에 소개할 이는 사랑스러운 이다 파버다. 내가 거래하는 주얼리 딜러 중에서 동성이면서 나와 비슷한 또래는 그녀뿐이다. 그녀는 단아하다. 그리고 성격 좋고 미적 안목 또한 아주 훌륭하다. 나는 너무 화려하지 않아서 부담스럽지 않은, 그러나 기품 있는 아름다움을 지닌 그녀만의 주얼리 셀렉션을 참 좋아한다. 그래서 그런지 그녀와 거래하는 횟수가 많은 편이다.

그녀의 아버지인 토마스 파버 Thomas Färber 는 이 업계에서 유명한 주얼러이며 인성 좋은 것으로도 소문이 자자하다. 이다는 그런 아버지 밑에서 어릴 때부터 아름답고 귀한 주얼리들에 둘러싸여 자랐다. 그뿐 아니라 어릴 적에 S. J. 필립스의 마틴 노턴의 무릎 위에 앉아 그와 함께 주얼리를 보는 것을 좋아했다고 한다. 이렇게 아버지가 몇십 년 동안 일구어 놓은 인맥 또한 함께 나누니, 주얼러로서 남들이 노력으로는 얻지 못할 모든 환경을 가졌다 해도 과언이 아니다. 같은 주얼러로서 진심으로 부럽기만 하다.

한번은 파리 출장 때 파버 부녀와 함께 방돔 광장 근처의 일식집에서 점심을 먹으며 한국 주얼리 시장에 대한 이야기를 한 적이 있다. 스위스에서 온 그들에게 한국은 중국도, 일본도 아닌 미지의 땅, 북한과 남한으로 나누어진 분단의 나라, 그리고 2002년 월

Russian sapphire and diamond bracelet

드컵 개최국 정도다. 토마스는 자상한 눈빛으로 나에게 말했다. 자신이 지금에 이르기까지 40여 년의 세월이 걸렸고, 그 길은 멀 뿐 아니라 험하다고 말이다. 그러니 어린 나이에 여성으로서 한국 시장을 개척하는 일은 만만치 않을 것이며, 더군다나 최근의 주얼리계는 본인이 거쳐 온 때와는 달리 점점 더 기회를 얻기 어려워지고 있다고도 했다. 그러나 그게 어쩔 수 없는 현실이라는 것이다.

덧붙여서 특히 한국과 같이 앤티크 주얼리가 아직 낯선 곳에서는 교육이 가장 중요하다고 말했다. 그리고 시간이 걸려도 앤티크 주얼리에 대해 고객들에게 정확한 정보를 꾸준히 제공해야 한다며 나뿐 아니라 자신의 딸인 이다에게도 당부했다. 당시에 이다는 방돔 광장 바로 옆에서 막 문을 연 자신들의 살롱을 책임지고 있었다.

토마스가 강조하는 주얼리 교육은 한국에서는 낯설 수 있다. 어떤 고객은 본인이 경험하면서 쌓은 지식 이상은 없다고 생각하기에, 내가 앤티크 주얼리에 관해 조언을 하면 언짢게 생각한다. 그러다 보니 그런 분들에게는 질문에만 대답을 하게 된다. 다행히 갤러리 람의 오래된 고객과는 앤티크 주얼리를 안주 삼아 시간 가는 줄도 모르고 대화를 나누는 경우가 많다.

나와 함께 세계적인 앤티크 주얼러들을 만난 소감이 어떠신지? 집안 대대로 내려오는 주얼리의 품질과 수량이 그 가풍의 내력을 보여주기도 한다. 또한, 인생의 중요한 시점에 누군가와 주고받은 주얼리들을 보면 그 소장자의 미적 취향과 삶의 방식, 더 나아가 인간적인 면모까지 엿볼 수 있다. 하지만 고가의 앤티크 주얼리는 일반인들에게는 그림의 떡이다. 또한 항상 성찬의 음식만 먹을 수는 없는 것도 사실이다. 선택은 당신의 몫이다. 고가의 브랜드 주얼리든 저가의 동대문 시장산 액세서리든 내가 마음에 들며 즐길 수 있으면 그만이다. 물론 자신이 투자한 가격 대비 품질이나 진품 여부는 짚고 넘어가야 할 부분이겠지만, 전문 주얼러들처럼 머리를 싸매며 고민할 필요까지는 없다. 자신만의 주얼리로 개성 있는 패션 감각을 선보이며 스스로 만족한다면, 더 나아가 남들의 주목을 받고 그 주얼리에 스스로 당당할 수 있다면, 당신 역시 성공적인 주얼리 컬렉터라 할 수 있겠다. 갤러리 람을 찾는 고객들 역시 그런 소박한 주얼리 수집을 그 나름대로 세련되게 즐기는 사람들이다.

  당신이 60대가 되었을 때 당신의 보물 상자에는 과연 어떤 주얼리들이 채워질까 상상해 보라. 주얼리 하나하나에 의미를 두고 그 안에서 나만의 아름다움을 찾았다면, 먼 훗날 그 어떤 훌륭한 보석보다 찬란히 빛나는 당신과 마주할 수 있을 것이다.

권력, 그리고 남자들의 주얼리

최근에 일본에서는 79쇄를 돌파한 책 한 권이 화제다. 일본 쇼와昭和 시대를 대표하는 작고 소설가 이케나미 쇼타로池波正太郎의 『남자의 예절 男の作法』이다. 나도 이 작가의 소설을 드라마로 만든 작품을 보고 자랐다. 권선징악적이고 인간미 넘치는 이 이야기에는 뜨겁고 멋있는 주인공들이 등장한다. 그렇다, 그들은 작가가 생각하는 남자의 멋이 어떤 것인지를 보여 주는 것이다. 『남자의 예절』은 1981년에 처음 출간되어 현재까지 계속 판매되고 있다고 하니 놀랍지 않은가. 이는 남성들도 본인만의 스타일과 미학에 예나 지금이나 뜨거운 관심을 가지고 있다는 것을 보여 준다.

내 주변에도 멋을 즐기는 멋진 남성들이 있다. 그중, 어떤 이의 재킷에 살짝 꽂힌 스틱 핀이 나의 시선을 끌었다. 외국 출장 때 산 것이라고 하는데, 상아에 조각을 한 아주 작고 사랑스러운 스틱 핀이었다. 나는 스틱 핀의 생김새보다 이런 작은 장신구를 남성이 구매하고 즐긴다는 것 자체에 흥미를 느낀다. 이처럼 남성의 멋의 계보와 그 의미를 과거 유럽에서 한번 찾아보는 것은 어떨까. 남성이 여성보다 멋에 대한 욕구가 더 강했고 훨씬 멋스러웠던 시대의 이야기다. 그것은 권력

1701년에 이아생트 리고(Hyacinthe Rigaud)가 그린 태양왕 루이 14세의 초상. 루이 14세가 몰타 십자(Maltese cross) 목걸이를 착용하고 부르봉 왕조의 상징인 백합들 달아놓는 백색 문장이 박혀있는 두르기가 있다.

을 지니는 대다수 사람이 남성들이었기에 그들에게 막강한 부가 집중되었던 시대의 이야기다.

주얼리의 역사를 되돌아보면 꼭 언급해야 하는 이가 있다. 바로 프랑스 절대왕정기의 루이 14세다. 태양왕 루이 14세는 현란한 다이아몬드로 온몸을 치장하면서 사람들을 압도했다. 다이아몬드가 과거 어느 때보다 가장 빛나는 시대를 만든 인물이라고도 할 수 있겠다. 예술을 후원하고 베르사유 궁전을 건립하고, 최고 보석을 광적으로 수집했던 왕이다. 본인의 의상 단추를 위한 다이아몬드 수백 개, 그 구멍을 장식하기 위한 천연 진주 등. 루이 14세의 지시로 만들어진 프랑스 국가 재산 목록은 이런 보석들로 가득했다. 그중에서 당시 알려진 다이아몬드 가운데 가장 컸다는 112캐럿짜리 다이아몬드인 '프랑스의 블루Bleu de France'는 탐험가 장밥티스트 타베르니에Jean-Baptiste Tavernier가 17세기에 인도에서 프랑스로 가지고 왔다고 한다. 이 블루 다이아몬드는 장인 장 피탕Jean Pittan에게 맡겨져 2년의 커팅 과정을 거쳐 69캐럿의 아름다운 모습으로 재탄생하여 루이 14세의 의상을 장식했다. 그에게 다이아몬드 주얼리는 아름다움을 초월하여 국왕의 힘을 과시하고 부르봉 왕조의 명예와 영화, 자긍심을 보여 주는 강

하트 모양의 루비는 가넷, 그 주변은 루비와 에나멜, 진주로 장식한 루이 14세의 폴란드 훈장Polish eagle of Louis XIV, 파리 루브르 박물관, 공예 파트Département des Objets d'Art

력한 수단이었을 것이다. 주얼리에는 부르봉 왕조를 상징하는 백합 문장紋章이 함께하기도 했다.

이러한 권력 중심형 주얼리는 점차 아름답게 치장하기 위한, 즉 여성을 위한 주얼리로 거듭난다. 루이 15세 시대, 즉 로코코 시대를 풍미한 주얼리를 보라. 당시의 '전원의 연회fête champêtre', 혹은 '우아한 연회fête galante'를 주제로 한 회화에는 화려하지만 격식 때문에 답답한 궁전을 벗어나 느긋하게 자연과 함께하려던 귀족들의 모습이 담겨 있다. 이는 루이 14세의 바로크 시대와는 상반되는 분위기다. 주얼리도 마찬가지다. 이전의 남성적 주얼리와는 달리 리본, 꽃 등의 아기자기한 주얼리 모티

장오노레 프라고나르Jean-Honoré Fragonard가 1767년에 그린 〈그네Les hasards heureux de l'escarpolette〉. 로코코 시대의 느긋함과 우아함을 보여 주는 대표적인 그림 중 하나다.

프가 주를 이루게 된다. 특히 꽃과 같은 식물을 모티프로 한 자르디네티 주얼리giardinetti jewellery(자르디네티는 '작은 정원'을 뜻한다)는 자연에 대한 17~18세기 유럽인들의 동경을 보여 준다. 그러나 프랑스 혁명을 거치고 또다시 루이 14세 때처럼 권력을 과시하기 위한 주얼리의 시대가 도래한다.

바로 나폴레옹 시대로, 이때가 주얼리 역사에서 가장 절정이라고 생각하는 이들도 있다. 군인이었던 나폴레옹 1세와 주얼리는 언뜻 동떨

자크루이 다비드가 1807년에 그린 〈나폴레옹의 대관식〉(부분). 나폴레옹은 마치 고대 황제처럼 월계관을 썼으며, 여인들은 엠파이어 스타일의 드레스와 주얼리로 치장했다.

어진 인상을 준다. 그러나 정치적 프로파간다가 필요했던 나폴레옹 1세에게는 주얼리만 한 수단은 없었던 듯하다. 오히려 루이 14세보다 더 절실해 보인다. 그것은 혈통 없는 일개 군인이 당시 유럽 강대국 중 하나를 다스리기 위한 간절한 수단이었기 때문이다. 그 유명한 그림인 〈나폴레옹의 대관식〉을 보라. 나폴레옹 1세는 교황을 뒤에 두고 본인이 직접 대관을 하고 있다. 당대 최고의 화가 자크루이 다비드Jacques-Louis David에게 그리도록 하여 새로운 나라와 자신의 권세를 알리도록 한 그림이다. 여기에 그려진 주얼리와 인물은 있는 그대로, 사실적으로 그려졌다고 하니 실제로도 얼마나 화려했을까. 그렇다, 이러한 과시는 나폴레옹 1세뿐 아니라 그 가족들, 그리고 그를 따르는 황족과 귀족들에게도 필요했던 신분 상승의 절차였다.

그림을 다시 보자. 고대부터 승리와 성공을 상징했던 티아라, 고대 조각의 드레이퍼리drapery처럼 하늘거리는 천에 가슴 부위를 판 하이 웨이스트high waist 드레스, 전사의 망토를 연상시키도록 금색 자수로 장식된 묵직한 빨간 벨벳 망토, 거기에 과하다 싶을 정도로 치장된 주얼리 등은 고대 그리스, 로마 시대의 요소들로 가득하다. 이는 나폴레옹을 고대 황제들의 후계자로 나타내며, 그 권위를 보여 주려 할 뿐 아니라 이전 부르봉 왕조와는 차별화된 스타일이라는 점을 강조하는 듯하다. 이것이 바로 고대의 재해석으로 탄생한 신고전주의 양식이다. 프랑스 혁명과, 이에 이어지는 무정부 상태의 혼란한 시대에 민중의 마음을 사로잡기 위한 방법, 즉 시각적인 세뇌를 이 영웅은 잘 활용한 것이다.

신고전주의 양식을 논할 때 카메오cameo에 대해 언급하지 않을 수 없다. 나폴레옹 1세는 이탈리아 원정을 계기로 다양한 미술품들을 프랑

조제핀의 대관(François Gérard가 1808년에 그림). 조제핀 황후의 초상화. 그녀는 붉은 화려의상을 강조한 엠파이어 드레스에 에르민으로 된 후, 나이폴레옹의 애호인 벌 문양의를 착용하고 있다. 옆으로 나폴레옹을 상징하는 독수리 관 있다. 그림 아래쪽 'N이 보이나 보이지 않아 세밀도 당시의 당시의 복식을 보여 주는 모습으로 못했었다. 한Château Palace de Fontainebleau.

스로 들여온다. 그중에서 로마 시대에 그 기술의 절정을 이루었다는 카메오는 큰 유행을 일으킨다. 카메오^{cameo}는 마노^{agate}, 홍옥수^{carnelian}, 천연 보석 등의 재료를 조각하여 형상을 부조로 튀어나오게 한 예술품으로, 고대부터 제작되었다. 디자인 모티프는 고대 그리스, 로마 시대의 신화가 많으며 그 속의 신과 인간의 모습들을 참으로 사실적으로 조각했다. 근육의 움직임, 머리카락의 흐름, 표정 등은 아주 작은 공간에서 생동감 있게 표현되어 있다. 이는 비교적 저렴하고 조각하기 쉬운 조개에 여성의 얼굴 등을 기계로 조각한 오늘날의 카메오와는 디자인적으로도, 기술적으로도 그 차원이 전혀 다르다.

나폴레옹 1세는 황후 조제핀을 비롯한 가족에게 주는 선물과 자신이 아끼는 부하들을 위한 포상품으로 카메오를 선호했다고 한다. 본거지 이탈리아에서 카메오 전문 장인들을 초청하여 프랑스의 보석 조각을 장려할 정도였다고 하니, 그의 고전 예술과 이탈리아 제품에 대한 열정은 대단한 것이라 할 수 있겠다. 카메오는 다이아몬드, 진주 등의 보석과 함께 여성뿐 아니라 남성을 위한 귀중한 장신구로, 고대 로마와 르네상스 시대를 거쳐 19세기 프랑스에서 다시 한번 그 전성기를 맞이한다. 루이 14세부터 16세에 이르기까지 프랑스 주얼리는 그 수를 보나 질을 보나 유럽 최고의 수준이었다. 그러나 이 주얼리들은 불행히도 프랑스 혁명으로 흩어지는 불운을 맞게 된다. 그러나 주얼리 산업을 장려한 나폴레옹 1세의 노력은 현재 세계 최고임을 자랑하는 프랑스 주얼리 시장을 만든 기반이 되었다.

딱히 언제부터라고는 꼭 집어 말할 수 없지만, 남성의 권세를 보여주었던 주얼리는 점차 여성의 아름다움뿐 아니라 이를 착용하는 여성

홍옥수를 음각(intaglio)으로 조각한 이 귀걸이, 브로치, 티아라 일식은 1808년에 제작된 것으로 나폴레옹의 여동생 카롤린 뮈라(Caroline Murat)의 콜렉션 소장품이며 연출된 것이다. 시신상들이 양각을 넣어 주조 제작된 주철과 다이아, 백진주의 에나멜 세공으로 박혔다.

의 보호자, 즉 남편이나 남편과 같은 존재가 지니는 부를 간접적으로 표현하는 수단이 된다.

예전에 보았던 한 풍경이 다시 머리에 떠오른다. 앤티크 주얼리 전시회가 정식으로 개최되기 전날에 열린 도쿄 정원미술관의 리셉션에는 세계 각국의 앤티크 주얼리 관계자와 애호가들이 특별히 초대되었다. 그곳에는 자기 나름의 방식으로 본인의 특별한 애장 주얼리를 걸친 여성과 남성들이 가득했다. 내 눈은 남성들의 코디로 향했다. 이때처럼 고급스러운 멋을 내는 남성들이 한꺼번에 모여 있기란 쉽지 않은 일이었다. 남성들이 착용한 카메오 브로치, 스틱 핀, 반지들은 그들의 품위를 자연스럽게 보여 주었다. 그중에는 나폴레옹 1세가 주문했던 카메오의 현 소유자도 있었다. 그 카메오에는 다이아몬드가 세팅된 월계수의 왕관을 쓴 나폴레옹 1세의 옆얼굴, 불멸과 재생의 상징인 벌, 그리고 나폴레옹의 이니셜인 'N'이 새겨져 있었다. 소재는 마노, 뒷면은 옐로 골드에 당당한 독수리의 모습이 조각되어 있었다. 영국 귀족의 애장품이었던 이 카메오가 일본으로 건너와 새로운 소장자를 만난 것이었다.

1815년 세인트 헬레나 섬에 유배된 나폴레옹 1세가 가장 힘들어했던 것은 그곳에 책이 없다는 점이었다. 이를 전해 들은 영국인은 그에게 아끼는 책들을 보냈으나 책을 실은 배가 침몰해 아쉽게도 나폴레옹 1세에게는 전달되지 못했다고 한다. 나폴레옹 1세는 감사의 표시로 본인이 아끼던 이 카메오를 그에게 선물했다. 이것은 최근까지 그 영국인 집안에서 대대로 전해지는 주얼리였다고 한다. 현 소장자는 말한다. 이 카메오를 보고 만지면 한때 영웅이었던 자의 강한 힘을 느낀다고. 그리고 말로 표현할 수 없는 이 강력한 에너지는 본인에게 뭐든지 이겨 낼 수 있는 영적 힘을 전해 주는 부적과 같다고.

현대에 와서 복장의 변화는 남성들이 즐길 수 있는 주얼리에 제한을 두게 했다. 그래도 여전히 신사들은 주얼리를 자기 나름의 방식으로 착용한다. 그것은 장식성 외에도 소장자의 철학, 취미, 관심사 등의 내면세계를 상상하게 만든다. 신사 여러분, 현대 주얼리에는 없는 앤티크 주얼리 속에 숨어 있는 비밀을 한번 풀어 보지 않으실래요?

여인들의 광기 어린 주얼리 사랑

The Secret of Jewellery

사진이 없던 시대의 초상화들은 그 주인공의 재정 상태는 물론 그가 살아온 역사를 엿볼 수 있게 해 주는, 참으로 흥미진진한 미술품이다. 물론 당시의 주얼리를 살피는 데도 많은 도움이 된다. 이제부터 소개하는 여성들의 초상화와 그녀들이 소장했던 주얼리에서 그들의 인생을 함께 들여다보는 것은 어떨지.

역사 속에는 남성 못지않은 카리스마를 지닌 여성들이 항상 등장한다. 그중, 유난히 자주 영화화된 여성 군주가 있다. 바로 '처녀왕The Virgin Queen'으로 불린 엘리자베스 튜더Elizabeth Tudor, 즉 엘리자베스 1세(1533~1603)다. 그녀는 역사적으로도 위대한 통치자이자 그 시대의 아이콘, 패션 리더였다. 영화 〈엘리자베스Elizabeth〉에서 주인공 엘리자베스 1세의 역할을 맡은 케이트 블란쳇의 모습은 현존하는 엘리자베스 1세의 초상화와 무서울 정도로 흡사하다. 촬영할 때 머리 손질과 메이크업 시간이 무려 두 시간 이상 걸렸다고 하니 충실하게 엘리자베스 1세의 초상화를 재현해 내려 한 듯하다. 영화에서 그녀의 얼굴에는 눈썹이 거의 없다. 케이트 블란쳇은 눈썹에 염색을 했는지 모르겠지만, 16세기 당시에는

당시의 전형적인 주름 깃이 돋보이는 드레스와 카메오로 보이는 메달로 치장한 엘리자베스 1세의 모습 미뉴. 소매의 카메오로 머리카락 옆을 드레스 주얼리의 세부가 정교하다. 그녀를 카메오에 조각한 작품은 내내 30개가 남아 있는데, 그중의 하나다. 프랑스 국립도서관Bibliotheque nationale de France.

눈썹을 실제로 밀어 이마를 가능한 한 넓게 하는 것이 여성미의 기준이었다고 한다. 그리고 그렇게 넓게 만든 이마를 진주와 같은 보석으로 장식하는 것이 귀부인들 사이의 멋 부리기였다. 엘리자베스 1세의 모습에서도 진주를 발견할 수 있다. 당시 진주는 한 국가의 성城과 맞먹는 가치를 지니는 것이었다고 하니, 그녀는 넓게 만들고 하얗게 분칠한 이마와 목, 묵직한 드레스에 많은 성을 달고 다닌 것이나 다름없다. 특히 이 진주들은 처녀성의 상징으로 평생 독신으로 지낸 그녀의 삶을 상징하기에도 걸맞다.

그녀의 즉위 시기는 문화와 예술의 황금기인 르네상스 시대와 겹치기도 한다. 중세 시대에는 종교적인 의미가 짙었던 주얼리가 점차 군주나 권력자의 권위를 표현하는 수단이 되었다는 사실은 이미 언급했다. 신하에게 주는 선물, 혹은 역방향의 뇌물 형태를 띠기 시작한 것이다. 그뿐 아니라 정략결혼에는 지참금으로 함께 보내지기도 했으며, 전쟁 등에 필요한 막대한 자금을 준비하기 위한 담보가 되기도 했다. 바로 자산으로 가치를 지니는 주얼리라는 개념이 시작된 것이다.

이 시기 주얼리의 특징을 간략하게 언급하자면 큼직하고 색채가 화려하다는 것이다. 크고 화려해야 그 존재감이 더더욱 부각된다는 단순한 생각 때문에 그랬던 것인지도 모른다. 진주와, 아직은 커팅 기술이 발달하지 않아 둔탁했던 다이아몬드 등을 금속에 세팅하여 다채로운 에나멜을 곁들인 펜던트가 이 시대를 대표하는 주얼리다. 단순히 둥글게 연마한 카보숑 컷cabochon cut을 사용한 중세 주얼리와는 달리, 르네상스 주얼리는 보석 표면에 각을 두어 좀 더 고도의 기술을 필요로 하는 커팅과 더욱더 세련되고 섬세하며 화려한 에나멜 기술을 보여 주었다. 펜던트와 같은 주얼리의 뒷면에는 군주 혹은 친애하는 신하의 초상이 자신을 늘 기억하라는 듯이 그려져 있기도 하고, 신화에서 얻은 모티프를 디자인 소재로 쓰기도 했다.

영국의 가장 위대한 군주 중 한 사람으로 꼽히는 엘리자베스 1세. 주얼리에 대한 그녀의 열정은 유별났다고 한다. 그 결과 영국 왕실 소유의 주얼리 컬렉션은 그녀의 즉위 기간에 막대하게 늘어났다. 영국을 최강국으로 거듭나게 하기 위해 절대군주에게는 꼭 필요한 도구이기 때문이었을까, 아니면 평생 독신으로 산 한 여성이 보여 준 조금은 쓸쓸하기도 한 외로운 모습일까. 깐깐하고 예민하게 보이는 초상화 속 엘리자베스 1세의 모습을 보며, 보는 사람을 압도하는 화려한 주얼리들은 그녀에게 과연 어떤 존재였을까 하는 생각이 문득 든다. 누군가 이렇게 말했다. 주얼리를 과도하게 착용하는 여성의 모습은 외로움의 표현이라고.

주얼리에 남다른 애착을 보인 또 다른 여황제가 있다. 러시아를 유럽 강대국들과 어깨를 나란히 하

1865년경에 마노(카메오)와 가넷으로 제작된 예카테리나 2세의 카메오. 그녀를 지혜와 부유함의 요소로, 조각한 이 작품은 러시아 황제 중흥을 기념하는 것이다.
ⓒ Private Collection, Courtesy of Albion Art Jewellery Institute, Japan

도록 키운 예카테리나 2세[Ekaterina II](1729~1796)다. 그녀는 독일 귀족 출신으로 러시아 황실과 인연을 맺어 표트르 3세와 결혼해 황후가 된다. 쿠데타로 남편을 폐위시킨 후 영토 확장, 교육 부흥 등으로 러시아 근대화의 기초를 다졌다. 장기간의 통치 과정에서 공개적으로는 10명, 비공개적으로는 헤아리기 어려울 정도로 많은 애인을 두고 살았다고 하는 그녀에 대해, 후에 후손 니콜라이 2세는 '왕좌 위의 정부[情婦]'라고 혹평했다고 한다. 세상의 모든 왕들이 그랬듯이 권력과 쾌락을 동시에 추구했을 뿐인데, 단지 여성이라는 이유로 이런 평가를 받는다는 것은 조금은 안타까운 일이 아닐까.

어쨌든 이 시기는 러시아 문화와 예술이 활짝 꽃핀 시기였다. 그것은 러시아인의 혈통이 아닌 그녀가 권위를 지키기 위해 힘겨운 하루하루를 보내는 가운데, 정신적 안정을 위해 문화와 예술을 추구한 결과물이었을 것이다. 그녀의 대관식을 위해 준비된 왕관은 400캐럿에 이르는 달걀 정도 크기의 스피넬(당시에는 붉은 색상 때문에 루비로 생각되었다고 한다)과 5,000개에 이르는 다이아몬드를 함께 세팅한 것이었다. 또한 그녀의 많은 연인들 중 하나로, 예카테리나 2세가 여황제에 오르는 험난한 시간을 함께한 귀족 오를로프가 소원해진 그녀의 사랑을 되돌리고 싶어 선물한 다이아몬드는 왕봉에 세팅되어 현재 러시아의 중요한 주얼리 컬렉션에 속해 있다. 190캐럿. 호두만 한 크기의 희귀한 형태를 지닌 이 특별한 다이아몬드는 당시에 작은 국가 하나를 살 수 있는 가치를 지녔다고 한다. 그러나 상상을 초월하는 이런 고가의 다이아몬드도 이미 떠나 버린 여자의 마음을 되돌리지는 못했나 보다.

1만 점에 이르는 그녀의 주얼리 컬렉션은 세계 3대 미술관 중의 하나이자 상트 페테르부르크에 위치한 에르미타슈 미술관Hermitage Art Museum의 컬렉션의 기반이 되었다. 에르미타슈의 어원이 '은신처'인 것을 볼 때, 원래 이곳은 황실을 위한 개인 공간으로 건립되었음을 알 수 있다.

이 컬렉션 중에 특히 눈에 띄는 것이 코담뱃갑snuff box이다. 마치 보석함처럼 다양한 보석으로 장식되어, 가루담배를 넣기 위해 만들었다고 하기에는 사치스럽게 느껴지기도 한다. 이는 18세기 프랑스에서 크게 유행한 것을 여황제가 러시아로 들여온 것이다. 언젠가 크렘린의 황실 소유 예술품 리스트를 엿볼 기회가 있었는데, 예카테리나 2세 즉위 당시의 작품 중에 유난히 이 코담뱃갑이 많았던 게 생각난다. 담배 가루를 담는 일개 케이스가 아름다운 보석들로 인해 사랑을 전하거나 승전의 기쁨을 담은 훈장이 되어 버렸고, 때로는 이를 소유한 이의 지위를 보여 주기도 했다. 이것들은 예카테리나 2세의 총애를 가장 많이 받았고 표트르 3세 이후로 유일하게 남편이라고 불렀다던 10살 연하의 포촘킨에게 주었던 것들로, 그와 나눈 러브 레터 250통과 함께 그녀의 삶을 잘 전해 준다. 이런 예술품을 당시의 장인에게 제작하게 하고, 사

예카테리나 2세의 대관식을 위한 왕관, 모스크바 러시아 다이아몬드 펀드 Russian Diamond Fund.

랑하는 이들에게 선물하는 기쁨은 과연 어떤 것이었을까? 그녀의 이름으로 전해지는 주얼리 하나하나가 우리에게 그 기쁨을 속삭여 주는 듯하다.

엘리자베스 1세와 예카테리나 2세, 이 두 여성에게는 공통점이 많다. 특히 그녀들만큼 자유로운 연애로 평생을 보낸 여성은 많지 않을 것이다. 엘리자베스 1세는 평생 독신으로 살았고, 예카테리나 2세는 표트르 3세 이후에 정식 배우자를 두지 않았다. 이는 절대군주의 권력이 분산되는 것을 염려한 그녀들과 그 주변 인물들의 정치 전략일 수도 있다. 이런 군주제는 자연스럽게 권력과 재력을 한곳으로 집중시키는 결과를 만들었기에 그녀들은 짧은 기간 막대하고 사치스러운 예술품 컬렉션을 형성하는 게 가능했을 것이다. 시대는 다르지만 역사에 남는 이런 호화로운 예술품들은 그들의 사치스러운 생활양식에서 태어난 것이고, 그 이면에는 민중의 피나는 고난이 있었던 게 분명하다.

엘리자베스 1세가 영국을 유럽의 최대 강국으로 거듭나게 했다면, 빅토리아 여왕(1819~1901)은 64년의 긴 통치 시기에 영국이 정치, 경제, 문화와 예술의 전성기를 맞도록 했다. 이때를 빅토리아 시대라고 한다. 파란만장한 인생을 거친 엘리자베스 1세나 예카테리나 2세와는 달리, 빅토리아 여왕은 남편 앨버트 공과 함께 4남 5녀의 자녀를 둔 이상적인 결혼 생활을 하여, 왕실에 화목한 가정의 이미지를 심게 된다. 1861년, 앨버트 공의 죽음으로 인한 긴 애도 기간에는 화려한 주얼리가 기피되고 검은색이 주를 이루는 모닝 주얼리가 유행했다. 여왕은 남편의 초상화가 그려진 세밀화를 팔찌로 차고 다니고, 남편의 머리카락을 담은 로켓 펜던트를 평생 지니고 다녔다고 한다.

여왕이 특히 즐긴 보석 중 하나가 세밀화를 소재로 한 것이었다. 선명한 에나멜로 섬세하게 그려진 가족 초상화를 다이아몬드와 같은 보석이 둘러싸고 있는 것이다. 자녀들을 혼인을 위해 독일 등의 각국에 보낸 빅토리아 여왕은 후에 '유럽의 어머니'라고 호칭되기도 한다. 떠난 가족의 모습을 늘 간직하고자 했던 그녀의 마음을 이 세밀화는 전달해 준다. 또한 그녀가 즐겼던 뱀 모티프의 주얼리는 19세기 중반에 유행한다. 뱀은 고대부터 길한 모티프로, 주로 머리와 꼬리를 연결

1883년에 그려진 빅토리아 여왕의 초상화로, 전에 없던 영화를 누리던 대영제국의 여왕이 지닌 강력한 카리스마를 보여 준다. 여기서 그녀는 인도 이래의 작위로 1876년의 대관식에서 착용한 거대한 다이아몬드 주얼리를 착용하고 있다. ⓒ Harold Brown Esq.

시킨 디자인이 주를 이루었으며 '영원 eternity'을 상징한다.

그 외에 낭만주의는 하트나 리본 같은 로맨틱하고 사랑스러운 디자인을, 자연주의는 식물과 같은 자연에서 얻어지는 모티프를 주얼리 디자인으로 주목하게끔 했다. 이탈리아의 카메오, 프랑스의 에나멜, 중국과 일본의 동양적 요소 등의 이국적인 것에 대한 관심은 가넷, 아쿠아마린, 황옥, 자수정, 터키석 등 비교적 가격이 저렴한 소재와 어울려 독특한 형태의 주얼리를 만들어 낸다. 여기에 발전된 금세공 기술이 더해지는데, 이는 새로운 금광의 발굴이 한몫을 한다. 또한, 앞에서도 지적했듯이 19세기에 일어난 고고학에 대한 관심은 고대 장신구 디자인이 주얼리 디자인에 적극적으로 반영되는 결과를 낳았다. 그렇다. 빅토리아 시대는 과거 그 어느 때보다 주얼리의 소재, 기술이 다양해지고 영감이 넘쳐 났던, 예술가들에게는 새로운 자극이 정신없이 일어난 바쁜 시대였다. 산업혁명과 식민지 지배로 생겨난 중산계급은 이런 주얼리의 열렬한 소비자가 되었다. 주얼리의 대중화가 시작된 것이다. 이때가 바로 소

위 초상화에서 빅토리아 여왕이 쓰고 있는 작은 왕관의 실제 모습. 1870년대에 제작되었다.

1장. 앤티크 주얼리의 세계에 들어서다

재의 희귀함, 참신한 디자인, 세공의 아름다움, 고도의 기술, 그리고 새로운 수요로 주얼리 역사상 중요한 시기였다. 주얼리의 내구성 등을 고려할 때, 현재 우리가 가장 쉽게 만날 수 있는 앤티크 주얼리가 바로 이때 만들어졌다고 볼 수 있다.

빅토리아 여왕의 세밀화가 담긴
19세기 중반의 팔찌.
여왕이 치얼에게 선물로 보내진 것이다.
ⓒ Private Collection Courtesy of Albion Art Jewellery Institute, Japan

마지막으로 언급하고자 하는 여인은 프랑스 마지막 황후인 외제니 Eugénie de Montijo(1826~1920)다. 그녀는 나폴레옹 1세의 조카인 나폴레옹 3세와 결혼하여 프랑스 황후 자리에 앉게 되는데, 프랑스인이 아닌 스페인인일 뿐 아니라 왕실 출신이 아니라서 말이 많았다. 그러나 외제니 황후는 아름다움은 물론 지적으로도 뛰어난 소양을 가져 유럽 사교계에서 프랑스 황후로서 다양한 역할을 소화하며 점차 남편 나폴레옹 3세의 정치적 조언자의 모습까지 보이기도 했다. 또한 그녀는 당시에 영국 빅토리아 여왕과 나란히 유럽을 대표하는 패션 리더가 된다. 나폴레옹 1세 시대에 유행하던 신고전주의 혹은 엠파이어 스타일의 드레스와는 달리, 나폴레옹 3세 시대에는 드레스의 폭에 과도하다 할 만큼 볼륨을 준 크리놀린crinoline 스타일이 유행하는데, 패션의 역사에서 외제니 황후는 '크리놀린의 여왕'이라 불리며 당시 유행을 선도했다. 이런 스타일에 어울리는 주얼리는 당연히 크고 화려한 것들이었다. 이처럼 비실용적으로 부풀어 오른 리본, 꽃, 화관 등이 장식된 드레스와

105쪽 그림에서 외제니 황후가 착용하고 있는 티아라의 실물. 212개의 거대한 진주와 다이아몬드가 세팅되어 있다. 파리, 루브르 박물관.

화려한 주얼리는 과거 마리 앙투아네트의 로코코 시대를 연상시킨다. 앙투아네트 왕비 이후로 외국인으로서는 처음 프랑스 황후가 된 외제니는 앙투아네트가 선망의 대상이었는지, 그녀의 초상화와 유품들을 모으기도 했다고 한다.

또한, 그녀는 주얼리를 광적으로 사랑하는 여인이기도 했다. 일개 백작 집안 출신의 외국인이자, 유난히 바람기 많은 남편을 둔 여인인 외제니 황후에게 주얼리는 황후의 지위를 각인시켜 주고 아름다움을 부각시켜 주는 하나의 수단이었을 것이다. 그녀의 대표적인 주얼리로는 현재 루브르 박물관에 소장되어 있는 왕관이 있다. 2,490개의 다이아몬드와 56개의 에메랄드가 세팅된 왕관은 19세기 프랑스 최후 왕조의 기품을 보여 준다. 또한 외제니 황후가 즐기던, 대대로 이어온 프랑스 왕실 주얼리 중 하나인 141캐럿 다이아몬드가 세팅된 브로치는 2008년 크리스티 옥션 하우스에 등장했으며, 루브르 박물관이 672만 유로(당시 한화 100억 원 이상)를 지불하고 미국인 소장자에게서 사들였다. 외제니 황후의 취향답게 리본을 모티프로 한 아름다운 브로치다.

티아라와 목걸이를 착용한 외제니 황후를 그린 1853년의 초상화. 벨로에일Beloeil, 벨로에일 성 컬렉션Château de Beloeil collection.

100년 만에 조국 프랑스로 돌아온 셈이다. 제2제정 붕괴 전후로 영국으로 망명한 그녀의 생계를 이어준 것은 프랑스 황실에서 전해 내려오는 이런 주얼리들이었다. 그녀는 위태한 국가 정세를 보고 주얼리들을 조금씩 해외로 보내고 망명 준비를 했다고 전해지는데, 그 많은 주얼리들을 다 가지고 나갈 수는 없었던 듯하다.

왕가의 망명 후인 1887년, 프랑스 제3공화국 정부는 정치적 이유로 남아 있던 황실 주얼리Crown Jewellery의 대부분을 외국에 경매하는 일을 저지르게 된다. 이 주얼리들의 1/3을 미국 티파니 사에서 사들여 프랑스 황실 주얼리를 새롭게 변형한다. 티파니의 참신한 주얼리들은 당시 유럽인들을 매료하기에 충분했다. 그러나 티파니는 그 정도로 만족하지 않고 유럽 최고 주얼리를 사들여 주얼리 메종의 권위를 다졌던 것이다.

예전에 국내에서 열린 티파니 전시회에서 외제니 황후의 주얼리를 분해해 에메랄드와 다이아몬드로 세팅한 브로치를 본 기억이 난다. 외제니 황후는 미모로 프랑스 황후의 자리까지 오르고 유럽의 패션 리더가 되는 등 신데렐라 신화를 이룬 듯했다. 그러나 94세까지 장수한 그녀는 남편과 아들을 먼저 보내고 망명한 영국에서 여생을 쓸쓸히 보내야 했다.

지금까지 언급한 여인들은 주얼리를 사랑한 권력자들이었다. 그녀들은 주얼리를 무기로 굴곡진 인생을 헤쳐 나가고자 했다. 주얼리의 아름다움 그 이면에는 잔인함과 슬픔, 그리고 그녀들 삶의 역사가 숨어 있다는 사실을 잊지 않았으면 좋겠다.

주얼리의 역사를 만들어 온 메종
The Secret of Jewellery

메종Maison이라는 단어를 많이 쓴다. 사전적 의미로는 집, 건축을 뜻하지만 패션 업계에서는 회사, 점포 등으로 해석된다. 그러나 이렇게만 말하면 중요한 뭔가가 빠진 듯하다. 내 나름대로 메종을 간단히 정의해본다면 이런 것이 아닐까. 선조들에게서 계승된 전통이 고스란히 스며있는 상품을 만들며, 선조들이 받은 신뢰를 현재까지 유지하는 능력을 지닌 브랜드.

주얼리 업계의 메종은 프랑스 파리의 페 거리rue de la Paix(평화의 거리)와 방돔 광장Place Vendôme을 중심으로 존재한다. 광장 중심에는 나폴레옹 1세가 전쟁의 승리를 기념하면서, 로마의 트라야누스 기념탑Column Trajan을 모방해 세운 유명한 탑이 있다. 기회가 되면 광장의 상징이 된 이 거대한 기둥을 자세히 살펴볼 것을 권한다. 조각가 베르제레Pierre-Nolasque Bergeret에 의해 정교하게 조각된 전투 장면이 나선형으로 위에서 아래로, 혹은 아래에서 위로 계속 이어진다. 이는 그동안 세계 각국에서 주얼리를 찾아 모여든 이들을 보아 온 역사적 증인이며, 메종들이 만들어 내는 아름다운 주얼리와는 또 다른 예술 작품이다.

 이 기둥을 둘러싼 광장과, 광장에서 이어지는 페 거리에서는 내로라 하는 세계적 주얼리 브랜드들을 볼 수 있다. 1613년에 창립되어 15대까지 이어지는, 현존하는 최고의 유럽 보석상이라고 할 수 있는 멜레리오 디 멜레Mellerio dits Meller, 나폴레옹 일가가 사랑한 쇼메(1780년 창립), 아르 데코 시대에 가장 빛난 모부생Mauboussin(1827년 창립), 플래티넘 주얼리의 마술사 까르띠에(1847년 창립), 주얼리 업계의 혁명자로 불리는 부셰롱(1858년 창립), 보석 세팅 기술에서 신의 손을 지녔다고 평가받은 반 클리프 앤드 아펠(1906년), 미국의 대표적인 디자인 하우스인 티파니(1837년 창립)가 그 대표라 할 수 있다. 이처럼 역사를 지닌 매종의 영광을 함께하고자, 후발 주얼러들도 자연스럽게 이곳에 모이게 되어 현

1867년 파리 만국 박람회에 전시된 멜레리오 디 멜레르의 주얼리들. 상단 정중앙으로 이달리아의 마르게리타 여왕의 티아라가 보인다.

재의 명품 주얼리 메종=방돔 광장이라는 공식이 만들어졌다. 그러나 조상이 물려준 전통과 방돔이라는 장소만으로는 현재 그들이 지닌 명성을 지킬 수 없었다.

제2차 세계대전 이후에 나타난 급격한 사회 구조의 변화는 주얼리 업계에도 큰 영향을 미치게 되었다. 유럽의 왕공귀족의 존재와 그들이 과거에 지녔던 권력이 점차 사라지는 시대, 즉 일반 대중을 위한 사회가 도래했던 것이다. 특히 여성의 사회적 지위를 이전보다 더 많이 주얼리에 반영해야만 하는 시대가 왔다. 그것은 주얼리 업계의 위기이자 동시에 기회인 중요한 시기였다. 특별한 소수만을 위한 주얼리 제작만으로는 살아남기 어려운 시대가 온 것이다. 이런 역동하는 시대 속에서 주얼러의 존재 방식 또한 바뀔 수밖에, 혹은 거듭날 수밖에 없었다.

시대에 따라 주얼리에 쓰이는 소재, 디자인, 제작 방법도 다양해져야 했고, 이를 판매하는 방법 또한 거기에 따라가야만 했다. 살아남기 위한 그들의 새로운 대책이 강구된 것이다.

그 결과, 극소수가 되어 버린 왕공귀족이나 신흥 부유층을 위한 고가의 하이 주얼리와, 대중을 상대로 하며 부티크 라인이라 불리는 캐주얼한 주얼리가 공존하는, 우리에게 익숙한 보석상의 형태가 등장한다. 이런 형태가 만들어진 것은 불과 백 년도 되지 않았다. 위에서 언급한 브랜드의 주얼리 매장을 한번 살펴보라. 일반인에게는 부담스러운 귀석precious stone을 소재로 한 몇천만 원에서 억 단위를 호가하는 호화로운 주얼리 컬렉션과, 몇십만 원이면 구매할 수 있는 컬렉션이 공존하는 것을 볼 수 있다. 그리고 대다수의 주얼리 브랜드가 메종의 전통을 유지하되 좀 더 많은 사람들에게 자신들의 주얼리 세계를 선보이기 위해 큰 기업에 소속되었다. 예를 들어 루이 뷔통 그룹의 쇼메, 리치몬드 그룹의 까르띠에와 반 클리프 앤드 아펠, PPR 그룹의 부셰롱이 그 예다. 즉, 멜레리오 디 멜레를 제외한 대부분의 메종들은 가족 경영에서 손을 뗐다. 전 세계에 매장을 두는 기업형의 메종이 탄생한 것이다.

티파니의 장 슐럼베르제Jean Schlumberger가 만든 〈바위 위의 새Bird on a rock〉 사이에 얹혀 있는 옐로우 다이아몬드는 1877년 남아공 킴벌리Kimberly에서 발견된 287.42캐럿의 원석을 1878년 128.54캐럿의 쿠션 쉐입으로 세공한 것이다. 총 82개의 면을 가지고 있다. 티파니의 아이콘이 된 이 다이아몬드는 단 두 명의 여인만이 이 보석을 착용하는 영광을 누렸는데, 1957년 티파니의 볼에서 착용한 휘트니Whitney 여사와 영화 〈티파니에서 아침을Breakfast at Tiffany's〉의 오드리 햅번Audrey Hepburn이다.
ⓒ Tiffany & Co.

가르트에 세계에서 가장 부레한 부잣집의 1인이자 오스 보도국을 밀수하고 있는 미국의 대부 코넬리어스 밴더빌트 3세의 부인(Mrs. Cornelius Vanderbilt III) 1909년경.

그 반면 오트 쿠튀르 형식으로 특정 고객만 대상으로 하여 주얼리를 제작하는, 경영에서도 옛 스타일을 고수하는 가업형 메종이 있기도 하다. 기업형이든, 가업형이든 그 나름의 장단점이 있을 수밖에 없다. 모든 면이 완벽할 수 없고 다 가질 수는 없지 않은가. 기업형은 전 세계의 불특정 다수 고객을 위해 메종이 지니는 노하우로 일반 사람들도 자신들의 주얼리를 즐길 수 있는 방식을 선택한 것이다. 또한, 조직적인 업무 방식으로 인해 최신 유행의 주얼리를 제때 제작할 수 있는 순발력을 갖게 한다. 그러나 브랜드 고유의 가치를 너나없이 가질 수 있게 되어 버려 희소성이 떨어지고, 회사 정책에 따라 메종으로서의 고집과 신념이 흔들리기도 하는 것은 어쩔 수 없는 사실이다.

가업형은 선조들이 전하고 가족 대대로 이어온 전통과 비밀이 특정 소수를 위한 주얼리에 고스란히 담긴 아주 특별한 주얼리들을 만들어 낸다. 기업형 메종과는 주 타깃이 다르기 때문에 주얼리 제작 과정과 운영 스타일이 확연히 다를 수밖에 없다. 아무나 즐길 수 없는 각별한 주얼리라는 부가가치가 붙어 마니아들의 마음을 뿌듯하게 만들어 준다. 그러나 소수의 특수 계층을 타깃으로 한 경영 방식만으로는 매너리즘에 빠져 역동하는 이 시대에 살아남기 어렵다. 부셰롱을 이끄는 주얼리 프로듀서인 알랭 부셰롱 Alain Boucheron은 결국 2000년에 구찌 그룹(후에는 PPR 그룹)으로 들어가기로 결정하면서, 140년에 이르는 가족 경영의 막을 내렸다. 이 메종들 가운데 가장 마지막으로 가족 경영에서 벗어난 경우다. 그 뒤로 부셰롱의 활동 범위는 세계적으로 넓어졌다.

메종들이 이렇게 기업형으로 브랜드의 생존 방향을 바꾸는 이유 중 하나는, 21세기에 들어와 사회 움직임이 너무나 빨라지면서 주얼리의 주 고객인 여성들의 마음 또한 변덕스러워졌다는 점이다. 새로운 주얼리 컬렉션은 제작은 물론 마케팅, 판매에 이르기까지 오랜 준비 기간이 필요하며, 동시에 곧 찾아올 유행을 위해 또 다른 주얼리의 준비 과정에 재빠르게 들어가야만 한다. 이 과정은 패션과 크게 다를 것이 없다. 그러나 보석은 의상과 달리 고가라 막대한 자본력이 필요하다. 거기에다 대체로 유럽 시장은 주얼리의 미적 감각을 중요시하고, 미국 시장은 큼직하고 볼륨 있는 스타일을 선호하고, 아시아 시장은 섬세한 주얼리에 익숙한 등 세계 각국 시장의 특성을 반영한 주얼리를 각각 만들어 내어 시장을 확보해야만 한다. 재산 가치를 갖는 주얼리보다는 충동구매의 대상이 된 주얼리의 수요가 점점 늘어나는 상황에서 그만큼 기민하고 세계적인 조직 경영이 불가피한 것이다.

    기업형이든 가업형이든, 이들 메종에게 중요한 것은 단 하나다. 바로 오랜 역사를 자랑하는 메종에게는 필수인, 선조들에게 전해 내려오는 '비밀 레시피'다. 이 '비밀 레시피'를 토대로 경험 많은 장인이 질 높은 보석에 정성스럽게 마법을 건다. 이렇게 탄생한 것이 역사에 남게 될 주얼리들이다. 각 메종이 자랑하는 장인의 고도의 테크닉과 미적 감각을 반영한 스타일이 대대로 소중히 이어지고 오랜 세월에 걸쳐 쌓이고 쌓여 최고의 주얼리가 탄생하는 것이다. 이 모든 것이 결합된 혼이 담긴 주얼리는 각 메종에게는 없어서는 안 될 자존심이 되고, 소비자인 우리에게는 소중한 신뢰와 꿈으로 이어지는 것이다.

앤티크 주얼리와 친해지고 싶은 당신에게

The Secret of Jewellery

갑자기 친구가 말한다. 봄인데 화려하고 예쁜 귀걸이를 기분 전환용으로 사고 싶다고. 그래서 귓가를 돋보이게 해 주는 스터드 스타일이 좋은지, 찰랑찰랑 흔들리는 화려한 샹들리에 스타일이 좋은지를 물어본다. 돌아오는 답은 무엇이든 '예쁜 것'이란다. 이렇게 구체적으로 원하는 스타일이 없을 경우에 오히려 쇼핑은 쉬워진다. 반면 원하는 소재, 크기, 스타일 등이 구체적으로 정해져 있다면 그 쇼핑은 어려워진다. 내 친구의 쇼핑은 쉬운 쪽이다. 하지만 문제는, 그러면 어디로 가 보자고 할 만한 곳이 그렇게 많지 않다는 것이다. 친구가 원하는 귀걸이를 갤러리 람에서 보여 주면 어떠냐는 의문이 있을 수 있다. 그러나 우리는 귀걸이를 많이 취급하지 않는다. 앤티크 귀걸이는 다른 앤티크 주얼리에 비해 그 형체를 오랫동안 그대로 간직하여 현대까지 살아남는 게 쉽지 않다는 특성 때문이다. 모든 여성들에게 한 번쯤은 경험이 있을 것이다. 귀걸이 한쪽이 행방불명되어 우울해지는 그런 일 말이다. 백 년, 혹은 그 이상의 세월 속에서 주얼리가 원형 그대로 보존되는 일조차 쉽지 않은데, 하물며 한 쌍으로 함께 살아남기란 얼마나 어려울까. 그래서 남은 한쪽이 브로치나 목걸이로 그 모습을 바꾸기도 한다. 현존하는 앤티크 귀걸이는 많지 않은 귀하신 몸이다.

우리나라에서 주얼리 쇼핑을 나설 때 주얼리 숍들이 다양하지 않다는 생각이 든다. 십 년 전과 비교한다면 선택의 폭이 넓어지긴 했으나 이웃 나라 일본과 비교하면 여전히 다양하지 못하다. 그것은 우리나라 주얼리 시장의 특성 때문이 아닐까. 우리나라에서는 유행의 흐름이 참 굵직하고 강하다. 즉 한 스타일이 유행하면 시장에는 그런 주얼리들로 가득하다. 그래서 소비자는 그 유행을 쫓아가기가 참 쉽다. 백화점에 가도, 길거리를 돌아다녀도 유행 중인 주얼리와 액세서리로 가득하다. 그러나 모든 소비자들이 그 스타일을 원하는 것은 아니다. 그것과는 또 다른 스타일을 원해도 시장에 깔려 있는 것은 지금 유행하는 것들이 대다수다.

반면 일본을 비롯한 외국은 소비자 입장에서 선택의 폭이 참 넓은 편이다. 백화점, 편집 매장, 길거리 숍 등 하이 주얼리부터 저렴한 액세서리까지, 진열된 물건들은 여자들의 본능을 살짝살짝 긁어 지갑을 열게 만든다. 물론 우리나라 주얼리처럼 세련되고 독특한 주얼리를 외국에서 찾기 어렵다. 다만 그런 주얼리가 더 다양해져서 내 친구와 같은 소비자가 즐겁게 망설임을 갖는 그런 주얼리 시장이 펼쳐졌으면 하는 바람이다.

남들과 같은 것, 혹은 비슷한 것은 좀 재미없지 않은가. '나만의 셀렉션'은 자기만족이라는 욕구를 채워 준다. 또한, 현대에 와서 누군가가 착용하는 주얼리는 부의 과시라기보다는 그 사람의 감각을 보여 준다. 나는 잘 모르는 이의 독특한 주얼리와 코디를 보면 그것이 고가든 아니든 상관없이 왠지 그 사람의 삶을 엿보는 듯하다. 기왕이면 나를

1890년경에 제작된 다이아몬드 목걸이로 분해하면 티아라로 착용할 수 있다. 개인 소장

1940년대 중반에 제작된 티아라의 일부로 추정되는 다이아몬드 별 브로치 펜던트.

표현할 수 있는, 나를 대변해 주는 그런 주얼리 셀렉션을 만들어 보는 것은 어떨까.

주얼리와 사랑에 빠진 이들은 대부분 앤티크 주얼리도 가지고 있다. 주얼리를 잘 모르는 이들도 외국에서든 국내에서든 '앤티크 주얼리'나 '앤티크 액세서리'라는 말을 들어 본 적이 있을 것이다. 이렇게 많은 이들이 언급하는 앤티크 주얼리에 대해 당신이 알고 싶고 친해지고 싶다면, 몇 가지 전해 주고 싶은 말이 있다. 앤티크 주얼리 딜러로서가 아닌 그냥 앤티크 주얼리를 사랑하는 평범한 여인으로서 말이다.

영국을 중심으로 한 유럽에서 만들어진 지 백 년이 지난 주얼리를 서양 앤티크 주얼리라고 한다. 누가 어떻게 소장한 것인지 알 수 없다며 무작정 거부 반응을 일으키는 이들도 있다. 그러나 세상에는 '가치'라는 것이 분명히 존재한다. 시간이 흘러도 늘 인정받는 절대성을 가지는 그 어떤 것 말이다. 그 가치는 변하지 않음은 물론, 시간이 지나면 지날수록 빛나는 참된 것이다. 이것이 오래된 주얼리에서 진부한 느낌이 나지 않는 가장 큰 이유다. 그리고 앤티크 주얼리가 백 년의 세월을 걸쳐 현존하는 이유는 바로 이런 가치 때문이다. 앤티크 주얼리와의 만남은 타이밍을 맞추기 어렵기 때문에 그 존재가 더 귀해진다. 인연과 타이밍이 맞지 않으면 가지고 싶어도 가질 수 없다. 그래서 우

리가 앤티크 주얼리를 선택하는 것이 아니라 주얼리가 주인을 선택하는 듯한 느낌이 든다. 선택을 받았다는 설렘과 만족감이 앤티크 주얼리를 더더욱 매력적으로 만든다.

그렇다면 현실적으로 앤티크 주얼리를 접할 때의 팁은 무엇일까. 먼저 본인의 본능적 직감을 소중하게 생각해야 한다. 물론 주얼리를 분석할 수 있는 지식도 필요하지만, 그 주얼리를 보는 순간 아름답다, 가지고 싶다고 외치는 강렬한 본능이 가장 중요하다. 그것은 나만의 감각을 긁어 주는 그 무엇이다. 이는 사랑을 느낄 때의 호르몬 작용과 같은 듯하다. 사람을 처음 볼 때 인상이 중요한 것처럼, 주얼리마다 인상이라는 것이 분명히 있다. 이런 인상에 확 끌리는지에 대해 생각해 보라는 이야기다.

그리고 유난히 남에게 보이는 부분을 중요시하는 우리나라 주얼리 구매 성향에서 과감하게 탈출했으면 한다. 내가 본능적으로 가슴 깊이 좋아하는 것이어야만 이를 즐겁게 착용할 수 있고 평생 함께할 인연이 되지 않을까.

처음 앤티크 주얼리를 구매하게 될 경우, 일상생활에서도 부담 없이 착용할 수 있는 것부터 선택해 보자. 보석함에 소중히 보관하는 것도 또 다른 재미일 수 있으나, 역시 주얼리는 착용하는 편이 더더욱 즐거움을 준다. 그러면서 조금씩 다양한 스타일에 도전해 보기 바란다. 만약 선택에 자신이 없다면 현대에 와서도 일반적으로 즐기는 십자가, 하트, 꽃 모티프의 앤티크 주얼리를 착용하라. 같은 모티프인데도 불구하고 요즘 주얼리와는 다른 '오래됨의 미학'이 있다는 사실을 차차 느낄 수 있을 것이다. 그리고 주얼리들이 숨기고 있는 아주 작은 놀라움과 그와 관련된 스토리, 그리고 현재는 재현하기 어려운 장인의 특별한 테크닉이 무엇인지를 한번 찾아보라. 그것은 분명히 시대, 환경, 언어, 인종 등을 넘어선 감동을 당신에게 전해 줄 것이다.

　옛날에 만들어진 주얼리. 그것들과 눈을 마주치는 순간, 나는 매번 깊은 감동을 받는다. 나의 가슴에 찡하고 따뜻한 무엇인가가 다가오는 것이다. 그리고 각각의 주얼리는 나에게 다양한 스토리를 상기시킨다. 역사가 만들어 낸 이것들이 지니는 깊은 기품은 아주 매력적으로 다가온다. 이런 앤티크 주얼리를 전해 받는 만족감과 책임감은 작은 행복을 안겨 준다. 이것은 앤티크 주얼리가 지니는 특별한 마법이다. 이런 마법에 푹 빠져 보는 것은 어떨까. 이 작은 주얼리가 당신에게 없어서는 안 될 존재가 될지도, 그리고 이 작은 만남이 당신의 인생을 살짝 바꾸어 놓을지도 모르는 일이다.

후손에게 전하는 주얼리, 비주 드 파미유

The Secret of Jewellery

우리나라에는 재미있으며 톡톡 튀는 새로운 트렌드를 끊임없이 쫓아가려는 사람들이 유난히 많아 보인다. 물론 다른 나라도 마찬가지지만 한국은 특히 단기 집중형 국민성, 즉 한 가지에 몰입하는 힘은 정말 강하나 오래가지는 못하는 면이 이런 유행을 선도하는 원동력이 되는 것 같다. 그래서 이런 이들을 위해서 주변에는 늘 새로운 것, 순간 마음을 혹하게 하는 자극적인 것들이 가득하다. 알록달록한 중독성 있는 불량식품처럼 말이다. 몇 년 전에 유행하던 식당, 카페 등은 어느새 사라지고 그 자리에 또 다른 것들이 생기고 또 사라지기도 한다. 이렇게 눈 앞에 펼쳐지는 '새로움'이라는 것이 우리에게 과연 진정한 풍요로움과 행복을 안겨 주고 있는지 가끔 의문스럽다. 나에게는 억지로 만들어진 위화감, 혹은 약간은 허무하고 엉성한 거짓처럼 보여 안쓰럽게 느껴질 때가 있다. 누가 그랬던가, 한눈에 들어오는 어지러운 화려함은 잠시 눈을 끌 수 있어도 오래가지 못한다고. 오히려 소박하고 순수한 것, 꾸미지 않은 자연스러움이 훨씬 편안하고 아름답게 느껴진다. 빛나기는 하지만 사치스럽지 않고 편안한 주얼리, 내가 앤티크 주얼리의 세계에 빠지게 된 것이 바로 이런 이유다.

우리의 삶에서 마음을 따뜻하게 해 주는 소중한 것에 대해 독자들은 생각해 본 적이 있는지 궁금해진다. 각자의 주얼리, 액세서리가 지니는 스토리를 한번 기억해 보는 것은 어떨까. 그런 이야깃거리는 아예 없다고 단정 짓기 말기를 바란다. 남들에게는 아무리 하찮은 것이라도 작은 스토리가 분명히 있을 것이다. 그런 추억을 가족과 함께 되돌아보는 것은 어떨까.

프랑스어 '비주 드 파미유 Bijou de Famille'는 '가족의 보석'이라는 뜻이다. 그런데 '가족의 보석'은 우리에게는 익숙하지 않은 말이다. 보석, 즉 주얼리를 할머니가 어머니에게, 어머니가 자식에게, 그 자식이 또 다음 자식에게 등으로 이어가기에는, 우리나라에서 주얼리를 즐기고 그것을 중요한 재산으로 여기는 문화가 시작한 지 얼마 되지 않았다. 그러나 주얼리를 집안 대대로 이어가면서 이에 담긴 가족의 역사를 소중히 여기는 관습에서 탄생한 '비주 드 파미유'는 유럽에서는 일반적인 말이다. 그만큼 주얼리는 그들의 생활에 깊은 뿌리를 두고 있다. 그 이유는 주얼리가 애정과 가장 깊이 연결되어 있는 물건이기 때문이다.

주얼리에 담긴 특별한 사랑과 추억은 그 주얼리를 더욱 소중하고 아름답게 빛나게 하는 '정수精髓'다. 이런 정수는 대단해야만 하는 것은 절대 아니다. 나는 어릴 때부터 아기자기한 것을 좋아했다. 성장하면서 액세서리, 주얼리들을 꽤나 많이 모았다. 그런데 이십 대 중반의 어느 날, 이것들을 도둑에게 몽땅 털렸다. 물건들이 없어졌다는 사실이 아니라 그것들이 지니는 내 소중한 추억이 한꺼번에 다 사라진 것이 너무나도 억울했다. 이 일을 떠올리면 지금도 너무 슬프고 마음이 아프다. 지금 내가 가지고 있는 것이 그것들과 비교해서 아무리 좋은 것이라도 잃어버린 그것들을 절대 대신할 수 없기 때문이다. 어릴 때부터 모은 것들이라 남들이 보면 정말로 하찮은 것들일 수도 있다. 그러나 나의 이십 대 중반 이전의 되돌릴 수 없는 소중한 추억을 지닌 것들이다.

영국의 고故 다이애나 황태자비가 찰스 황태자에게 받은 푸른 사파이어 반지는 지금은 윌리엄 왕자와 결혼한 케이트 미들턴의 약혼반지가 되었다. 이 반지는 다이애나 비가 1981년에 황실 지정의 브랜드, 개러드Garrard에서 직접 고른 약혼반지라고 한다. 그 많은 보석 가운데서 푸른 사파이어를 선택한 이유가 황실에서 특히 고귀하게 생각하는 색인 '로열 블루royal blue'를 의식했던 것인지는 알 수 없다. 어쨌든 다이애나 비는 유난히 이 반지를 사랑했던 모양이다. 가끔 공개되는 그녀의 사진 속에서 이 반지가 자주 보인다. 당당하고 시원한 그녀의 아름다움을 더더욱 빛나게 했던 반지로 내게는 비친다. 윌리엄 왕자가 새 약혼반지를 준비하지 않고 돌아가신 어머니가 소중히 간직했던 이 반지를 약혼녀에게 전한 것은 어머니를 기리려는 윌리엄 왕자의 애틋한 마음과, 그것을 그의 소중한 일부로 받아들이려는 약혼녀의 마음, 그리고 이 반지가 그들 이후에도 소중하게 대대로 이어질 미래를 상상하게 만든다.

갤러리 람의 고객을 포함해 주얼리를 사랑하는 내 지인들에게는 요즘 공통점이 생겼다. 그것은 나만을 위한 것이 아닌 후손에게 전해 줄 것을 미리 가정한 주얼리를 엄선한다는 것이다. 딸과 함께 와서 다이아몬드 팔찌를 고르는 데 딸의 의견을 반영하는 멋진 어머니가 있는가 하면, 꽃을 모티프로 한 19세기 중후반의 다이아몬드 귀걸이를 고르면서 어린 딸이 성장하기 전까지는 본인이 실컷 즐기다 주련다는 귀여운 변명을 하는 어머니도 있다. 나중에 이 어머니들은 주얼리를 앞에 두고 딸들과 이런 대화를 나눌 것이고, 또한 딸들은 그 다음 세대에 할머니의 이야기와 함께 '그' 주얼리를 전할 것이다. 이렇게 특별히 선택된 주얼리는 주인을 잘 만난 듯해서, 혹은 그들이 주인을 잘 선택한 듯해서 행복해 보인다. 이런 주얼리를 볼 때마다 나는 사람의 사주를 상상해 보듯이 풍파가 없을 것만 같은 그 주얼리들의 운명을 상상하게 된다.

오렌지빛이 도는 에소나이트 가넷hessonite garnet 목걸이와 귀걸이 세트. 1850년경에 제작된 것으로 지레로 꽃모티프 장식 안에서 시머한 색감을 뽐내고 있다. 조윤.

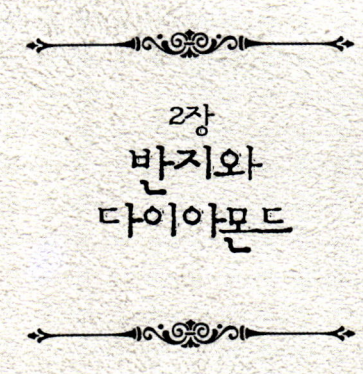

2장
반지와
다이아몬드

소중한 친구, 반지

누구에게나 무의식적인 습관이 있을 것이다. 나의 경우에는 신발을 신을 때 오른발부터 신거나, 앉아 있던 의자는 꼭 제대로 돌려놓아야만 직성이 풀린다. 그뿐 아니다. 주변을 가능한 어지르지 않으며 거울은 절대 하늘을 향해 놓지 않는 등 가지가지다. 그리고 다른 사람들보다 좀 더 유별난 습관이 하나 더 있다. 잠잘 때와 샤워할 때를 제외하고는 나의 왼손 새끼손가락에는 꼭 반지가 끼워져 있어야 한다는 것이다.

데이지 꽃을 모티프로 한 이 '절대 반지'는 1900년대 초반에 제작된 것으로, 중앙의 옐로 다이아몬드 주위를 작은 화이트 다이아몬드가 둘러싸고 있다. 당시에는 흔했던 납작한 모양의 반지, 즉 손가락 위에 활짝 핀 꽃이 그냥 얹혀 있는 듯한 느낌의 이 반지는 사이즈가 너무 작아 왼손 새끼손가락에만 겨우 들어간다. 그래서 새끼손가락을 위한 반지, 즉 핑키 링(pinky ring)으로 착용한다. 내 손가락이 얇은 편에 속하니, 아마도 이 반지는 옛 소장자의 새끼손가락을 위해 특별히 제작되었거나 혹은 아이를 위한 반지였을지도 모른다.

원래 이 반지를 마음에 들어 한 사람은 따로 있었다. 그 고객을 위해 덜컥 수입했다가 구매를 취소하는 바람에 이 반지는 천덕꾸러기 신

옐로와 화이트 다이아몬드가 조화롭게 세팅된 핑키 링으로, 1910년에 제작된 것으로 추정된다.

세가 되어 버렸다. 내 것이 되려고 그랬는지, 안쓰러운 마음으로 만지작거리다 형언할 수 없는 강한 느낌, 마치 뭔가 통하는 듯한 느낌을 받았다. 이후부터 사랑스러운 이 핑키 링은 늘 나와 함께했다. 항상 끼는 탓에 반지를 착용했다는 감각을 순간적으로 잊어버려 깜짝깜짝 놀랄 경우가 한두 번이 아니다. "내가 너인지, 네가 나인지 가끔 헷갈릴 때가 있어" 하며 닭살 돋는 대화를 나누는 연인처럼, 나와 반지의 관계도 꼭 그렇다. "나 여기 있어" 하며 활짝 웃어 주는 데이지 꽃을 바라보노라면 입가에 저절로 배시시 미소가 번진다.

이렇게 한 반지만 고집하다 보니 주변에서 "질리지 않느냐?", "다른 핑키 링의 유혹을 받은 적 없느냐?"는 질문을 받곤 한다. 그럴 때면

"그런 적 없다"고 잘라 말한다. 그 어떤 주얼리와 함께 착용해도, 심지어 그것이 다른 반지의 경우라도 이 데이지 꽃은 절대 샘내지 않으며, 그렇다고 잔뜩 주눅 들어 움츠리지도 않은 채 당당하게 자신의 아름다움을 마음껏 뽐낸다. 고객들이 이 반지를 칭찬이라도 하면 행여 곤란한 부탁을 할까 봐 미리 "소장품입니다" 하며 선수를 친다.

열 개의 손가락 중 특히 왼손 새끼손가락에 이 데이지 꽃을 가꾸는 이유가 있다. 그것은 손가락이 지니는 의미를 소중히 생각하기 때문이다. 왼손 새끼손가락은 '기회'나 '비밀'을 상징한다고 한다. 하늘에서 내리는 기회와 행운은 오른손 새끼손가락을 통해 들어와 왼쪽 새끼손가락을 통해 나가기 때문에, 왼손 새끼손가락에 반지를 끼워서 그 운을 못 나가게 꽉 막아야 한다는 이야기를 어려서부터 믿어 왔다. 누가 언제 이야기해 준 것인지는 솔직히 기억나지 않지만 나에게는 이유 없이 끌리는 로맨틱한 스토리였다. 그런데 나의 왼손 새끼손가락에 사이즈 수선도 없이 딱 맞는 반지가 이렇게 우연히 나타난 것이다. 지금이 어떤 세상인데 아직도 이런 미신과 같은 이야기에 사로잡혀 있냐고 질책할 독자들도 있겠지만 허락된 행운을 감사히 간직하고 싶은 나만의 즐거운 '의미 부여'이기도 하다. 의외로 '손'은 사람들의 시선이 자주 집중되는 곳이기에 시각적으로도 새끼손가락의 반지는 눈에 잘 띌 뿐 아니라 독특한 모양이 주는 신선함이 포인트가 되기에 충분하다.

모든 이들에게는 나처럼 애지중지하는 반지가 하나쯤 있을 것이다. 손을 장식하기 위한 단순한 패션으로서, 누군가에게 애정의 표현으로 받은 선물로서, 결혼을 약속하기 위한 절차로서, 기혼자라는 신분이나 칼리지 링^{college ring}(학교 휘장이나 이름을 새긴 반지)처럼 신분 표시용으로

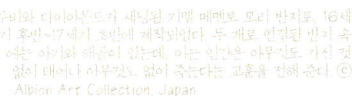
루비와 다이아몬드가 세팅된 거펠 메멘토 모리 반지로, 16세기 후반~17세기 초반에 제작되었다. 두 개로 연결된 반지의 속에는 아담과 해골이 있는데, 이는 인간은 아무것도 가진 것 없이 태어나 아무것도 없이 죽는다는 교훈을 전해 준다. ⓒ Albion Art Collection Japan

서 등의 이유로 말이다. 그런데 역사를 거슬러 올라가다 보면 반지에는 '신과의 약속'이라는 깊은 의미가 숨어 있다. 이러한 깊은 의미에 시대마다 또 다른 의미가 덧입혀지면서 반지에 대한 다양한 '설'이 생긴 것이라 할 수 있겠다.

이제부터 역사 속의 반지들을 들여다보면서, 아름다움은 물론 이런 의미들까지 속속들이 읽어 보자. 시간을 거슬러 올라가 고대 반지에 눈을 돌리면 그 밋밋함에 실망할지도 모른다. 디자인이랄 것도 없이 장식이 전혀 없는 단순한 원형 고리에 가까우니 말이다. 하지만 당시 사람들은 끊어지지 않고 이어진다는 '영원'의 상징으로 이 원형 고리를 끼었다. 이렇게 단순한 금속의 반지에 보석이 첨가된 까닭은 미적인 이유에 앞서서 '사랑'과 같은 감정이 보석의 파동을 통해 착용하는 사람에게 전달된다고 생각했기 때문이다.

중세에는 보석을 세팅하는 부분인 베젤bezel과 반지의 링 부분인 후프hoop가 거의 구별되지 않는 단순한 형태가 대표적인 반지 디자인이었다. 세팅된 다이아몬드는 원시적인 정팔면체 모양을 그대로 살린 포인트 컷을 한 경우가 대다수다.

르네상스 시대에 접어들면 반지는 장식적 요소를 덧입으면서 점차 화려해졌다. 베젤과 후프는 디자인의 일부로 각각 부각되었고, 중세에 자주 사용되던 포인트 컷의 다이아몬드는 그 위를 다시 한 번 커팅한 테이블 컷 다이아몬드로 변신한다. 이는 초창기 다이아몬드 커팅 기술의 변화를 확연히 보여 준다. 또한, 착용하고 있으면 보이지 않는 반지의 뒷면까지 조각과 에나멜로 정교하게 세공해 표면 못지않은 아름다움을 추구했다. 장인들은 경쟁하듯이 눈에 띄지 않는 뒷면의 아름다움에도 열정을 퍼부었다. 이렇듯 이 시대의 반지는 단순한 '반지'라고 할 수 없다. 모든 문화와 예술이 꽃피던 시기인 만큼, 당시의 금세공인 goldsmith의 기술 또한 최고라 평가받는다.

이런 장인들의 뛰어난 기술력과 참신한 아이디어, 깊은 생각이 담긴 기멜 반지 gimmel ring를 살펴보자. 이것은 반지라기보다는 '철학의 집합체'라고 표현하는 게 옳겠다. '기멜 gimmel'은 쌍둥이를 나타내는 라틴어인 '게멜루스 gemellus'에서 유래되었다. 기멜 반지는 2개의 고리가 하나로 결

132쪽의 기멜 매매스 끝과 반지의 뒷면 세공의 열정을 살 수 있는 것처럼 장식적 요소가 눈에 띠지 않는 보아 적어 있다.

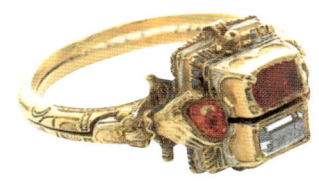

132쪽의 기멜 매매스 모아 반지도 함께 모음. 사실상 결합 표면 일일이도 장식과 다이아몬드 수공 세공 손 반지는 돈 기원한다 감이.

합된 형태의 반지로, "하나로 결합해 살라", "신이 하나로 연결한 것을 인간이 각각으로 나누어서는 안 된다"라는 불변의 결혼 맹세를 담은 것이다. 당시에 제작된 다수의 기멜 반지에는 사랑의 모토, 성서 인용구들이 새겨져 있다. 이 반지의 고리에서는 조각과 에나멜을 사용해 아주 정교하게 장식한 아기와 해골을 발견할 수 있다. '공수래공수거空手來空手去', '생명의 시작과 끝', '부의 헛됨' 등의 의미를 담고 있는 것이다. 하지만 안타깝게도 이런 기멜 반지 중에 현존하는 것은 많지 않다. 르네상스 장인들의 참신한 아이디어와 놀라운 기술력은 시대가 바뀌어도 절대 변하지 않는 인생과 그 교훈을 작은 반지에 아름답게 담아냈다.

    17세기에 접어들면서 반지는 디자인적으로 단순해진다. 르네상스 시대의 입체적 조각, 화려한 에나멜 기법은 점차 줄어들기 시작한다. 반지에 세팅된 보석을 강조하기 위해 다른 부분을 단순화한 것으로 보인다. 이것은 시대가 지나고 보석 커팅 기술이 점차 발달하면서 보석을 주인공으로 가장 돋보이게 하기 위해 일어난 변화다. 손 위에 올라가는 작은 조각품 같았던 르네상스 시대의 반지보다는 좀 더 우리에게 익숙한 반지의 모습이다. 특히, 18세기 이후 반지의 모습은 다이아몬드의 빛을 돋보이게 하기 위해서 화이트 실버가 쓰였다는 것이 특징이다. 후프 부분은 옐로 골드로, 다이아몬드 세팅은 실버로 한 것인데, 이는 다이아몬드의 흰색을 돋보이게 하기 위해서 고안된 방법이다. 반면 에메랄드, 루비와 같은 유색석은 여전히 옐로 골드에 세팅된다. 그리고 다양한 색상의 에나멜 장식은 거의 사라진다.

    또한, 하트를 연상시키는 반지 디자인은 보석의 커팅 기술의 발전을 보여 준다. 이 하트 모티프(가끔은 더블 하트 모티프)는 사랑과 결혼의 상징으로, 가끔은 하트 모양의 보석 위에 진실한 사랑의 대가인 행복을 상징하는 왕관이 디자인되어 있다. 다양한 모양의 작은 보석이 모여서 만들어진, 꽃을 연상시키는 반지는 이탈리아어로 작은 정원을 뜻하는 '자르디네토 반지giardinetto ring'라는 이름으로 불려 널리 애용된다. 이 외에도 사랑의 연결, 즉 러브 노트love knot를 연상시키는 리본 모티프의 반지도 사랑을 테마로 한다.

이처럼 반지의 디자인이 점차 아기자기해지고 사랑스러워지는 이유는 18세기에서 19세기에 절정을 이루는 낭만주의라는 사조가 있었기 때문이 아닐까. 과거에 왕과 귀족 계층과 같은 '의뢰인을 위한 예술'이라는 틀에 억압되었던 예술가들은 점차 본인의 감정을 소중히 생각하고 인간의 감정을 자유롭게 배출하기 시작했다. 이런 시대적 분위기는 주얼리에도 영향을 미친다. 반지 안쪽에 사랑의 메시지나 당사자만이 알 수 있는 암호 등을 새긴 반지인 포지 링posy ring은 결혼반지로 서로 주고받기도 했다. '포지posy'는 영어로는 작은 꽃다발을 뜻하지만 그 어원은 프랑스어로 시를 의미하는 '포지posie'라고 한다. 또한 두 개의 손 모양이 반지의 메인 스톤main stone을 받치는 형태의 페데 링fede ring도 있다. '페데fede'는 이탈리아어로 성실이나 신뢰를 뜻하며 결혼반지로 사용되었다.

19세기 이후에도 로맨틱한 분위기는 그대로 이어져 18세기의 사랑스러운 반지 디자인의 전통이 계속되었다.

남녀의 사랑을 상징하는 더블 하트 반지로 18세기에 제작되었다. 프랑스에서는 결혼을 위한 반지로 널리 사랑받았다. 최근, 위의 왕관은 진실한 사랑에 대한 보답, 즉 결혼 후에의 '부부의 행복'을 의미한다.

굳이 달라진 점을 언급하자면, 다이아몬드의 커팅 기술이 눈에 띄게 발달하면서 다이아몬드의 눈부신 광채를 더욱 살리기 위해 크고 작은 다이아몬드를 최대한 과시하려는 디자인이 반지에 적용되었다는 점 정도다.

　귀걸이, 목걸이 등의 주얼리들은 착용하는 본인보다는 제3자의 눈을 의식해서 만들어진 것들이라 할 수 있다. 반면에 반지는 다른 이들은 물론, 본인의 시야 또한 즐겁게 해 주는 특별한 주얼리다. 그리고 현대에는 남녀노소를 떠나 모든 사람들이 즐기는 아이템으로 남아 있다. 이런 반지를 중세 이후부터 대략 훑어보면, 인간의 삶에서 중요시했던 것들과 그들의 사랑의 역사가 반지에 소중히 담겨 있는 것을 발견할 수 있다. 삶의 교훈과 사랑의 흔적을 남기고 싶어 그 오랜 세월에 걸쳐 끊임없이 계속 만들어진, 작은 예술품이기도 한 반지를 들여다보면, 우리를 또 다르게 감동시켜 줄 미래의 반지들이 궁금해지기도 한다.
　내 욕심일지 모르겠지만, 독자들도 자신에게 특별한 의미를 안겨 주는 그런 반지 하나쯤은 늘 손가락에 허락했으면 좋겠다. 화려하거나 고가일 필요도 없고 유명 브랜드일 필요도 없다. 같이 있는 것만으로도 마음이 흐뭇해지고 만족스러워지는 그런 반지가 있다면 생활의 활력이 되고 자신의 기분을 이해해 주는 좋은 친구가 곁에 있는 느낌을 경험해 볼 수 있을 것이다. "너희는 모르지만 이 친구는 알 거야." 손가락의 반지에 눈을 맞추며 밝은 미소를 띤 채 이렇게 말을 걸어 보기 바란다.

약혼반지가 태어나다

나에게는 왼손 넷째 손가락이 늘 특별하게 느껴진다. 그래서 그곳에는 반지를 낀 적이 없다. '브라이들 핑거 bridal finger'라는 인식이 강해서 그런지, 그 손가락을 함부로 다루어서는 안 될 것만 같은 아우라를 느끼기 때문이다. 일반적으로 넷째 손가락 위에서 빛나는 반지는 약혼과 결혼의 상징이 되어 버렸다. 그래서 혹시 기혼처럼 보일까 하는 마음에 결혼 전에는 그곳에 반지를 끼지 않는 이들도 있을 것이다. 어쨌든 어떤 이유로든 왼손 넷째 손가락을 각별하게 생각하는 것은 세계 각국의 모든 여성에게 공통적이지 않을까 싶다. 그런데 원래는 약혼반지의 자리가 왼손 넷째 손가락이라고는 정해져 있지 않았던 모양이다. 왼손은 복종과 신뢰를, 넷째 손가락은 '애정'을 상징하며, 특히 왼손 넷째 손가락은 사랑과 밀접하고, 또 이 손가락의 혈관은 심장과 직접 연결되어 남녀 사이를 굳게 이을 수 있다는 고대 전설 때문에 넷째 손가락이 약혼 때 반지를 주고받는 브라이들 핑거가 되었다고 한다.

일종의 '계약'을 맺는다는 의미로 남성이 여성에게 반지를 전했던 것이 약속 반지 engagement ring, 즉 '약혼반지'의 기원이다. 옛날에는 결혼이 당사자의 사랑보다는 집안과 집안의 관계, 즉 신분과 금전적인 것이

오가는 것이자 자손 번창에 목표를 둔 것이었기에, 약혼은 '중대한 계약'이었다. 그리고 당시에는 여성의 지위나 권위는 인정받지 못했기 때문에 반지를 착용함으로써 특정한 남성의 소유가 되었다는, 혹은 좋게 말하면 특정한 남성의 보호를 받게 되었다는 표시를 한 것이다. 더 나아가서 반지가 여성에게 주어진다는 것은 가사를 책임질 수 있는 권리를 인정받았다는 의미이기도 했다. 이것이 현재 우리의 약혼 및 결혼반지의 시작이다.

반지의 원초적인 모습, 즉 단순하고 끊임없는 원형의 모습은 영원불멸의 사랑을 상징했다. 동시에 그 영원한 사랑과 정조의 맹세는 배우자뿐 아니라 신과의 약속이기도 했다. 고대에는 철로 만든 단순한 원형 고리를 반지로 착용했으나, 점차 금으로 만든 약혼반지가 일반화되었다. 또한 재정적인 이유 때문에 상류층은 귀한 금으로, 일반인은 철로 반지를 제작하기도 했다. 아무 장식이 없이 단순한, 그러나 영원히 둘을 이어준다는 믿음을 담은 끊어짐 없는 이 원형 고리에는 서로를 향한 신뢰가 변하지 않기를 바라는 마음이 담겼다. 지금은 약혼반지 하면 다이아몬드가 세팅된 것이 당연하지만, 이런 형태의 약혼반지가 출현한 것은 불과 약 500년 전이다. 1477년, 신성 로마 제국 황제가 된 오스트리아의 막시밀리안 1세Maximilian I가 약혼녀 마리Mary of Burgundy에게 선물한 다이아몬드가 세팅된 반지가 그 시작이었다는 설이 가장 유력하다. 약혼반지에 다이아몬드를 사용한 이유는, 그 어떤 충격에도 변하지 않는 다이아몬드의 성질이 결혼 생활에서 필요한 모든 고난을 극복할 수 있는 '불굴의 힘'과 '영원'을 상징했기 때문이다. 또한 다이아몬드 반지는 최고 권위자인 신과의 깰 수 없는 약정, 즉 신에 대한 절대 충성을 나타내기도 했던 것이다.

1650년에 게르치노Guercino가 그린 〈성 카타리나의 신비한 약혼〉, 모데나 에스테 가문 갤러리Galleria Estense

 현대인들은 약혼반지가 가지는 이런 심오한 의미보다는 잿밥에 더 관심을 갖는 듯하다. 유명 인사들이 약혼을 할 때마다, 사람들은 사랑의 증표에 대한 호구 조사(?), 즉 약혼반지가 어떤 브랜드의 몇 캐럿, 얼마의 가격인지 등을 꼭 따진다. 그중 크기 때문에 더욱 화제가 된 불쌍한 약혼반지가 있다. 일반인들이 상상하는 우아한 재벌과는 동떨어진, 파격적인 라이프 스타일로 주목받는 여인 패리스 힐튼Paris Whitney Hilton의 약혼반지가 바로 그것이다.

 한때 패리스 힐튼의 약혼자였던 그리스 선박업계의 아들, 패리스 랫시스Paris Latsis는 그녀에게 약혼반지로 티파니와 해리 윈스턴 사의 반지를 각각 보여 주었단다. 그중 하나는 220만 파운드에 이르는 24캐럿 옐로 다이아몬드였고, 다른 하나는 110만 파운드의 15캐럿 화이트 다이아몬드였다. 유명인의 약혼과 약혼반지에 쏟아질 세계적인 이목을 감안해 두 회사는 자존심을 걸고 반지를 추천했을 것이다. 그녀는 과연 어떤 반지를 선택했을까? 선택하기가 너무 힘들었든지 아니면 한쪽을 포기하기가 너무 아까웠든지, 그녀는 두 다이아몬드 반지를 모두 챙겼다. 한화로 60억 원에 이르는 약혼반지를 한꺼번에 손에 넣은 것이다. 세상에서 오직 하나뿐인, 지구의 기적이 만든 이 두 다이아몬드 반지에 대한 평가 역시 그녀다웠다. "반지가 너무 무거워서 내 가냘픈 손가락이 아파요." 24캐럿 다이아몬드 무게가 5g이나 되니 대단한 만족감이나 과시욕이 아니라면 틀림없이 곤욕스러웠을 것이다. 그뿐 아니라 그 반지 때문만이 아니더라도 본인 자체가 표적이 될 이유가 충분한 그녀는 반지가 너무 반짝거려 범죄의 대상이 될까 노심초사했단다. 착한 랫시스는 일상에서 편하게 착용할 수 있는 결혼반지로 까르띠에의 플래티넘 반지도 선물했다고 하니, 패리스 힐튼은 약혼과 결혼반지 명목으로 세 개의 반지를 챙긴 셈이다.

 하지만 둘은 8개월을 넘기지 못하고 파혼했다. 소문으로는 보수적인 랫시스 부모가 패리스 힐튼의 여러 소문을 듣고 그녀의 정체를 알아 버렸다고 하는데, 그 속내는 당사자 말고는 알 수 없다. 하지만 나는 이런 가십보다 그들 사이에 오갔던 약혼반지들의 행방이 궁금했다. 꽤 신빙성 있는 이야기에 따르면, 패리스 힐튼은 24캐럿 옐로 다이아몬드 반지를 허리케인 카트리나의 피해자들을 위한 경매에 내놓았단다. 그나마 좋은 일로 내놓았으니 다행이긴 하지만, 원래 가격의 반도 안 되는 가격에 낙찰되어 새 주인을 맞은 이 반지의 운명을 생각하면 쓸쓸하기 짝이 없다. 도통 끝이 안 보이는 그녀의 연애사에 또 어떤 아름다운 주얼리가 희생양이 될까 살짝 불안스럽기까지 하다.

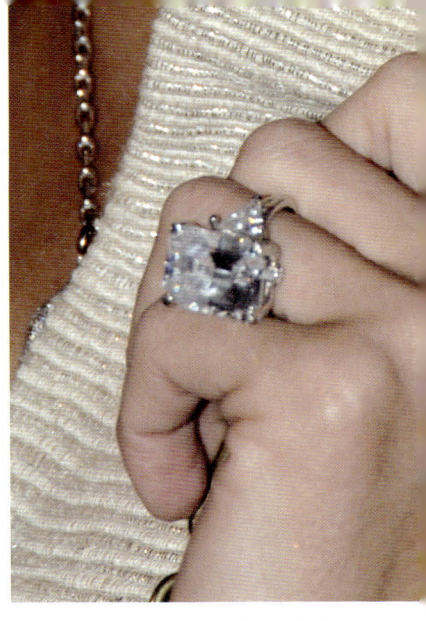

남성이 전하는 사랑의 증표인 약혼반지를 여성이 받아들인다는 것은 새로운 인생을 함께할 반려자로 서로를 맞이한다는 신성한 표시라고 생각한다. 특히 빛나는 다이아몬드 반지와 함께 받는 프러포즈는 많은 여성들이 어릴 때부터 꿈꾸는 일생일대의 중요한 순간일 것이다. 그러기에 어떤 반지를 약혼반지로 선택해야 하는지 고민하는 남녀가 많을 것이다. 결혼식에서 남녀가 주고받는 단순한 결혼반지 wedding ring와 비교한다면, 약혼반지는 주로 다이아몬드가 플래티넘 혹은 화이트 골드 링에 세팅되어 있는 것이 일반적이다. 그러나 요즘에는 진주, 혹은 유색석을 약혼반지로 선택하는 이들도 있다. 고故 다이애나 비가 사파이어가 세팅된 약혼반지를 선택했다고는 이미 말했고, 재클린 케네디의 약혼반지는 에메랄드와 다이아몬드가 세팅된 반 클리프 앤드 아펠의 반지였다. 최근에는 케이트 모스가 앤티크 다이아몬드 반지를 선택했는데, 이처럼 희귀한 앤티크 반지를 찾는 세련된 이들도 점차 많아지고 있다.

약혼반지의 스타일이 꼭 이러저러해야 한다고 미리 공식을 만들어 놓고 생각할 필요는 없다. 일반적으로 말하는 약혼반지의 예산은 남성의 월급 3개월에 해당하는 금액이라고 하는데, 이것은 오래전에 업계에서 만들어 낸 마케팅 방법 중 하나다. 그러니 약혼반지의 가격을 남들과 비교해서 너무 고민하거나 지나치게 높게 책정할 필요는 없다. 물론 기왕이면 상대가 원하고 기대 이상의 만족감을 안겨 주는, 혹은 남자로서의 자존심을 세워 주는 반지를 선택하고 싶을 것이다. 그러나 약혼반지는 크기나 가격이 중요한 것이 아니라, 반지를 전하고자 하는 마음과, 일생에 단 한 번 있는 행위를 소중한 사람과 공유하는 행복에 그 의미를 두는 것이 아닌가.

약혼반지를 선택하기 위한 간단한 팁을 전하고자 한다. 가장 중요한 것은 먼저 예산을 정하는 것이다. 그리고 그 예산에 맞게 유명 브랜드의 반지를 택할 것인지, 아니면 세팅되지 않은 루스 스톤loose stone을 구매해 제작을 의뢰할 것인지, 아니면 시어머니나 다른 어른이 준비해 놓은 반지를 리폼할 것인지 등의 상황을 정리해 본다. 유명 브랜드의 것은 어쩔 수 없이 비교적 가격이 높다. 거기에는 세계적인 홍보비, 각 지역의 중심가에 위치한 부티크 유지비 등과 같은 만만치 않은 것들이 모두 포함되기 때문이다. 그리고 잡지 등에 너무 많이 노출된 대량 생산된 것들은 희귀성이 떨어져 왠지 특별한 느낌을 상실하기도 한다. 그러나 엄격한 브랜드 정책으로 일정 품질 이하의 보석은 사용하지 않는다는 규정이 확실하기에 주얼리 쇼핑 초보자라 하더라도 큰 실패는 없는 게 장점이기도 하다. 그리고 그들의 이름을 거는 만큼, AS와 같은 문제는 안심할 수 있다.

루스 스톤을 구해서 디자인하거나 리폼할 경우에는 브랜드 제품이 아니라는 것에 대한 아쉬움, 제작을 위해 하나하나 꼼꼼히 살펴야 한다는 귀찮은 면이 있다. 그리고 주문 제작이기 때문에 대량 생산되는 브랜드 반지와 비교했을 때 상상 이상으로 비용이 높아질 가능성도 있

클래린다의 예물 링 크기별 컬러 다이아몬드가 세팅된 반지로, 까르띠에의 1925년경에 제작하였으나 '뚜아 에 무아 링(Toi et Moi Ring)'으로 불리를 이어에 중앙의 다이아몬드가 디자인의 중요함을 보여주는 개의 유물

다. 그러나 요즘에는 유명 브랜드 못지않게 훌륭한 것을 좋은 가격에 제작하는 곳들도 있으니 한번 찾아보기 바란다. 이는 제작이라는 과정을 통해 또 다른 재미를 경험해 볼 수 있는 기회가 될 것이다.

이렇게 예산과 구매 방법 등을 어느 정도 정한 다음에는 디자인을 생각해 보라. 약혼반지는 평생을 나와 함께하는 중요한 것이기에 유행이나 남들의 시선보다는 내가 좋아하는 디자인을 고려하기 바란다. 중요한 것은 반지를 껴 본 손만 보고 판단하지 말고, 큰 거울에 비춰 보고 손을 움직여 보기도 해서 전체적인 분위기를 꼭 확인해야 한다는 점이다. 이것은 그 어떤 주얼리를 구매할 때도 중요한 일이다. 특히 반지는 자주 움직이는 손을 위한 장신구이기에 손을 얼굴 주변에서 움직이는 등 여러 위치와 각도에서 실험해 보는 것이 좋다. 별로라고 생각한 디자인이 생각보다 좋아 보일 수도 있고, 반대로 괜찮다고 생각한 것이 나에게 전혀 어울리지 않을 수도 있다. 이런 과정이 있어야 나에게 가장 적합한 반지를 찾을 수 있다. 약혼반지를 결혼할 당시에만 착용하고 보석함에 넣어 두는 여성들을 볼 때면 늘 아쉽다. 내가 마음에 들어야 이런 일이 일어나지 않는다. 혹시 이미 약혼반지가 서랍에서 잠자고 있다면 리폼해서 다시 즐겨 보는 것은 어떨까.

마지막으로 이렇게 번거로운 과정을 통해 약혼반지를 준비해야만 하는가, 약혼반지에 그렇게 투자할 생각이 없다, 약혼반지 자체를 하지 말까 하는 합리적인 생각을 가진 이들에게 전하고 싶다. 그렇다면 반지의 원래 형태를 따라 보석을 작게 세팅한 단순한 이터니티 링eternity ring을 선택해 보는 것은 어떨까. 가격 면으로도 덜 부담스러울 것이고 선택이 복잡하지도 않을 것이다. 언뜻 단순해 보이지만 은은한 화려함도 있다. 게다가 아무 장식이 없는 밴드 형태의 결혼반지와 함께 착용하기에도 좋을 것이다.

약혼반지를 선택하는 과정에서 남녀가 부딪치는 일도 생기곤 한다. 그것은 결혼 전에 서로를 잘 알라고, 혹은 어려움을 극복하는 과정을 경험해 보라고 하느님이 주신 기회가 아닐까라고 생각해 보기도 한다. 그러나 분명한 것은 잘되는 커플이라면 이 과정이 좋은 추억이 될 뿐 아니라 다음에 찾아올 주얼리 쇼핑을 위한 좋은 경험이 될 것이라는 점이다. 이 과정에서 둘만의 특별함을 약혼반지에 새겨 보는 것은 어떨까. 추억이 담긴 반지라면 늘 함께하고 싶을 것이고 서랍 속에서 깊이 잠들 가능성은 거의 없을 테니 말이다.

커팅에 따라 신분이 달라지는 다이아몬드

The Secret of Jewellery

모든 태생은 앞으로 펼쳐질 그것들의 운명을 어느 정도 정해 버리는 듯하다. 그러나 그 운명이라는 것은 노력으로 조금은 달라질 수 있다는 생각이 든다. 다이아몬드의 태생은 참으로 축복받은 것이다. 그러나 아무리 다이아몬드라 할지라도 생긴 모습에 따라 그것들의 운명은 확연히 달라진다. 인류의 발전을 위해 공헌하는 공업용이 될지, 매력적인 보석용으로 거듭날지는 그 생김새가 정하게 된다.

그 시대의 수요라는 요소도 영향을 미친다. 과거에는 다이아몬드 특유의 무지갯빛을 볼 수 없는 블랙 다이아몬드는 공업용으로 쓰였고 보석으로서의 가치는 없었다. 그런데 요즘은 블랙 다이아몬드가 세팅된 주얼리가 세련된 주얼리로 여겨지며 시장에 돌아다니기도 한다. 또한 팬시 컬러 다이아몬드는 수량도 극소수인데다 약간은 기이한 존재로 여겨져 1980년 이전에는 지금처럼 각광받지 못했다. 더 거슬러 올라가면 다이아몬드라는 존재 자체가 유색석과 진주에 밀린 시대도 있었다.

시대의 요구에 따라 이런 일도 생기지만 기본적으로 보석은 아름다움과 내구성, 희소성을 그 가치의 척도로 삼는다. 이 중에서 아름다움이라는 부분을 충족시키지 못했던 다이아몬드 원석이 보석의 왕으로

다듬어지지 않은 다이아몬드 원석들.

확고히 자리를 잡은 것은 커팅 기술이 개발된 15세기 이후에야 가능한 일이었다. 다이아몬드의 운명이 그것이 지니는 '빛'으로 확연히 달라지는 시대가 온 것이다. 가장 견고한 광물인 다이아몬드를 연마할 수 있는 것은 다이아몬드뿐이라는 역설적인 진리가 그 비법이었다. 다이아몬드의 4C(컬러, 투명도, 캐럿, 컷으로 뒤에서 더 자세히 설명하겠다) 중에서 빛의 아름다움을 사람의 노력으로 이끌어 낼 수 있는 방법은 오직 컷뿐이다. 다이아몬드는 커팅 기술에 따라 그 광채의 질이 달라진다. 그러나 아무리 미숙한 커팅 기법으로 다듬었다 할지라도 '금강 광택Adamantine luster'이라고 불리는 특유의 광채를 숨길 수는 없다. 물론 황옥Topaz도 채굴될 당시에는 다이아몬드와 구별되지 않을 정도의 광채를 지닌다. 하지만 커팅으로 인해 생기는 다이아몬드의 빛의 분산은 다이아몬드만이 가지는 무지갯빛 휘광을 자아내는 것이다.

자연에서 나오자마자는 광채가 거의 없는 이 '돌'이 현대 다이아몬드 커팅의 정석이라고 할 수 있는 라운드 브릴리언트 컷 round brilliant cut에 의해 다시 태어나는 데까지는 아주 오랜 기간이 걸렸다. 고대 인도에서는 다이아몬드 원석 표면에 보이는 흠을 없애기 위해 표면만 연마했다. 원석의 형체 자체, 즉 팔면체의 크리스털과 비슷한 형태를 간직하되 단지 표면이 빛날 정도로만 다듬은 것이다. 다이아몬드가 지닌 힘은 그 크기와 비례한다고 믿은 것인지, 거기서 뿜어져 나오는 빛보다는 오히려 다이아몬드의 무게에 치중했던 시대다. 다이아몬드 자체의 크기가 작아지는 것을 최소화하다 보니, 이런 거친 커팅 기법이 오래 지속되었다. 이렇게 탄생한 다이아몬드는 화려한 아름다움은 없으나 원시적이고 정숙한 커팅의 진수를 보여 주기도 한다.

다이아몬드가 지니는 아름다움의 비밀은 빛의 반사와, 내부로 들어간 빛의 굴절 현상이다. 그것이 언제, 누구에 의해서 발견되었다는 기록이 없는 것은 이와 같은 결과가 나오기까지 참으로 많은 시간이 소요되었기 때문일 것이다. 다이아몬드는 같은 다이아몬드, 혹은 그 가루를 이용해서 연마하여 광택을 내거나 각을 없앤다. 이 기본적인 원리는 역사를 거치며 점차 발전하게 된다.

〈밀레니엄 스타 Millennium Star〉라는 이름을 가진 다이아몬드. 203.04캐럿으로 투명도 최고 등급 D, 플로리스 소장.

1) 포인트 컷 point cut

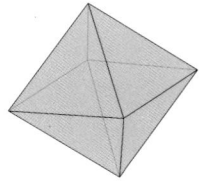

단지 팔면체의 표면을 연마했다고 할 수 있는 정도의 원시적 커팅이다. 아마도 다이아몬드 표면에 보이는 불순물을 제거하기 위한 것이 그 시초였을 것이다. 르네상스 시대에는 힘과 권력의 상징물로 포인트 컷 다이아몬드를 반지에 세팅하기도 했다. 또 이 형태는 장식적 모티프로 건축과 실용 예술의 여러 분야에 응용되기도 했다.

2) 테이블 컷 table cut

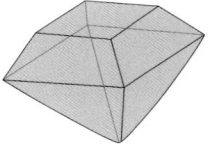

팔면체의 한 각을 연마하여 윗부분에 평평한 사각형 면을 만들어 낸 커팅으로, 로즈 컷이 주로 사용되기 시작한 17세기에 이르기까지 널리 애용되었다. 특히 르네상스 시대의 주목할 만한 다이아몬드 주얼리 대부분이 이 컷을 사용했고, 테이블 컷 주얼리는 당시 초상화에도 자주 등장한다.

3) 바게트 컷 baguette cut

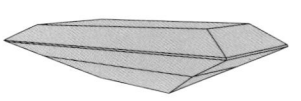

사각형이 길게 늘어난 형태를 지니며 '안장 saddle 모양의 컷'이라고 불리기도 했다. 디자인에 따라 형태가 다양하게 변형되기도 하는데, 이 이름은 프랑스 빵에서 유래한 것이다. 특히 16세기에 들어서서는 주얼리의 장식적 요소 및 종교적 의미를 지니는 두문자어 頭文字語에 주로 쓰이기도 했다.

4) 로즈 컷 rose cut

16~17세기에 그 원형이 발명되었을 것으로 추측된다. 편평한 바닥면 위에 돔 같은 형태가 되도록 커팅하는 것인데, 대개 기본적으로 24개의 삼각형 면을 가진다. 장미의 봉우리를 연상시킨다고 해서 이렇게 명명되었다.

5) 싱글 컷 single cut

테이블 컷의 아래쪽 네 개의 삼각형 면을 다시 한 번씩 더 자른 커팅이다. 여덟 개의 면이 되도록 각을 주었다고 하여 에이트 컷 eight cut 이라고도 하며, 브릴리언트 컷의 변형 커팅이다.

6) 더블 컷 double cut

거들 girdle 을 기준으로 상하에 각 16개의 면을 가지는 커팅이다. 프랑스 루이 14세의 신하이자 정치가, 그리고 다이아몬드 컬렉터였던 마자랭 추기경 Cardinal Mazarin 이 발명했다고 전해져 마자랭 컷이라고 불리기도 한다.

7) 트리플 컷 Triple cut

현대의 브릴리언트 컷의 기초라고 할 수 있는 58면을 가진 커팅. 17세기 말, 베네치아의 빈센트 페루치 Vincent Peruzzi 가 발명했다고 전해지는 커팅으

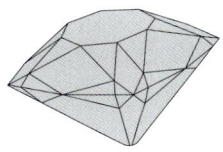

로, 페루치 컷, 쿠션 컷cushion cut, 혹은 올드 마인 컷old mine cut이라고도 한다.

8) 올드 유러피언 컷 old european cut

앞의 커팅들은 역사를 거치면서 점차 면의 크기 및 각도에 대한 연구가 깊이 이루어지고 손이 가해지면서 오늘날의 다이아몬드 형태에 가깝게 발전해 왔다. 현대의 라운드 브릴리언트 커팅으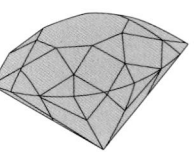
로 완성되기 직전의 커팅이 올드 유러피언 컷이다. 그러나 이 컷은 브릴리언트 컷과 비교했을 때 그 테이블의 크기가 작다고 할 수 있다.

9) 아이디얼 컷 Ideal cut

1919년, 벨기에 출신의 수학자이며 다이아몬드 연마공인 마르셀 톨코프스키Marcel Tolkowsky는 다이아몬드의 물리적 성질과 빛의 특성상, 가장 이상적으로 아름답게 빛나는 58면체인 브릴리언트 컷의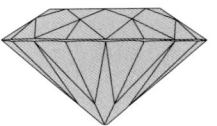
디자인 이론을 결정적으로 확립한다. 유럽에서는 톨코프스키 컷, 미국에서는 아메리칸 아이디얼 컷이라 불린다.

    이렇게 연마된 다이아몬드는 4C, 즉 중량을 나타내는 캐럿carat, 흠과 내포물의 크기와 위치 등을 평가하는 투명도clarity, 무색 투명한 D에서 라이트 옐로의 Z까지 단계를 나누는 컬러colour, 비율과 마무리의 평가 기준이 되는 컷cut으로 그 품질이 평가된다. 이것은 다이아몬드의 특징을 객관적으로 평가하는 기준으로, 이 감정서가 다이아몬드의 아름다움을 절대적으로 보장하는 것은 아니다. 그래도 기왕이면 세계적으로 권위 있는 감정 기관, 예를 들어 벨기에의 HRD, 미국의 GIA가 발행한 감정서를 지닌 다이아몬드를 선택하는 게 좋다. 아무래도 다이아몬드의 재산적인 가치를 무시할 수 없기 때문에 미래를 생각해서 국제적인 기관에서 정식으로 발행하는 감정서를 챙겨 놓는 것은 내가 지니는 다이아몬드의 계보를 증명하는 일이다.

4C 중에서 가장 우선시해야 하는 것을 물어보는 이들이 많다. 물론 모든 요소가 중요하나, 만약 미적 기준에 중점을 둔다면 나는 컷, 컬러, 투명도, 캐럿의 순서로 생각하겠다. 이유는 다이아몬드의 아름다움에 가장 영향을 미치는 것이 '커팅'이기 때문이다. 다이아몬드가 지니는 가장 중요한 특징은 빛의 높은 굴절률로, 독특하고 심오한 광선을 뿜어낸다는 것이다.

그렇다고 해서 다이아몬드에 커팅이 많이 된 것이 무조건 좋은 것은 절대 아니다. 커팅된 면이 너무 많아지면 깊은 휘광이 아닌 가벼운 반짝임으로 다이아몬드 특유의 심오한 빛의 느낌이 사라질 수도 있다. 다이아몬드의 크기와 형태에 따라 각자 어울리는 커팅 면수가 분명히 있다는 점을 명심하기 바란다. 또한, 커팅이 좋지 않은 다이아몬드는 중량이 크다고 해도 그 가치가 떨어진다. 오랜 세월을 거치고도 여전히 커팅에 대한 연구가 끈질기게 이어지는 이유는 다이아몬드의 아름다움의 비밀이 바로 이 '컷'에 있다는 말이다.

그러나 이 모든 요소들이 완벽하다고 할지라도 내 눈에 차지 않는다면 아무 의미가 없다. 어떤 것이 최고냐가 아닌, 과연 내가 좋아하는 것이 무엇인가를 다이아몬드 선택의 중요한 기준으로 생각해 보기를 바란다. 다이아몬드와의 만남에서 말로는 설명할 수 없는 직감, 즉 '끌

로인드 컷 다이아몬드가 세팅된 1500년대 반지.
ⓒ Albion Art Collection, Japan

테이블 컷 다이아몬드가 세팅된 16세기 후반의 반지.
ⓒ Albion Art Collection, Japan

림'을 무시하지 말아야 한다. 조건을 떠나 내 눈에 아름답고 특별한 전율이 느껴지는 것을 선택하기 바란다.

다이아몬드 컷 중에서 현재 가장 잘 알려진 라운드 브릴리언트 컷이 완성되기까지 몇백 년이라는 오랜 시간이 걸렸다. 그리고 현재도 새로운 커팅 법에 대한 연구는 계속 이어지고 있다. 이처럼 손이 많이 가는 보석은 없을 것이다. 그런데 요즘에는 완벽한 광채를 내뿜는 브릴리언트 컷이 아닌, 앤티크 다이아몬드 주얼리에서 볼 수 있는 과거의 올드 컷 다이아몬드가 세계적으로 각광받고 있다. 미국과 유럽의 패션 잡지, 시상식 등에서 유명 인사들을 잘 살펴보면 이런 앤티크 다이아몬드 주얼리를 엿볼 수 있을 것이다. 요즘 주얼리 디자이너들도 올드 컷 다이아몬드를 활용한 모던 주얼리를 만들어 내고 있으며 시장 반응도 좋다. 올드 컷은 개발이 덜 된 커팅 방법이라 다이아몬드의 품질을 떨어뜨린다고 생각하는 사람들도 있을 것이다. 화려한 빛을 발휘하는 브릴리언트 컷에 비해 올드 컷의 광채가 훨씬 약한 것은 사실이다. 그러나 다이아몬드가 뿜어내는 깊고 품위 있는 광채를 새롭게 발견하고 싶은 이들에게 추천하고 싶다. 누군가 그러지 않았던가. 한눈에 완벽한 아름다움은 단지 아름다울 뿐이지만, 미완성이거나 완벽하지 않은 아름다움에는 예상하지 못한 신비감이 숨어 있다고.

다이아몬드의 최고 전성기, 벨 에포크

벨 에포크 La belle époque, 이는 대략 19세기 말부터 제1차 세계대전 전까지 프랑스 파리가 가장 빛나던 '아름다운 시절'을 가리키는 말이다. 그리고 프랑스뿐 아니라 동시대 유럽이 번창했던 시기를 회고하여 일컫는 말이기도 하다. 당시는 산업혁명으로 인한 소비문화가 가장 활발했던 시기로, 유럽 문화의 전성기라고 할 수 있다. 현재까지 '벨 에포크'라는 이름을 내건 카페, 레스토랑, 숍 등이 여기저기서 눈에 띄는 까닭은, 좋았던 시절에 대한 향수를 오래 간직하고픈 유럽인들의 애정이 여전히 남아 있기 때문이다.

주얼리의 역사에서도 벨 에포크 시대 때 혁명이라고 불릴 만한 사건이 있었다. 그것은 다이아몬드와 플래티넘의 운명적 만남이다. 다이아몬드의 백색이 가장 빛날 수 있는 조건, 그것은 금속 중에서 가장 고가이며 견고하나 신축성이 있어 세밀한 세공이 가능한 백색 플래티넘의 존재다. 플래티넘이라는 새로운 금속이 주얼리에 쓰이기까지는 많은 시간이 걸렸다. 그 이전에는 시계의 일부에 사용되는 정도에 불과했으며, 19세기 후반이 되어야 보석을 세팅하는 새로운 금속으로 등장한 것이다. 그리고 현재까지 다이아몬드와의 최고 궁합으로 여겨지고

섬세한 밀그레인 기법을 확인 수 있는 1910년경의 다이아몬드 티아라

있다. 그러나 요즘은 플래티넘이 고가인 탓에 화이트 골드가 대용으로 널리 쓰인다.

밀그레인Milgrain 기법(강철 끌 장식)으로 섬세하게 세공된 플래티넘의 표면은 세팅된 다이아몬드와 더불어 휘광 효과를 내서, 이전에는 없었던 보석과 금속의 2중 광채를 자아냈다. 밀그레인 기법이라는 세공은 금속에 불과한 플래티넘에 광채를 부여했을 뿐 아니라, 실버에서는 구현할 수 없는 극히 섬세한 기법을 가능하게 하여 주얼리에 마치 아주 세밀한 레이스와 같은 세공을 구현하게 한 것이다. 이와 같이 섬세하게 연출된 플래티넘에 수많은 다이아몬드를 세팅하며, 18세기 장신구 미술품의 장식적 요소들인 꽃무늬, 매듭 리본, 장식술, 갈런드(화관), 월계수, 레이스, 소용돌이 무늬 장식, 그리스 키 패턴greek key pattern 등과 같은 디자인 모티프를 재현해 내었다.

프랑스 벨 에포크 시대의 주얼리는 당시 가장 대표적인 디자인이었던 갈런드, 즉 화관 모티프의 이름을 따서 갈런드 양식, 혹은 영국에서는 빅토리아 여왕의 차세대인 에드워드 7세가 즉위한 시기(1901~1910)

이기 때문에 그의 이름을 따 에드워디언^{Edwardian} 주얼리라고 칭한다. 주얼리 스타일의 변천사를 생각할 때 워낙 다양한 스타일이 동시에 진행되었기에 당시의 주된 주얼리 스타일을 한마디로 정의하는 것은 쉽지 않다. 사실 아르 누보라는 미술 양식이 이 시대를 풍미한 것은 다 아는 사실이다. 아르 누보 양식은 주얼리 세계에도 그 흔적을 깊게 남긴다. 다만 이 양식은 당시로서는 너무나도 획기적인 시도였다. 주얼리의 기본적인 의무라고 할 수 있는 '착용'이라는 실용성과는 조금 거리를 둔, 강력하지만 동시에 비현실적이었던 디자인 탓에 금방 잊히는 짧은 예술 운동으로 끝나 버린 것이다. 아르 누보 주얼리의 걸작들 대다수는 작품적 가치를 더 높이 평가받아서 개인 컬렉터보다는 주로 미술관과 박물관 같은 곳에 잘 모셔지는 신세가 된 듯하다. 반면에 에드워디언 주얼리는 그 어떤 의상과도 잘 어울리고 가장 보편적이라 할 수 있는 우아한 스타일 덕분에 오랫동안 여성들이 선호하는 주얼리가 되었다. 에드워디언 주얼리라는 명칭도 이 시대에 제작된 플래티넘과 다이아몬드 주얼리의 대명사가 되었다.

    벨 에포크 시대의 주얼리에는 18세기 주얼리의 향수가 아주 짙게 남아 있다. 벨 에포크 시대에는 과거 프랑스 로코코 시대의 주얼리가 역사상 가장 화려하고 사치스러웠을 뿐 아니라 주얼리의 아름다움의 절정을 보여 주었다고 재평가되었다. 가장 우수하다고 생각했던 18세기 주얼리가 후에 또 다른 주얼리의 전성기를 만들어 내는 데 큰 몫을 한 것이다. 에드워디언 주얼리가 로코코 시대의 주얼리와 다른 점은 소재와 한층 발달한 세공 기술에 있다. 다이아몬드와 실버 대신에 천생연분 사이가 된 다이아몬드와 플래티넘을 결합시킨 것이다. 실버에 세팅되었던 이전의 주얼리들은 유행에 뒤처지는 것으로 여겨져 많은 양의 보석들이 에드워디언 스타일로 다시 제작되었다고 한다. 실버를 사용할 경우, 다이아몬드를 세팅할 때 옐로 골드로 받쳐 주어야 했는데, 실버가 약하기도 했고 또 쉽게 변색되어 옷에 묻는 것을 막아야 했기 때문이다. 이렇게 금속을 많이 쓰다 보니 주얼리가 둔해 보일 수밖에 없었고 또 보석의 빛도 약화되었다. 그러나 견고하면서도 유연한 특징을 동시에 지니는 밝은 흰빛의 플래티넘은 소량만으로 이런 단점들을 보완할 수 있었다. 그 결과 당시 장인들은 세밀하고 다양한 디자인 모티프를 주얼리에 연출할 수 있게 되었다. 더군다나 플래티넘의 흰빛을 더더욱 빛나게 하는 밀그레인 기법으로 이전에는 없었던 드라마틱한 주얼리들이 탄생하게 된 것이다.

에드워디언 주얼리를 논할 때 빼놓을 수 없는 것이 여성용 머리 장신구인 티아라다. 티아라는 유럽의 여유로운 시대를 가장 잘 상징하는 장신구라고 해도 과언이 아니다. 그 어떤 주얼리 가운데서도 가장 화려하고 눈에 잘 띄는 것이자 이를 착용하는 사람의 신분을 가장 잘 보여 주는 것이다. 따라서 왕족과 귀족들은 티아라에 우리가 상상하는 이상의 깊은 열정을 쏟아부었다. 우리나라에서도 결혼식을 위해 티아라를 직접 제작하는 사람들이 있다. 이들은 티아라의 높이가 높을수록 신랑이 출세한다는 징크스를 말하기

도 한다. 어떤 주얼리 컬렉터는 앤티크 티아라만 수집한다. 그는 놀랍게도 남성인데, 티아라가 그 어떤 예술 작품도 능가하는 아름다움을 가졌으며 주얼리 가운데서도 최고 걸작이라며 열변을 토하기도 한다. 세계적으로 아직 현존하는 왕실에서는 특별한 행사를 위해 대대로 전해지는 티아라가 당연히 필수 아이템이다.

    티아라의 역사는 고대로 거슬러 올라간다. 이집트의 무덤 안, 고귀한 미라의 머리에도 장신구는 있었다. 고대 그리스와 로마 시대의 부유하고 권력과 명예를 가진 남녀는 자신의 신분을 나타내기 위해 역시 이런 머리 장신구를 착용했다. 그 후 20세기에 이르기까지, 티아라는 빼놓을 수 없는 장신구 중 하나가 되었다. 티아라의 주된 디자인 모티프는 꽃, 별, 달 등의 자연에서 영감을 얻은 것들로, 또한 20세기에 접어들면서 다른 주얼리와 마찬가지로 로코코 시대의 디자인 모티프의 영향을 받았다. 주 소재는 다이아몬드와 플래티넘, 그리고 천연 진주다. 여기에 루비, 에메랄드, 사파이어, 아쿠아마린, 황옥 등의 화려한 유색석을 쓰기도 했다.

    당시의 초상화 속 여인들을 들여다보면 화려한 티아라를 착용했다고 해서 다른 주얼리들을 덜 착용하지는 않았다. 티아라와 함께 목에 딱 붙는 목걸이인 초커choker, 허리까지 내려오는 긴 목걸이인 소투아르sautoir, 여러 줄이나 되는 긴 진주 목걸이를 걸칠 뿐 아니라 양쪽 팔에는 몇 겹의 팔찌에 거의 모든 손가락에는 반지, 가끔은 깃털 장식인 에이그레트aigrette를 머리나 가슴에 더하기도 했다.

    티아라는 공식적인 자리에서 더욱 빛났고, 행사의 중요성에 따라 그 크기가 달랐다고 한다. 하지만 1910년 이후에는 주얼리의 주류에서 빠져 점차 잊히는 장신구 중 하나가 되어 버린다. 대신, 머리나 이마에 감는 듯이 착용하는 머리 장식품인 방도bandeaux가 여성들이 티아라 대용으로 찾은 새 주얼리로 등장하게 된다. 방도는, 남성의 보호 아래 살았던 상류층 여성들이 화려하고 볼륨감 있는 드레스와 함께 착용한 사랑스러운 티아라와는 전혀 다른 느낌을 준다. 제1차 세계대전을 시작으로 유럽 각국의 분란은 남성들을 전쟁터로 이끌었고, 자연스럽게 여성들의 사회 진출이 늘어났다. 여성들은 남성들이 비운 자리를 자연스럽게 메꾸어야만 했고, 하인의 도움 없이 홀로 옷을 입는 데 익숙해져야만 했다. 점차 좀 더 현실적인 의상, 즉, 직선적이며 단순한 라인을 강조하는 새 드레스를 찾게 되었던 것이다. 그것이 바로 당시에 가장 유명했던 패션 디자이너인 폴 푸아레Paul Poiret가 디자인한 옷이다. 이 의상에 어울리는 주얼리가 또 새롭게 탄생하는 것이다. 자연스럽게 미술 사조의 흐름은 아르 데코Art Deco라는 양식으로 넘어간다.

　에드워디언 주얼리는 가장 귀족적이고 섬세하며 우아한 아름다움을 지녔다고 평가받는다. 그래서 그런지 앤티크 주얼리 입문을 할 때 가장 선호되는 스타일이기도 하다. 그리고 현재도 복제품이 세계 각국에서 계속 만들어지고 있다. 에드워디언 주얼리가 시대를 초월하는 매력을 지닌 것은 분명하다.
　19세기 말에서 20세기 초반까지 벨 에포크라고 불리던 시대, 이는 고대부터 내려온 왕족이나 귀족 등 특수 계층이 그 시대 미술의 성향과 패션을 이끌어 간 마지막 시대였다. 동시에 가장 우아하고 여성적인 주얼리가 만들어진, 주얼리의 역사에서 황금기라고 할 수 있는 중요한 시기였다.

The Secret of Jewellery

왕실을 빛내준 다이아몬드

세상의 모든 주얼리는 각자 하고 싶은 말들이 분명히 있을 것이라고 나는 믿는다. 어떤 나라에서 태어나 누구의 손길을 거쳐서 현재의 모습이 되었고, 어떤 시대적 배경을 가지며, 어떤 주인과 함께했으며 그들의 인생에서 어떤 역할을 했고, 몇 차례의 이별을 거쳤으며 새 주인을 만날 때마다 어떤 즐거움과 기쁨을 선사했는지 등 말이다. 그러나 여기에는 주얼리의 모습에서 상상할 수 있는 찬란하고 아름다운 이야기만 있는 것은 아닐 것이다. 우리의 인생에 우여곡절이 있듯이, 그것들도 마찬가지였을 것이다. 특히 뭔가 깊은 사연을 아름다움 속에 깊이 감추고 있는 듯한 앤티크 주얼리, 그것들이 지닌 세월의 흔적을 보고 또 느끼노라면 그 사연이 더더욱 궁금해지는 것은 나뿐이 아닐 것이다.

지금으로부터 약 100여 년 전인 1905년, 남아프리카에서는 세계에서 가장 큰 다이아몬드(원석 3,106캐럿)가 발견되었다. 크기 면에서도 압도적이었지만 불순물도 거의 없는 블루 화이트 컬러의 최상급의 것이었다. 세기의 이 다이아몬드는 1907년에 빅토리아 1세의 다음 후계자였던 에드워드 7세의 생일 축하 선물로 영국에 보내진다. 이 거대한 다이아몬드는 9개의 큰 덩어리와 96개의 작은 사이즈로 커팅되었는데, 첫 번째 커팅 때 도구가 부러지는 해프닝이 발생할 정도로 어렵고 긴장되는 시도였다고 한다. 당시 세계 제일의 커팅 기술을 가졌다고 평가받던 암스테르담의 로열 아셔 Royal Asscher 사가 이 거사를 맡았는데, 담당자가 얼마나 큰 스트레스를 받았으면 커팅 성공 후 의식을 잃었을까. 물론 커팅 성공 축하연에서 기쁨의 샴페인을 너무 많이 마셔 그랬다는 또 다른 후문도 있지만.

그중에서 첫 번째로 커서 '아프리카의 커다란 별 Great star of Africa'이라 불리는 530.20캐럿의 피어 컷 컬리넌 1 Cullinan I은 현재 커팅된 무색 다이아몬드 가운데 가장 거대하다. 이는 영국의 대관식에서 사용하는 왕봉 손잡이 부분에 세팅되어 있으며 따로 브로치 등으로도 착용할 수 있게 되어 있다. 두 번째로 큰 317.40캐럿의 쿠션 컷 컬리넌 2 Cullinan II는 현재 영국의 왕관인 '임페리얼 스테이트 크라운 Imperial State Crown'에 세팅되어 있다. 이 왕관에는 컬리넌 2 외에도 2,800개 이상의 다이아몬드와, 후면 장식을 위한 104캐럿에 이르는 스튜어트 사파이어 Stuart Sapphire, 진주 등이 장식되어 있다.

영국의 런던 탑 Tower of London에 가면 이 두 다이아몬드를 볼 수 있다. 아기의 주먹만 한 다이아몬드가 지천에 널려 있어, 이것이 진짜 보석인지 얼음덩어리인지 크리스털인지 구분할 수 없을 지경이다. 처음 이곳을 방문했을 때 고성의 음침하고 으스스한 분위기와 빛나는 보석들 때문에 어지럼증이 일었는데 이곳의 전시 형태가 피곤한 심신을 더욱 당혹스럽게 만들었다. 이유인즉 짧은 에스컬레이터가 2개로 나뉘어 있고 그 양쪽에 쇼 케이스가 만들어져 있는데, 그 안에

컬리넌 1과 컬리넌 2를 포함한 화려한 영국 왕실 주얼리들이 전시되어 있었기 때문이다. 생각해 보라. 천천히 보석들을 감상하고 싶었던 나로서는 움직이는 에스컬레이터 속도에 맞춰 이것들을 보아야 했고, 심지어 좀 더 보석을 감상하고 싶은 욕심에 몇 번이나 에스컬레이터를 반복해서 타야만 했다. 그 때문에 울렁증마저 느꼈다. 물론 인파들이 몰려들 것을 우려해 생각해 낸 특별하고 독창적이고 공평한 전시 스타일인 것은 틀림없다. 하지만 나처럼 사람이 별로 없는 평일 아침을 택해 일부러 그곳을 찾은 사람에게는 여간 짜증 나는 일이 아닐 수 없다. 언제가 될지 모르는 찰스 황태자 대관식이 찾아오면 이 다이아몬드들은 답답한 성의 쇼 케이스에서 벗어나 세계인들 앞에서 한때 세계의 중심이었던 대영 제국을 연상시키도록 높은 콧대를 당당하게 내세울 것이다.

그런데 현재 영국의 분위기를 살펴보면 어쩌면 찰스를 뛰어넘어 윌리엄으로 왕위가 계승될 가능성도 있지 않을까. 영국은 바다에 둘러

싸여서 그런지 '음陰'의 기운이 강한 나라인 듯하다. 빅토리아 1세는 64년의 긴 세월 동안 왕위에 있어서 그 아들인 에드워드 7세는 60세가 되어서야 대관식을 치를 수 있었다. 지금의 찰스 황태자도 비슷한 상황이다. 화려한 영국 황실 보석들을 보고 있으면 위대한 어머니를 둔 아이들은 그 기세에 눌려 스트레스가 만만치 않을 것이라는 생각도 든다. 이런 선입견 때문에 그런지 나는 이곳에 전시되어 대영 제국의 화려한 과거 영광을 보여 주는 이 보석들에서 휘황찬란한 아름다움보다는 중후하나 약간은 어둡고 아련한 아름다움을 느낀다. 그것은 약간은 으스스하게 느껴지는 돌의 성인 런던 탑이 자아내는 분위기 때문일지도 모른다. 어쨌든 영국의 우울한 날씨도 여기에 한몫하는 듯하다. 이곳에 전시된 컬리넌을 포함한 보석들을 보고 눈이 휘둥그레지지 않기 바란다. 영국 왕실이 소유하는 보석 가운데 일부이니까 말이다. 왕실 대대로 이어지는 보석들과 식민지를 통해서 들어온 보석들이 과연 얼만큼 될지에 대해서는 전문가들도 확실하게 언급하는 것을 들어 본 적이 없다. 어쨌든 식민지에서 얻은 전리품 보석들로 가득 찬 전시장은 한때 화려했고 무엇이든 원하는 것을 다 가질 수 있었던 대영 제국의 영광을 한눈에 보여 준다 하겠다.

　내 눈에는 컬리넌과 같은 희귀한 보석에서는 일반적인 보석들과는 다른 그 무엇인가가 느껴진다. 그것은 그 형체나 크기, 그것들이 지니는 역사와는 전혀 상관없이 각각이 지니는 위풍당당한 기氣 때문인 듯하다. 다른 보석들과는 태생이 다른 그것들만의 특별한 영혼을 강하게 느끼는 것이다. 사람도 마찬가지다. 남녀노소, 국적, 생김새 등을 떠나 각 사람만이 지니는 특별한 기가 분명히 있는 것처럼 말이다. 그리고 기의 강약을 떠나 나와 맞고, 안 맞고의 궁합도 있을 것이다. 어떤 사

람을 만나면 아무 이유 없이 기분이 좋고, 그 반대의 느낌을 주는 사람도 있지 않은가. 주얼리와 사람 사이에도 그런 궁합이 분명히 있다고 생각한다. 그리고 늘 좋은 일만 몰고 오는 것은 아니라는 생각을 들게 하는 다이아몬드도 있다.

1701년, 인도에서 약 410.50캐럿에 이르는 원석이 발견되었다. 그런데 욕심에 눈이 먼 노예가 이 보석을 훔쳐 달아났고, 이 노예는 또 다른 탐욕자에 의해 처참히 살해당했다고 한다. 다이아몬드는 영국인의 손으로 넘어갔고 140.50캐럿의 쿠션 컷으로 변신하게 된다. 어찌된 일인지 이 영국인마저 광적인 자살로 죽음을 맞이하게 되었다. 그 후 다이아몬드는 프랑스 루이 15세의 섭정이자 보석 수집가였던 오를레앙 공 Duc d'Orleans을 통해 왕실로 흘러들게 되었고, '리젠트 Regent(섭정)'라는 이름을 부여받게 되었다. 마리 앙투아네트와 루이 16세 역시 이 다이아몬드를 즐겼다고 하는데, 아니나 다를까 그들 역시 몇백 년 동안 이어진 부르봉 왕조의 종지부를 찍으며 단두대의 이슬로 사라지게 되었다. 이후 이 다이아몬드는 국가 소유가 되었으나 1792년 왕실 보물 도난 사건으로 한때 사라졌다 다시 발견되어 나폴레옹의 대관식에 등장한다. 이때 나폴레옹은 검의 봉에 리젠트를 장식하여 황제인 자신의 권력을 과시했다. 그런데 결국 그 역시 유배당하는 운명에 놓이게 되었다. '불행의 씨앗'으로 여겨진 이 다이아몬드는 결국 루브르 박물관에서 비운의 종지부를 찍었다고 사람들은 말한다. 프랑스 왕실이 세계에 자랑하는 쿠션 컷의 리젠트 다이아몬드를 자세히 들여다보면 미미하지만 푸른 기운을 느낄 수 있을 것이다.

또한 소유자에게 불행을 안겨 준다 해서 '저주받은 다이아몬드'로 불리는 블루 다이아몬드에 대해서는 들어 본 적이 있을 것이다. 불행을 몰고 오는 다이아몬드는 리젠트에서 끝나지 않는 모양이다. 이 다이아몬

드는 짙은 파란색을 띤다. 그러나 자외선으로 비추어 보면 피를 연상시키는 붉은빛을 지니고 있다. 너무나도 희귀한 유색 다이아몬드인 셈이다. 참으로 신비하고 아름다운 색상이라 할 수 있겠지만, 어찌 보면 섬뜩한 느낌을 주는 색상이다. 이 다이아몬드에 늘 따라다니는 무서운 동화와 같은 이야기들 때문에 더욱 이렇게 느껴지는 듯하다.

112.50캐럿의 이 다이아몬드를 인도에서 가져와 프랑스 루이 14세에게 안겨 준 이는 그 유명한 여행가이자 보석상이었던 타베르니에Jean-Baptiste Tavernier 로, 그는 개에게 찢겨서 죽었다는 등의 처참한 이야기가 전해진다.

앞에서도 언급했지만, 프랑스에서는 이 다이아몬드를 '프랑스의 블루'로 부른다. 이 다이아몬드는 루이 14세 이후로 부르봉 왕조의 보물로 대대로 이어졌다. 좀처럼 발견하기 힘든 푸른 다이아몬드가 프랑스 왕실에서 내세우는 고귀한 파란 색상을 연상시켰기 때문일 것이다. 하지만 루이 14세는 천연두(혹은 종양)로 사망했고, 이 다이아몬드를 빌린 루이 15세의 애인 뒤바리 부인은 말년에 처형당했다. 불행은 고스란히 마리 앙투아네트 부부에게 이어진다. 프랑스 혁명 후 한때 모습이 사라졌으나 다시 나타났을 당시는 현재의 45.52캐럿으로 재커팅되어 있었다고 한다. 이는 아름다움을 더욱 부각시키기 위해서라기보다는, 도난 중에 발각을 염려하여 일부러 재연마했을 것이라는 설이 있다. 1839년에 이를 사들인 영국 은행가 헨리 필립 호프Henry Philip Hope 역시 크게 파산했다. 그의 이름을 따서 이 다이아몬드는 현재까지 '호프 다이아몬드'로 불린다.

그 뒤로도 이 다이아몬드를 가진 자의 불운은 계속 이어지다가 까르띠에 사에서 이를 사들였다. 그리고 이 다이아몬드는 1911년에 미국

부호이자 『워싱턴 포스트』의 후계자였던 에드워드 매클린(Edward B. Mclean) 부부의 손에 넘어간다. 그러나 이 부부의 아들과 딸이 불행하게 사망하는 등, 이 가족의 운명도 비극적이었다고 한다. 또한 메릴린 먼로도 이 보석을 착용했던 적이 있었다고 한다.

결국 해리 윈스턴이 이를 구입해 소장한 후, 미국의 스미스소니언 박물관에 기증하게 되었다. 그러나 미국에 좋지 않은 일이 있을 때면 언제나 이 호프 다이아몬드의 저주 때문이라는 비난을 감수해야 했다고 한다. 이 외에도 이 블루 다이아몬드의 소행으로 추정되는 불행은 끝이 보이지 않을 정도로 많다. 그러나 기나긴 이 이야기들은 까르띠에 사에서 컬트적인 이야기를 좋아하는 매클린 부인에게 호프 다이아몬드를 판매할 때 함께 전한 서비스 팁 중의 하나였다고도 하니 맹신은 절대 금물이다.

'호프 다이아몬드의 형제일지도?'라는 수식어가 늘 따라다니는 드레스덴 그린(Dresden Green) 다이아몬드를 안다면 당신은 상당한 다이아몬드 마니아라고 할 수 있겠다. 그러나 이 둘은 아쉽게도 아직까지는 '형제'임을 증명받을 만한 확실한 근거가 없다. 이 다이아몬드들은 2000년에 스미스소니언 박물관에서 어렵게 나란히 전시되었는데, 이 전시는 다시는 그런 기회가 없을 것이라는 예상으로 세계적으로 큰 화제를 모았다. 독일의 보물 가운데 국보급이라 할 수 있는, 또한 세계 최대 혹은 최고인 이 애플 그린 다이아몬드는 예술의 도시 작센의 주도 드레스덴에 있는 알베르티눔(Albertinum) 박물관에서 그 우아한 자태를 뽐내고 있다. 컬러 다이아몬드 중에서 애플 그린색은 특히 귀하다. 이 색깔의 다이아몬드는 인간의 상상을 초월하여 자연에서 일어나는 현상에서 수많은 우연이 거듭한 결과물이다. 앞에서 언급한 다이아몬드들처럼 자주 이름을 드러내지는 않지만, 그 희귀성과 특별한 아름다움은 이 가운데서 으뜸이라고 해도 과언이 아닐 것이다. 이런 특별한 다이아몬드가 독일 드레스덴이라는 시골에 있다는 사실이 역설적으로 이 다이아몬드의 태생에 궁금증을 더 불러일으킨다.

    1742년, 작센의 프리드리히 아우구스트 2세가 드레스덴 그린 다이아몬드를 구매하여 작센의 왕실 보물로 삼으면서 이 다이아몬드는 독일과 오랜 인연을 맺게 되었다. 제2차 세계대전 당시 드레스덴이 연합군 공격을 받았을 때와 그 이후에 잠깐 소련으로 자리를 옮겼고, 최근에 미국의 스미스소니언 박물관과 도쿄의 해리 윈스턴 본점에 짧은 나들이(?)를 간 것을 빼고는, 궁전의 '녹색의 방'에서 200년의 긴 세월을 조용히 보낸 특이한 다이아몬드다. 우여곡절이 많았던 악명 높은 호프 다이아몬드와는 사뭇 다른 편안한 팔자다. 그래서 그런지 심오하면서 위험할 것만 같은 아름다움이 느껴지는 호프 다이아몬드와는 달리, 41캐럿의 드레스덴 그린 다이아몬드에서는 왠지 온화하고 편안한 아름다움이 느껴진다. 그것은 현대 문명의 영향을 아직은 덜 받은 조그만 도시 작센의 평화로운 풍경과 아름다운 엘베 강을 한참 만끽한 후에 들어간 박물관에서 만난 터여서 더 그런 느낌을 받았는지도 모른다. 또 언제가 될지 모르겠지만 나는 꼭 한 번 더 이 편안한 애플 그린 다이아몬드의 아름다움에 취하고 싶다.

    리젠트와 호프 다이아몬드에 이어 저주, 마성과 같은 수식어가 붙는 역사적 다이아몬드 중에는 상시 다이아몬드 Sancy diamond 도 유명하다. 인도 출생의 이 백색 다이아몬드의 이름은 16세기 후반, 터키 주재의 프

상시 다이아몬드
© Historic Royal Palaces

랑스 상시 대사가 이를 구매한 것에서 유래되었다. 카트린 드 메디치의 세 번째 아들이자 대머리였던 프랑스 앙리 3세는 모자를 즐겨 착용했는데, 그 모자에 이 다이아몬드를 애용했다고 한다. 앙리 4세는 전쟁에 필요한 준비 등을 위해 이 다이아몬드를 담보로 이용하기도 했다. 이 두 프랑스 왕의 사인死因은 공교롭게도 암살이었다. 1664년에 상시 다이아몬드는 영국 왕실에 판매되어 찰스 1세의 처형 등 혼란 시기를 거치고 1688년 제임스 2세의 망명 때 루이 14세의 통치를 받던 프랑스 왕실로 돌아왔다. 프랑스 혁명을 지나 1792년 왕실 보물 도난 사건이 일어날 때 사라졌다가, 이번에는 러시아로 넘어가 또 다른 혁명 속에서도 살아남았다. 상시 다이아몬드는 루브르 박물관에서 기나긴 여정의 종지부를 찍었다. 참으로 파란만장한 팔자를 지닌 다이아몬드라고 할 수 있겠다. 너무나 완벽한 좌우 대칭으로 유명한 55캐럿의 이 다이아몬드를 보면, 깊고 심오한 아름다움은 사람들의 탐욕과 불행 속에서 만들어지는 것이 아닐까라는 생각을 하게 된다.

또한 왕실을 빛낸 역사적인 다이아몬드 중에서 가장 오래되고 유명한 코이누르 다이아몬드Koh-i-Noor diamond도 언급하지 않을 수 없다. 페르시아어로 '빛의 산'을 뜻하는 '코이누르'는 주얼리 회사들의 명칭으로도 종종 사용되는데, 이 다이아몬드의 명성이 어떤지를 보여 주는 좋은 예다. 원석이 800캐럿에 이른 것으로 예상되는 이 다이아몬드가 문헌에 처음 등장하는 것은 14세기이지만, 그보다 훨씬 오래 전부터 존재해

1902년 대관식, 7세의 메리가 알렉산드라 왕비의 드레스 뒷자락을 시녀로서 받들어 들었다. 그로 인해 주위의 기쁨을 더하였고 그 자신은 감격하였다.

인도의 마하라자 란지트 싱Ranjit Singh의 팔찌로
두 개의 맑은 다이아몬드 사이에 코이누르 다이아몬드가
세팅되어 있었음. 현재는 보조품으로 대체되었음.

2장. 반지와 다이아몬드

왔을 것으로 추측된다. 무굴 제국을 비롯한 인도 왕실은 이를 성스러운 보물로 여겼는데, 코이누르 다이아몬드가 언제 어디에서 어떻게 발굴되었는가는 너무 오래되어 알 수 없다는 것이 이 업계의 변명 아닌 변명이다. 어쨌든 그만큼 긴 시간을 거치며 이 다이아몬드를 둘러싼 사람들 간의 험난한 사건들 속에서도 코이누르 다이아몬드는 현재까지 꿋꿋하게 버티어 왔다.

이 다이아몬드는 동인도 회사 창립 250주년을 기념하여 영국 빅토리아 여왕에게 헌납되어 1851년 만국박람회에서 일반인들에게 공개된다. 그러나 당시 일반인들의 반응은 예상 외였다. 크기는 크지만 다이아몬드 특유의 광채가 덜해서 사람들에게 기대만큼의 감동을 선사하지 못했던 것이다. 유럽에서 발전한 다이아몬드 커팅 기술이 거의 절정에 달한 시기였던 만큼, 역사적인 코이누르 다이아몬드에서 이 세상 것이 아닐 것만 같은 특별한 광채를 기대했던 이들에게 당시 186캐럿이었던 이 다이아몬드는 투박한 돌덩어리와 별 차이가 없었을 것이다. 결국 인도의 원시적이고 투박한 커팅만으로는 이 다이아몬드의 빛이 살지 못한다는 이유로 다시 재연마되어 108.93캐럿의 오벌 브릴리언트 컷(oval brilliant cut)을 가진 현재 모습으로 재탄생하게 된다. 그 결과, 이 다이아몬드는 오래된 다이아몬드가 가지고 있는 아우라에 빛나는 광채까지 입게 되어 세계적으로 더욱 유명해진다. 잠재된 아름다움과 귀티는 있으나 시골에서 올라온 촌티를 벗어나지 못한 여인이 최첨단 유행의 도시에서 전문가의 손길로 인해 세계가 깜짝 놀라는 아름다운 여인으로 변신한 셈이다.

빅토리아 여왕은 코이누르 다이아몬드를 브로치로도 만들어 즐겨 착용했다는데, 이는 현재 런던 탑에 전시되어 있다. 이 다이아몬드가 장식된 왕관은 영국 왕실의 보물로 에드워드 7세, 조지 5세, 조지 6세에게 전해졌지만, 정작 이 왕관을 착용한 사람들은 그들의 여인들 즉 왕비들이었다. '남자를 파멸로 모는 돌'이라는 속설 때문인지도 모른다.

이 외에도 각 나라의 왕실이 소유한 유명 다이아몬드는 많고도 많으며, 도난당해 행방불명인 것들도 있다. 그중에서 일반인들에게 가장 익숙하고 해외 여행에 가서 직접 접할 수 있는 것들을 이야기해 보았다. 이 다이아몬드들에는 유난스럽게 '마성'이라는 기구한 수식어가 따라다닌다. 이것들을 둘러싼 인간의 탐욕은 시대를 초월하여 한도 끝도 없다. 아름다움이라는 것은 때로는 사람에게 광기를 뿜어내게 하는 잔인한 힘을 지닌 모양이다. 만약 이처럼 위험한 아름다움이 없었다면 이들 다이아몬드는 평화롭고 평범한 시간을 보냈을 것이다. 그러나 역경을 겪고 살아남은 이유가 분명히 있을 것이며, 이 또한 다이아몬드들의 매력으로 승화되고 있다.

레오나르도 디카프리오가 출연한 영화 〈블러드 다이아몬드 Blood Diamond〉는 일반인들이 미처 몰랐던 다이아몬드의 어두운 면을 들추어내기도 했다. 시대가 주목하는 주얼리들은 화려한 아름다움의 이면에 후원자들의 욕망과 광적인 낭비를 등에 업고 탄생한 걸작인 것이다. 또한 식민지에서 빼앗은 남의 보석들로 내로라하는 컬렉션을 완성한 경우도 많다. 그럼에도 문화와 아름다움이라는 감동으로 포장한 이 보석들은 후세에도 그 영광의 권좌를 계속 이어 나갈 것이다. 사람들의 불행과 희생을 감추고 아름다움으로 우쭐대는 주얼리들이 가끔은 얄밉기도 하지만, 그래도 그것들이 곁에 있어 행복한 이들은 많을 것이다.

   프랑스 속담에 '남자는 역사에 이름을 남기며 여자는 보석에 이름을 남긴다'는 말이 있다. 지구에 여성이 존재하는 한 잔인함을 은밀하게 가라앉힌 주얼리들은 영원히 빛날 것이며 그것들을 향한 연모도 계속될 것이다. 그리고 그것들을 향한 탐욕과 질투도 늘 존재할 것이다.

영화와 소설 속 다이아몬드

이미 다이아몬드에 관한 이야기를 꺼냈지만 이 보석에 대한 나의 사랑을 여기서 그냥 접기에는 아쉬움이 남는다. 모두 쏟아 놓지 않으면 두고두고 후회할 것만 같다. 자체의 아우라 때문일까, 아니면 지독하게 찬란한 빛을 지닌 탓일까? 유독 다이아몬드는 영화에 자주 등장한다.

수많은 영화 중에서 인상 깊은 것을 꼽으라면 당연히 〈물랑 루즈Moulin Rouge〉(2001)다. 붉은 벨벳과 춤을 추듯 빛을 내뿜는 주얼리들, 그리고 화려한 무대보다 더 화려하고 섹시한 의상이 너무나 잘 어울리는 니콜 키드먼의 모습이 아직도 내 머릿속에서 생생하다. '빨간 풍차'라는 의미를 지닌 물랑 루즈는 몽마르트르에 실존하는 클럽 이름으로, 현재는 관광객들로 가득한 곳이기도 하다. 신분 상승을 노리던 니콜 키드먼이 노래하는 〈스파클링 다이아몬드Sparkling diamonds〉, 그녀를 얻고 싶은 공작이 부르는 〈쉬 이즈 마인She is mine〉 등의 노래는 인간의 욕구를 노래하며 이 뮤지컬 영화를 드라마틱하게 만든다.

하지만 공작이 그녀를 유혹하기 위해 다이아몬드 목걸이를 내미는 장면이야말로 이 영화의 진정한 하이라이트라고 하겠다. 목을 완전히

영화 〈물랑 루즈〉에서 니콜 키드먼이 착용한 총 134캐럿이 넘는 다이아몬드 목걸이가 아름답다.
© Gamma-Rapho via Getty Images

감쌀 뿐 아니라 거의 가슴선 위까지 미치는 이 목걸이는 키드먼의 길쭉한 몸매와 하얀 피부 톤, 빨간 립스틱, 요염한 몸짓, 그리고 이 영화의 결말을 암시하는 듯한 달빛 아래의 암울한 푸른빛 등으로 인해 환상적인 아름다움을 더욱 발한다. 그녀가 아니면 그 누가 이 목걸이를 소화할 수 있을까. 보통 영화에 모습을 드러내는 주얼리는 대부분 모조품이거나 빌려 오는 것이 일반적인데, 5캐럿 에메랄드 컷 다이아몬드를 포함해 총 134캐럿(약 1,308개의 다이아몬드)이 들어간 이 목걸이만큼은 주연 여배우에게 정교하게 맞춰 제작된 진품이다. 키드먼의 고향인 오스트레일리아 디자이너는 19세기 말 프랑스의 주얼리를 재현하기 위해 당시의 갈런드 스타일을 선택했다. 디자인에만 약 1개월, 세팅에는 약 3개월이 걸렸다고 한다. 영화의 다른 소품들 또한 너무 화려해, 이 진품 다이아몬드가 제작에 들인 노력에 비해 그다지 돋보이지 못했다는 느낌을 받은 이는 나뿐일까? 아니면 목걸이를 포함해 모든 소품이 다이아몬드가 아닌 다이아몬드 대용품이었던 것일까? 어쨌든 이 목걸이는 키드먼이 연기한 사틴Satine이라는 주인공의 이름을 따서 '사틴'이라 불렀다.

영화를 보고 난 나는 이 다이아몬드 목걸이의 행방이 몹시 궁금해졌다. 그러던 어느 날, 사무실에 도착한 크리스티 옥션 하우스 카탈로그 표지에서 붉은 벨벳 위에 놓인 그 다이아몬드 목걸이의 사진을 발견할 수 있었다. 당시 추정가가 대략 백만 달러에 이르렀던 것으로 기억한다. 난해하다 할 수 있는 이 주얼리를 과연 누가 낙찰했을지 너무 궁금해서 경매 결과를 기다렸는데, 경매 직전에 목걸이를 제작한 디자이너가 출품을 취소했단다. 자신이 혼신을 다해 제작한 '작품'이 유찰될 것을 걱정해서 내린 결정이었을까, 아니면 또 다른 숨은 스토리가 있는 것일까? 어찌 되었든 개인적으로 김이 새어 버린 것만은 틀림없다. 게다가 사틴이 진실한 사랑을 선택하면서 공작의 다이아몬드 선물 공세는 수포로 돌아갔으니, 화려한 목걸이가 영화에서 제 역할을 다하지 못한 것이었다. '영원한 사랑'을 상징하는 다이아몬드의 힘이 여지없이 무너져 내린 것이다.

다이아몬드, 하면 생각나는 영화는 많다. 어느 토요일 늦은 밤, 아니 정확히 말하면 일요일 새벽, 잠이 오지 않아 소파에 누워서 계속 텔레비전 채널을 돌리다 소수 취향의 영화를 볼 기회가 있었다. 〈데니스

P._{Dennis P.}〉라는 벨기에 영화였다.

　이 영화의 주인공은 다이아몬드 도둑인 데니스다. 다이아몬드 회사 직원인 데니스는 처음으로 사랑에 빠진 여인을 붙잡기 위해 다이아몬드를 무식하게(?) 대량으로 훔친다. 너무 황당하고 유치한 내용이라 이제 그만 봐야지 하고 생각하며 리모컨을 들고 있었는데, 배우라고 하기에는 너무나 인간적이고 뚱뚱한 그의 모습에 매료되어 결국 계속 보게 되었다. 그리고 영화 마지막에 가서야 이 영화가 실제 이야기를 토대로 제작되었다는 사실에 놀랐다. 데니스는 훔친 다이아몬드들로 여인에 대한 자신의 사랑을 열심히 과시한다. 그러나 불행히도 그들은 맺어지지 않는다. 사랑을 얻기 위해 훔친 반짝반짝 빛나는 화려한 다이아몬드들이, 인생의 모든 것을 걸었으나 결국에는 행복하지 못했던 데니스의 서글픈 뒷모습과 대조를 이룬 아련한 영화였다.

　베드 신으로 센세이션을 일으켰던 〈색, 계〉에서도 거대한 다이아몬드 반지를 기억하는 이들이 분명 많을 것이다. 배우들의 호연에, 특히 배역에 너무나 잘 어울리는 탕웨이를 보느라 시간 가는 줄도 모르고 스크린에 눈을 빼앗겼다. 아련하게 다가오는 당시의 시대적 배경과 한 여자의 기구하고도 슬픈 인생을 담은 이 영화에서 두 남녀 주인공은 서로를 경계하며 사랑을 나누기 시작한다. 관객 입장에서는 어느 시점에서 이들의 적대 관계가 탄로 날까 조마조마하다. 하지만 어느 순간, 그 벽이 허물어지고 둘 사이에는 진정한 사랑이 싹텄음을 보여 준 것은 연한 핑크 다이아몬드가 탕웨이의 손가락에서 빛날 때가 아니었는지.

다이아몬드는 아름다움과 사랑을 상징하기도 하나, 동시에 왠지 슬픈 이미지도 함께 안겨 준다. '영원한 사랑의 상징'으로 웨딩 주얼리의 터줏대감을 도맡은 다이아몬드. 과연 이 아름다움은 행복만을 뜻하는 것일까라는 의문이 자주 든다.

할리우드에서 외모의 아름다움만큼이나 화려한 결혼 경력으로 유명한 여배우 엘리자베스 테일러. 영화 〈클레오파트라〉에서 만난 테일러와 리처드 버튼은 각자 가정이 있었음에도, 불타는 사랑 끝에 결혼을 한다. 당시 버튼은 까르띠에 사에서 70캐럿에 이르는 페어 컷의 화이트 다이아몬드를 파격적인 가격에 구입해 '버튼-테일러 다이몬드'라고 명명한 뒤 그녀에게 선물했다. 그녀는 다이아몬드가 탄생석인 4월생이라서 그런지 각별히 다이아몬드를 사랑했다고 한다. 물론 다이아몬드를 멀리하고자 하는 여성은 없을 테지만 말이다.

원래 남아프리카에서 발굴될 당시에는 240캐럿에 이르렀던 이 다이아몬드는 구매자에게 그 이름을 지을 수 있는 권한까지 준다는 조건을 붙여 경매에서 공개되었다. 결국 까르띠에 사에 낙찰됨과 동시에 '까르띠에 다이아몬드'로 명명되었고, 원석 240.80캐럿은 페어 컷의 69.42캐럿으로 새롭게 태어난 것이었다. 이렇게 큰 D 컬러 IF(Internally flawless의 약자로 내부에도 결점이 없는 상태를 가리킴)의 최상급 다이아몬드는 희소가치가 상당하다. 이 다이아몬드를 연마한 해리 윈스턴 사와, 주얼리 컬렉터이자 당시 미국의 아이콘이었던 재클린 케네디까지 모두 이 보석을 탐냈지만, 테일러에 대한 버튼의 사랑에는 미치지 못했는지 결국 이 보석은 버튼-테일러라는 이름으로 테일러의 것이 되었다. 그러나 요란스럽게 이혼과 재혼을 거듭한 끝에 끝내 갈라선 둘은 영원한

사랑을 이어가지 못했다. 결국 테일러는 이 다이아몬드를 이혼 후 경매에 내놓는 슬픈 결말을 맺는다. 물론 '버튼-테일러'라는 이름으로 인하여 그 부가가치는 훨씬 더 뛰었을 것이다. 하지만 세기의 다이아몬드마저 그들의 식어 버린 사랑 앞에서는 무능해져 버린 것이다.

 이후에도 테일러는 아름답고 다양한 주얼리들과 함께 화려한 인생을 걸어 왔다. 그녀 개인의 주얼리 컬렉션은 『나와 사랑한 주얼리들

Love Affair with Jewelry』이라는 책에서 공개되었는데, 그 안에는 그녀의 파란만장한 인생과 추억을 고스란히 담은 주얼리들이 소개되어 있다. 그중에는 아름답고 젊은 시절을 버튼과 보내는 테일러의 눈부신 모습도 함께 담겨 있는데, 마치 그녀가 주연한 한 편의 영화를 보는 듯한 느낌을 준다. 테일러는 아마도 버튼이 선물한 다이아몬드를 착용할 때마다 그와의 되돌릴 수 없는 추억을 애틋하게 되새김질했을 것이다. 그런 그녀가 79세의 나이로 생을 마감했다. 그녀와 함께한 재벌, 배우, 국회의원 등 8명의 남편 가운데 마지막 배우자는 연하의 건설 노동자라고 한다. 모든 것을 갖춘 그녀의 마지막 선택은 아무것도 바라지 않는 진실한 사랑이었을까? 이런 생각 때문인지, 나는 그녀와 아무런 관계도 없지만 화려했던 그녀와 그녀의 주얼리들을 보며 왠지 모르게 가슴이 뭉클해진다. 화려했던 만큼 왠지 모를 덧없음이 더욱 대조되어 그런지도 모르겠다.

영화 〈신사는 금발을 좋아한다〉(1953)에서는 화려한 다이아몬드 주얼리들을 착용한 메릴린 먼로가 "다이아몬드는 여자들의 가장 좋은 친구"라고 노래를 부르며 등장한다. 이 영화에 나오는 반짝반짝 빛나는 주얼리들은 대부분 커스텀 주얼리costume jewellery다. 그러나 마지막 장면에서 먼로의 가슴을 장식한 물방울 모양의 24.04캐럿에 이르는 옐로 다이아몬드, '바로다의 달Moon of Baroda'은 과거에 인도의 마하라자가 소유했고, 마리 앙투아네트의 어머니였던 마리아 텔레지아가 주인이기도 했던 진품이라고 한다.

현재는 일본의 주얼리 업체에서 소장하고 있는데, 이 회사에서는 "이 다이아몬드를 착용하는 사람은 세계적으로 유명해진다"는 말과

영화 <신사는 금발을 좋아한다>에서 머릴린 먼로가 화려하게 치장한 뭇 남자들 사이에 있다.

함께 복제품을 판매하고 있다. 또한, 먼로는 야구선수 조 디마지오와 결혼한 후 일본에 신혼여행을 와서 미키모토 사의 진주 목걸이를 구매했는데, 이것의 복제품도 인기 상품이다. 참으로 일본인다운 아이디어다. 이에 질세라 미국의 해리 윈스턴 역시 경매에서 먼로의 모조품 귀걸이를 구입해 진품 다이아몬드로 복제품을 만들었다. 배우 카트린 드뇌브가 칸 영화제에서 이 귀걸이를 착용해 화제를 모으기도 했다.

영화에서 먼로는 '다이아몬드의 왕'이라고 불리는 해리 윈스턴에게 다이아몬드에 대해 무엇이든 좋으니 알려 달라고 노래한다. 돈 없는 남자를 상대하면 돈 걱정 때문에 사랑에 에너지를 쏟지 못한다고 할 정도로 "돈, 돈"을 외쳐 대는 물질적인 여자 역할이다. 이런 영화에 어울리는 보석은 당연히 빛나는 다이아몬드다. 어쩌면 남성들에게는 너무나도 짜증 날 수도 있는 이 캐릭터를, 먼로는 연기가 아니라 먼로 그 자체가 아닐까 싶을 정도의 백치미 넘치는 매력적 연기를 통해 미워할 수 없는 존재로 만들어 버렸다. 나는 '돈보다는 사랑'이라는 너무나 흔한 결론을 상상해 보았지만, 결국 주인공은 돈으로 행복해지는 반전으로 끝이 나서 아주 재미있게 본 기억이 난다. 바람이 나오는 통풍구 위에서 허벅지가 다 보이도록 흰 치마를 펄럭이게 하며 섹시한 포즈와 미소를 던지는 모습이 우리가 기억하는 먼로이지만, 이 영화는 그녀의 또 다른 귀여운 매력을 선사한다. 어느 쪽이 진정한 그녀의 모습일지는 모르겠다. 혹은 이 양면이 모두 그녀의 모습일 것이다. 같은 여자가 보아도 참 매력적이다. 그래서 그런지 그녀의 외롭고 때 이른 죽음이 더 슬프고 안타깝게 느껴진다.

영화 〈상류 사회〉(1956)에서 프랭크 시나트라는 결혼을 하루 앞둔 그레이스 켈리에게 그 특유의 느끼한 눈빛으로 사랑을 호소한다. 이 영화는 그녀의 마지막 작품이기도 해 화제가 되었다. 내 마음에 드는 여배우 중 한 명이기도 한 그녀의 이름을 따서 만든 에르메스의 켈리 백은 그녀의 존재만큼이나 여성들의 선망의 대상이기도 하다. 아름다운 여배우들은 많지만, 그녀에게는 인위적으로 흉내 낼 수 없는 깊은 우아함이 있다. 영화에서 그녀의 왼손은 얼음처럼 투명한 다이아몬드로 빛난다. 이것은 모나코의 레니에 3세가 선물한 약혼반지로 에메랄드 컷 다이아몬드 반지다. 다이아몬드가 이렇게 기품 있게 어울리다니, 그녀는 주얼리를 위해 태어난 배우라고 말해도 좋겠다.

켈리가 딸인 캐롤라인 공주의 결혼식에서 착용했던 다이아몬드, 다이애나 비가 결혼식에서 착용했던 스펜서 가문의 다이아몬드 티아라는 모든 여성의 로망이지만, 아이러니하게도 이 두 사람의 운명은 슬프게 끝을 맺었다.

영화뿐 아니라 소설에서도 다이아몬드는 없어서는 안 되는 향신료 역할을 한다. 영화에서처럼 시각적 효과를 얻을 수 없기에 더더욱 상상의 날개를 펼 수 있는 소설 속 다이아몬드. 모파상의 「목걸이」는 그 가운데 가장 널리 알려진 단편소설이지 않을까.

하급 공무원의 아름다운 아내는 본인이 꿈꾸는 화려하고 우아한 생활과는 동떨어진 현실을 근근이 살아가고 있다. 그러던 중, 남편을 통해 우연히 파티에 초대되어 부유한 친구에게 다이아몬드 목걸이를 빌려 최대한 멋을 부리고 간다. 젊고 아름다운 그녀는 다이아몬드 목걸이에 힘입어 자신이 꿈꾸던 행복한 시간을 보낸다. 그런데 파티 후 그 목걸이를 잃어버린 것을 알게 된다. 비슷한 목걸이를 어렵게 찾아 친구에게 돌려주지만, 목걸이에 지불한 돈을 갚느라 경제적으로 지옥과 같은 나날을 보낸다. 그녀의 유일한 자랑거리였던 아름다움은 생활고로 찌들어 온데간데없어져 버린다.

  빚을 다 갚은 후, 우연히 그 목걸이의 주인인 친구를 만난다. 그 친구는 주인공을 알아보지 못한다. 그 정도로 그녀는 허드렛일로 할머니처럼 늙어 버린 것이다. 친구가 놀라며 그녀에게 "그 다이아몬드 목걸이는 가짜였어!"라고 외치는 말로 이 소설은 끝을 맺는다. 주인공은 그토록 아름다운 다이아몬드라고 생각했던 목걸이로 인해 다시는 돌아오지 않는 십 년을 가난에 찌들어 보낸 것이다. 그 와중에도 꿈같았던 화려한 파티를 마음에 간직하고 말이다. 다이아몬드가 지니는 짜릿한 아름다움의 이면에 있는 허망한 그늘, 이 소설에서는 그것을 허영심의 대가로 표현한 것이다.

  또 어떤 일본 소설이 생각난다. 주인공 여성의 남편은 외모도 출중하고 잘나가는 보석 관련 업계에 종사한다. 주인공은 직장에서 그와 알게 되었는데, 많은 여성 동료들을 제치고 그의 아내의 자리에 앉게 된다. 그에게서 받은 다이아몬드 약혼반지는 가짜가 아닐까 할 정도로 커서 주변 여성들의 부러움을 한껏 받는다. 여기까지는 모든 여성들이 바라는 이야기인 듯하다. 그러나 기혼, 혹은 어느 정도 세상을 알게 된 여성이라면 결혼 이후에 찾아오는 현실을 상상해 볼 수 있을 것이다. 그리고 그 현실은 고된 삶이라고도 할 수 있을 것이다. 그런데도 이 소설 속 주인공은 짜증 나는 현실이 다가올 때마다 왼손 넷째 손가락에서 빛나는 큼직한 다이아몬드를 바라보며 아름다움에 넋을 잃고 힘을 얻는다.

그렇다. 여성에게 다이아몬드는 이렇게 용기를 주는 마법의 돌이 될 수도 있다. 그녀의 남편은 다이아몬드에 대해 이렇게 표현한다. "아름답고, 이를 알면 알수록 깊이가 있을 뿐 아니라 세계에 단 하나의 존재라고 생각하니 절대 질리지 않는 것"이라고.

예전에는 내가 무엇을 선택하느냐에 따라 삶의 방식이 달라진다고 생각했다. 그때만 해도 운명은 나의 취향으로 결정된다고 여겼기 때문이다. 그러나 시간이 지나면서 인생의 큰 흐름은 이미 정해져 있지 않을까라고 느끼곤 한다. 조물주가 낙점한 탄소 덩어리만이 '지구의 기적'으로 다이아몬드가 될 수 있듯이 말이다.

그러나 다이아몬드는 그 아름다움 때문에 질투의 대상이 되기도 하고, 싸움의 빌미를 제공하기도 하며, 새로운 주인을 찾아 떠나는 고단한 여정을 되풀이하기도 한다. 행복과 아름다움, 슬픔과 이별의 이중주에 맞춰 춤을 추는 듯 보이는 다이아몬드. 아마 우리 인생 역시 이 보석과 별반 다르지 않을 것이다. 조물주가 절묘하게 나눠 준 행복과 불행을 기꺼이 받아들이며, 어떨 때는 천진난만한 아이처럼 기뻐하고 어떨 때는 목 놓아 통곡하기도 한다. 영원할 것 같은 사랑과 행복의 꿈을 세상 사람들에게 안겨 주지만, 그 기대에 미치지 못했을 때에는 더더욱 슬프고 아쉬운 존재가 되어 버리는 다이아몬드. 행복과 아름다움, 슬픔과 잔혹함은 종이 한 장의 차이라고 할까. 그러나 여전히 행복과 아름다움이 영원하기를 꿈꾸기에 사람들은 매번 다이아몬드를 탐해 보는 것이 아닐까.

다이아몬드로 치장한 배우들의 삶이 일상과는 멀게만 느껴지지만, 그래도 이 보석을 통해 잠시 웃음 지을 수 있다면, 그리고 그 아름다움에 감탄을 자아낼 수 있다면, 이미 당신은 이 보석의 또 다른 주인이다. 소유하는 대신 가슴속에 아름다운 잔향을 묻어 둔 당신이기에 오히려 행복이 슬그머니 찾아와 똬리를 튼다. 이것이 어쩌면 다이아몬드가 우리에게 바라는 진정한 의미일지도 모르겠다.

다이아몬드 vs 진주, 포기할 수 없는 아름다움

The Secret of Jewellery

다이아몬드와 진주. 하나는 지구의 저 깊은 곳에서 만들어지는 광물이고, 또 다른 하나는 조개 속에 침입한 이물질에 의해 탄생한 탄산칼슘 덩어리다. 광물은 사람의 손을 거쳐 빛나는 보석으로 거듭나고, 이물질은 조개의 분비물이 층으로 쌓이면서 아름다운 광택을 지닌 진주알로 태어난다. 굳이 둘의 공통점을 찾자면 지구가 이루어 내는 기적, 혹은 신비의 산물이라는 점이라고나 할까.

    나는 수많은 보석 중에서 다이아몬드와 진주를 가장 사랑한다. 물론 이것들 외에 또 다른 아름다움과 매력을 지닌 보석들이 많기는 하지만, 하느님이 내게 선택권을 준다면 거침없이 다이아몬드와 진주를 고를 것이다. 만약 둘 중 하나만 고르라 하면 고민을 너무나도 많이 하겠지만 결국 다이아몬드를 선택할 것 같다. 세월이 흘러도 변하지 않는 다이아몬드의 견고함, 편하게 착용할 수 있는 세련됨, 세월을 초월해 영원히 빛나게 해 줄 것만 같은 찬란한 빛 때문이다. 하지만 진주에 대한 미련 역시 절대 버리지 못한다.

    내가 처음 진주 목걸이를 선물로 받은 것은 고등학교 입학 때였다. 금으로 된 외줄에 분홍빛이 도는 진주가 달랑 하나 달려 있는, 정확히 말하면 금줄이 진주를 통과한 아주 단순한 미키모토 제품이었다. 이 목걸이를 어찌나 좋아했던지 고등학교 시절 내내 착용했고, 대학 때에는 진주 귀걸이와 함께 즐기기도 했다. 지금은 목에 딱 맞는 초커, 셔츠의 첫 단추를 풀었을 때 보이는 쇄골 언저리에 닿는 프린세스princess, 착용했을 때 U자 형이 되는 우아한 느낌의 마티네matinee, 가슴 부위에 내려오는 오페라opera, 가장 길어서 묶거나 몇 번 돌려 착용하는 로프lope 등 다양한 길이의 진주 목걸이를 때와 장소에 맞춰 착용한다.

진주가 좋은 이유는 요란하지 않은 진주 자체의 은은한 빛이 고급스러운 향을 풍기기 때문이다. 확실히 다이아몬드와는 또 다른 멋을 지니고 있다. 하지만 이렇듯 훌륭한 진주가 우리나라에서는 안타깝게도 '눈물의 상징'으로 여겨져 사람들의, 특히 예물 시장에서 기피 대상이 되기도 한다. 또한 왠지 고리타분한 느낌을 주는 듯하다는 선입견을 가진 여성들도 더러 있다. 그러나 요즘은 청바지와 티셔츠에 오페라 정도 되는 진주를 몇 겹이나 걸치는 여성들을 많이 볼 수 있다. 이런 스타일은 코코 샤넬을 연상시킨다. 물론 20세기 초반을 풍미한 폴 푸아레, 잔 랑뱅Jeanne Lanvin 등의 디자이너들도 진주를 자신들의 의상에 즐겨 쓰기는 했다. 그러나 나는 그들과는 또 다른 강력한 메시지를 샤넬의 진주에서 느낀다. 샤넬 컬렉션은 진주 목걸이가 얼마나 우아하면서도 시크할 수 있는지를 보여 준다. 샤넬 본인도 몇 겹으로 되는 진주 목걸이를 즐겼고, 자연스럽게 이 스타일은 그녀의 특징이 되었다. 그녀의 생전 사진을 보면 진주를 걸치지 않은 모습을 찾아보기 어려울 정도다. 샤넬의 의상과 진주의 결합에서는 여성스러우면서도 남성에게 기대지 않는 독립적 여성의 강력함이 동시에 느껴진다. 그리고 섹

1936년경의 코코 샤넬. 그녀는 언제나 자신이 만든 스타일 옷과 진주 목걸이, 그리고 모자까지 직접 착용했다. ⓒ Roger Viollet/Getty Images

시함조차 지녔다. 지금도 쇼에 등장하는 샤넬의 트위드 재킷과 블라우스 등의 의상과 아무렇게나 걸친 듯한 몇 겹의 진주 목걸이는 작고 한 그녀를 위한 오마주처럼 보인다. 물론 이것들은 진짜 진주가 아닌 진주 모조품이다. 이는 여성스러우면서도 일상생활에서 불편하지 않은 기능적인 디자인을 추구했던 샤넬 스타일의 진수를 보여 주는 것이다. 샤넬은 '진품 주얼리를 착용해야 고급스러운 것이다'와 같은 조금은 지루할 수 있는 이론을 짓밟고 많은 여성들에게 용기를 주었다. 샤넬이 지녔던 진주에 대한 철학은 '진주야말로 관능적인 여성스러움을 이끌어 낼 수 있다'는 것이 아니었을까. 아니면 생애 가장 사랑했던 남자에게서 받은 것이 진주 목걸이와 반지라서 그랬던 것일까.

진주는 동그랗고 백색이라는 선입견을 지닌 이들이 많다. 우리가 흔히 볼 수 있는 이런 것들은 거의가 다 양식 진주, 혹은 모조 진주 fake pearl다. 양식 진주는 인위적으로 진주를 만들어 내는 것인 반면, 모조 진주는 그야말로 가짜 진주라고 할 수 있겠다. 유리, 플라스틱에 펄 에센스를 코팅하거나 색을 칠한 것이 대표적인 예다. 그러나 가짜라고 해서 우습게 보면 안 된다. 모조 진주의 역사는 로마 시대로 거슬러 올라간다는 설도 있다. 특히 16세기에는 활발한 연구가 이루어져, 천연 진주를 탐하나 여력이 안 되는 이들이 이런 모조 진주를 즐겼다고 한다. 그리고 아무리 모조품이라고 하더라도 꽤 고가였다고 한다. 이런 모조 진주는 커스텀 주얼리의 원조 격이라 해도 과언이 아닐 것이다. 특히 샤넬, 크리스티앙 디오르, 미리엄 해스켈 Miriam Haskell, 엘자 스키아파렐리 Elsa Schiaparelli 등의 모조 진주를 애용한 디자이너들의 20세기 커스텀 주얼리는 마니아들 사이에서는 구하고 싶어도 못 구하는 희귀한 것들이다.

보석의 역사를 들여다보면, 진주는 우리가 상상할 수 없을 만큼의 가치를 지닌 것이었다. 각국의 왕실에서는 이를 얻기 위해 수단과 방법을 가리지 않았다. 진주는 오랫동안 다이아몬드와 견줄 만한, 혹은 그 이상의 것으로 최고의 몸값을 유지해 왔다. 고대 그리스에서는 진주를 사랑과 미의 여신인 비너스를 상징하는 것이라 여겼고 비너스가 바다에서 육지로 올라올 때 한 방울, 한 방울 떨어진 물방울이 진주가 되었다는 로맨틱한 이야기도 전해진다. 서양의 역사적 인물화를 들여다보면, 진주는 사치의 극치를 보라는 듯이 다이아몬드와 함께 집요하게 등장한다. 드레스에도 수백, 수천 개의 진주가 꿰매져 있는 것을 볼 수 있다.

진주가 얼마나 귀하고 고가였는지를 보여 주는 유명한 일화가 있다. 이집트의 클레오파트라는 로마의 안토니우스 앞에서 진주를 와인에 빠뜨려 들이마셨다. 당시 진주 한 알은 천 명에 이르는 군대를 반년 동안 유지할 수 있는 비용과 맞먹는 가치를 지녔다고 한다. 이런 진주를 거침없이 들이마시는 클레오파트라. 그녀의 대범함은 안토니우스뿐 아니라 로마 권력가들의 마음을 사로잡기에 충분했을 것이다.

특히 르네상스 시대에 진주를 소재로 한 장신구는 절정에 이른 듯하다. 지금은 바로크 진주 baroque pearl 로 불리는, 형태가 불규칙한 진주의 모양을 그대로 살려 신화에 등장하는 인물과 동물 등을 표현한 걸작들이 현재에도 남아 있다. 바로크 진주의 형태는 인간의 상상력을 훌쩍 뛰어넘을 만큼 정말 다양하다. 그리고 당시 장인들은 그런 기묘한 형태의 것들을 상상력에 의해 획기적인 작품들로 만들어 낸 것이다.

17세기 중반을 지나면 진주는 다이아몬드에 밀리는 신세가 된다. 진주가, 주인공인 다이아몬드의 그늘에 가려지는 보석이 되어 버린 것이다. 다이아몬드 커팅 기술이 전무했던 고대에는 태어나면서부터 우아한 빛을 지닌 진주가 다이아몬드보다 더 높이 평가받았다. 그러나 커팅 기술이 발달하면서 이 세상의 것이 아닌 것 같은 다이아몬드의 화려한 빛이 진주의 온화한 아름다움을 가리고 사람들을 현혹시켰던 것이다.

이 시기에는 이전의 큼직하고 위엄 있는 진주 주얼리와는 다른, 작은 진주들을 활용해서 조금 더 장식적이며 섬세한 주얼리들이 등장한다. 예를 들어 마치 씨앗처럼 작은 진주(1그레인, 즉 0.25캐럿의 1/4 이하의 것)인 시드 펄 seed pearl을 소재로 한 너무나도 섬세한 주얼리 등이 바로 그것으로, 이것들을 보면 어떻게 직경 1밀리미터 정도의 것에 구멍을 낼 수 있을까라는 생각이 들 것이다. 원형의 진주를 반으로 한 하프 펄 half

프랑수아 클루에(François Clouet)가 1556년에 그린 〈카트린 드 메디시스 초상Portrait de Catherine de Médicis〉. 카트린 드 메디치가 진주로 장식된 드레스를 입고 있다. 귀중하고 고가인 진주를 충실히 소비하는 것이 부의 과시임으로 효과적인 것에 주목 조성하는 중이 하나다. 피렌체, 피티 궁전Palazzo Pitti.

197

을 주얼리의 소재로 하는 것 또한 손이 많이 가는 작업이었을 것이다. 귀한 진주를 반으로 커팅하면 진주의 수를 늘릴 수 있어서 선호된 것이 아닌가라는 설도 들려온다. 어쨌든 시드 펄, 하프 펄을 소재로 한 주얼리는 빅토리아 시대의 진주 주얼리의 대표 격이라 할 수 있겠다. 그 외에 현재도 그 희귀성으로 컬렉터들의 주목을 받는 백색, 오렌지색, 핑크색 등의 다양한 색상을 지니며 마치 도자기의 질감을 연상시키는 콩크 진주가 있다. 자세히 들여다보면 불이 훨훨 타오르는 듯한 신비한 불꽃이 보이는 것이 최상급에 속한다. 천연의 것이라 색상과 모양, 크기가 가지각색이다. 자연의 형태를 그대로 살린 콩크 진주는 에드워드 7세 시대에 다이아몬드와 함께 플래티넘에 세팅되기도 했다. 이는 현재도 많은 여성들이 선호하는 스타일이다. 백 년 전의 이러한 진주들은 자연 속에서 우연의 우연을 거듭한 결과물이다. 즉 인위적인 과정이 전혀 없는 천연의 것들이었던 것이다. 그러기에 더더욱 선택된 이들에게만 허용되는 너무나도 고가의 보석이었다.

그러다 19세기 후반에 일본 미키모토 사에서 양식 진주를 만들어 내면서 사람들에게 선망의 대상이던 진주가 대중에게 다가갈 수 있게 되었다. 이후로 양식 진주는 바다의 오염으로 점점 고갈되는 천연 진주 산업을 대신하게 된다. 현존하는 소수의 천연 진주들은 몸값이 최고치를 호가한다. 그래서 경매 카탈로그를 보면 특별한 진주 주얼리에는 진주가 천연인지, 양식인지가 표시되어 있다. 그리고 천연 진주 주얼리의 추정가에는 0이 하나나 둘은 더 붙어 있기에 설명을 보기도 전에 천연인지 양식인지 금방 눈치챌 수 있을 것이다. 언뜻 보기에는 구별하기 쉽지 않은데도, 태생으로 인해 가치에 차이가 나는 것을 운명이라 말하면 이상할까.

20세기 초, 미국의 어느 부유한 부부는 까르띠에 사의 진주 목걸이에 매료되어 이 보석을 구매하는 데 뉴욕 5번가에 있는 자신들의 빌딩을 바쳤다고 한다. 당시에 천연 진주의 가치가 어느 정도였는지를 짐작하게 하는 이야기이지만, 양식 진주 산업이 활발해지면서 세계적으로 진주의 시세가 불안정해졌다. 그 바람에 당시 천연 진주의 가격은 폭락하고 말았다. 물론 빌딩과 맞바꾼 진주 목걸이도 예외는 아니었을 것이다. 까르띠에 뉴욕 매장이 현재 이 빌딩에 위치해 있는 상황을 부부는 어떻게 받아들였을까? 어쩌면 돈의 가치를 떠나 사랑에 빠진 천연 진주 목걸이를 손에 넣었다는 것 하나만으로도 만족할지 모른다.

주얼리를 좋아하는 어떤 친구는 다이아몬드와 진주를 놓고 어떻게 한쪽만 선택할 수 있냐며 팔짝 뛴다. 나도 거기에 진심으로 동의한다. 여성에 비유한다면, 다이아몬드는 한눈에 확 매료되는 세련된 아름다움을 지녔으나 약간은 가시 있는 도발적인 여인인 반면, 진주는 온화하되 보면 볼수록 우아하고 숨은 관능미를 조금씩 내보이는 여인이라고 할까. 연애는 고양이와 같이 어디로 튈지 알 수 없는 매력을 지닌 여성과, 결혼은 강아지처럼 포근함을 주는 여성과 하고 싶다는 남성들의 흔한 이야기가 머리에 떠오른다. 둘 중 하나를 선택해야 한다면, 그것은 각자의 취향에 달려 있을지도 모른다.

앤티크 주얼리와 인연을 맺은 나. 이 직업에 몸을 담고 있는 한, 특별한 다이아몬드와 진주, 그리고 또 다른 아름다운 보석들이 나를 기다리고 있을 것이다. 그것들이 전하는 숨 막히는 끌림에 전율하면서 그것들을 영원히 나의 마음속에 간직하고 싶다.

다이아몬드와 진주를 사랑하는 독자들이 있다면, 그리고 이 보석들을 소유하고 있다면, 찬란한 빛과 함께 그것들과의 소중한 인연도 마음속에 담아 두기 바란다. 행여 그 보석들이 당신의 것이 되지 못할지라도, 그것들이 전하는 찬란한 빛에 눈과 마음을 빼앗겼던 그 순간을 마음껏 즐겨라. 찰나가 주는 달콤함이 당신의 삶에 웃음만큼이나 좋은 비타민과 에너지를 전해 줄 것이다.

The Secret of Jewellery
인도, 그리고 다이아몬드

최근 몇 년 동안 나의 마음을 자꾸만 끄는 주얼리가 있다. 그것은 서양 앤티크 주얼리를 거래하면서 자연스럽게 접하게 된 인도의 앤티크 주얼리다. 런던의 거리를 걷다 보면 인도인들과 그들의 흔적을 자연스럽게 접할 수 있다. 가끔 옥션 하우스와 갤러리에서 특별히 선보이는 인도 예술, 백화점과 로드 숍에 진열된 의상과 생활 잡화, 본토 그대로의 맛으로 승부를 거는 인도 음식점 등 여기저기서 인도인의 숨결이 느껴진다. 과거에 거느렸던 식민지, 인도의 흔적이 자연스럽게 스며 있는 영국에서는 인도 문화에 대한 거부감이 없을 뿐 아니라 '신비의 나라 인도'라는 긍정적인 견해를 가지고 있는 듯하다. 런던에서 인도인이 경영하는 주얼리 숍에는 당연히 영국인을 비롯한 서양인들이 주 고객이다. 나도 기회가 되면 이곳에 들러 특별한 것이 없는지 살피게 된다. 인도 주얼리의 큰 특징 중의 하나는 옐로 골드에 큼직하게 보석을 세팅하여 다채로운 에나멜을 구사한다는 것이다. 그래서 숍에 들어가면 화려한 주얼리들로 가득하다. 알록달록한 사탕과 같은 주얼리들을 보면 어릴 적에 사탕, 젤리, 초콜릿이 가득한 스위트숍에 들어가서 현혹되었던 느낌이 되살아난다. 그중에서 '내 사랑'을 선택하느라 열심히 고민하는 마음은 예나 지금이나 마찬가지다.

　한번은 너무나도 마음에 드는 팔찌를 발견해 버렸다. 솔직히 남들이 보면 그렇게 특별한 것이 아니라고도 할 수 있는 별 특징이 없는 것이었다. 게다가 에나멜과 같은 화려한 장식도 없었다. 그것은 22K의 옐로 골드에 작은 다이아몬드가 촘촘히 박힌 단순한 뱅글이었다. 골드의 표면에 크기가 제각기인 다이아몬드가 촘촘히 세련되게 박혀 있는 것으로, 가격도 적당했다. 일반적으로 색상이 화려한 인도 주얼리에 비해 소박하고 단순했다. 당시의 나는 이 뱅글에 확 끌려 버렸다. 19세기 후반의 것이라 소중히 길들어진 느낌도 마음에 들었다. 벌써 내 머리는 이것을 구입해서 어떻게 착용할지를 그려 보고 있었다.

　그런데 결론은 이 뱅글과 인연이 닿지 않았다. 아쉽게도 작아서 내 손에 들어가지 않았다. 아주 조금의 차이로 말이다. 정확히 말하자면 들어가다 새끼 손가락을 지나 손바닥 쪽으로 들어가다 만 것인데, 억지로라도 시도했다면 들어갔을 텐데 혹시라도 문제가 생길까 봐 용기를 내지 못했다. 딜러와 이야기해 보니 이 팔찌는 어른의 것이 아니라고 했다. 물론 늘리던지, 고리를 달던지 해서 억지로 사이즈를 맞출 수도 있었지만 그렇게까지 하는 것은 왠지 끌리지 않았다. 진심으로 아쉬웠지만 나와 인연이 아닌가 보다, 하는 생각으로 이 뱅글과 작별 인사를 했다. 물론 이후에 이것보다 더 화려하고 예쁜 것들과의 만남도 있었지만, 그 뱅글은 여전히 내 마음속에 남았고 이를 대체할 만한 뱅글을 아직까지 만나지 못했다. 어떤 친구는 똑같이 제작해 보라고 하지만 그 뱅글의 특별한 아우라를 절대 재현하지 못할 것을 알기에 아예 시도할 생각도 하지 않는다. 모양만 같으면 뭐해, 그 느낌이 절대 안 나올 걸, 하며 투덜대는 나를 보며 친구는 집요하다며 웃음을 날린다. 집요한 나는 이 뱅글의 한을 풀어 보고 싶어서 그런지, 그 후에 더더욱 인도 주얼리에 관심을 가지게 되었다.

무굴 주얼리는 인도 무굴 제국Mughul Empire부터 영국 식민지 당시에 제작되었던 것을 가리키는 말로, 인도 앤티크 주얼리, 마하라자(인도에서 왕을 가리키는 칭호) 주얼리라고 부르기도 한다. 무굴 주얼리의 가장 큰 매력은 다이아몬드를 비롯한 인도 현지의 보석을 소재로 하여 사치의 극치를 보여 준다는 것이다. 보석의 크기와 양에서, 섬세하고 아기자기한 서양 앤티크 주얼리와는 너무나도 다른 스타일이다. 거기다가 알록달록한 에나멜이 돋보인다. 이는 세팅된 유색석의 색상을 방해하기는커녕, 상승효과를 일으켜 서로를 강렬하게 살리는 묘한 매력을 지녔다. 특히 흰색, 붉은색, 녹색 등의 에나멜로 보이지 않는 주얼리의 뒷면에 화려한 패턴을 섬세하게 그려 넣은 것은 그 자체가 하나의 예술이다. 그래서 나는 가끔 뒷면을 앞으로 해서 목걸이를 착용하기도 한다. 반지의 안쪽은 착용하는 이가 아니면 절대 보이지 않는 부분인데, 이곳에도 섬세한 에나멜이 구사되어 있다. 잘 보이지 않는 부분이라 해서 절대 대충하는 법은 없다. 내가 가끔 듣는 '일을 대충대충 하는 인도인의 성격'은 그들의 주얼리에서는 보이지 않는다. 귀걸이의 경우에는 착용하면 움직임에 따라 보석이 세팅된 앞면과 에나멜로 장식된 뒷면이 번갈아 보이기도 해서 또 다른 재미를 준다.

인도의 주얼리 딜러가 전해 준 바에 따르면, 인도인들은 태어난 날의 별의 위치에 따라 수호석이 정해진다고 한다. 그리고 다양한 유색의 수호석은 부적으로 지니는 반면, 다이아몬드는 힘을 전해 주는 보

석으로 즐긴다는 것이다. 이런 보석을 세팅하는 금속으로는 사람의 몸에 좋은 에너지를 전한다고 생각되는 옐로 골드가 주로 쓰인다고. 그래서 인도 주얼리를 착용하면 발랄한 화려함에서 뭔가 좋은 힘을 얻었다는 신기한 느낌을 받는 것일까?

　인도 주얼리에 쓰이는 소재가 대범한 만큼, 주얼리 자체도 거대한 것들이 많다. 그렇다고 해서 세공을 대충하는 것은 아니다. 에나멜 기술은 물론, 금세공도 세밀하여, '장인의 한 땀, 한 땀'의 진수를 보여준다. 목걸이에는 거대한 다이아몬드, 루비, 사파이어 등의 보석이 달려 있고, 비즈 보석과 진주 등으로 이루어진 술^{tassel}이 장식되기도 한다. 터번을 장식하는 깃털 장식인 에이그레트에는 다이아몬드와 같은 보석들이 세팅되었는데, 후에 서양인들도 이런 인도 주얼리 스타일의 영향을 받게 되었다. 동물의 형체와 식물을 디자인한 팔찌와 팔 장식^{armlet}, 가끔은 거울이 세팅되기도 하는 반지와 발 반지^{toe ring}, 버클과 장식 띠^{sash} 등, 몸 전체를 보석으로 휘감는다고 해도 과언이 아닌 것이 바로 인도인의 주얼리 스타일이다. 화려하면서도 역사적인 이런 인도 주얼리는 세계적으로 유통되는 양이 매우 적고 연구도 거의 되지 않는 상황이라 아쉽다.

　사실 18세기 초반에 브라질에서 다이아몬드 광산이 발견되기 전에는 인도가 세계에서 유일한 다이아몬드 산출국이었다. 인도인들은 서양인들보다 훨씬 전부터 보석의 왕인 다이아몬드와 인연이 깊은 민족이었던 것이다. 보석이 아주 오래전에 아시아에서 유럽으로 전해졌다는 사실을 잊고 있는 사람들이 있다. 아마도 너무 오래된 이야기라 이와 관련된 정확한 자료가 많지 않아 그런 듯하다. 다이아몬드와 관련된 정보를 찾아볼 수 있는 최초의 보고서는 13세기에 마르코 폴로가 남긴 저서인 『동방견문록』과 프랑스인 J. B. 타베르니에의 저서 『인도여행Travels in India』 등이 대표적이다. 특히 타베르니에의 저술에는 마치 동화 속 이야기처럼 다량의 화려한 보석으로 장식된 궁전 모습부터 실제 다이아몬드의 채굴 장소와 방법, 가격 산출법, 거래 방식, 그리고 그가 유럽에 들여와 판매한 다이아몬드에 대한 이야기 등으로 가득하다. 이 내용을 살펴보면, 다이아몬드에 대한 인도인의 평가 기준도 서양인들과는 조금은 달랐다. 다이아몬드의 광채에 열광하는 서양인들과는 달리, 인도에서는 빛보다는 견고함에 깊은 의미를 두었다. 앞서 언급한 바 있듯이 견고함에는 불멸 혹은 전능의 힘이 숨겨져 있다는 것이 인도인들의 믿음이었다. 인도 권력자들은 이 '특별한 돌'을 지니고자 했고 여기에 담긴 보이지 않는 신비의 힘을 얻으려고 서로 무섭게 겨루었다. 다이아몬드의 역사는 피의 역사라고도 할 수 있다. 그렇기에 인도에서는 다이아몬드의 광채보다는 자체의 크기를 소중하게 생각하여, 커팅을 최소화하기 위해서 연마 수준의 커팅에 그친 것이다. 물론 당시의 다이아몬드 커팅 기술에 대한 인도인들의 연구에 한계가 있었을지도 모르겠다. 어쨌든 중량의 손실을 최소화하려는 평평한 형태가 현재 내려오는 인도식 다이아몬드의 근원이라 할 수 있겠다.

인도에서 다이아몬드의 주 소비층은 우리의 상상을 초월할 정도로 막대한 부를 지녔던 특수 계층이었다. 책 등의 참고 자료, 전시회, 경매에 등장하는 역사적인 주얼리에 세팅된 다이아몬드를 보면, 화려한 커팅으로 기교를 부리려는 서양의 것들과는 달리 둔탁하고 원시적인 형태다. 다이아몬드 원석의 형체를 그대로 살리고 살짝 연마한 수준의 것들이다. 서양인들은 인도에서 전해 온 이런 다이아몬드들을 우쭐거리며 근대적 커팅으로 재탄생시켰다. 그런데 아무리 서양에서 다이아몬드를 완벽하게 반짝거리도록 연마했을지라도, 인도의 둔탁한 다이아몬드가 뿜어내는 또 다른 아름다움, 즉 '신비의 미美'는 대체할 수 없었다. 옛날에도 인도에서는 특별한 다이아몬드를 해외에 수출하는 것을 막기 위해 엄격한 규정이 있었다. 그렇기에 특별한 경우가 아닌 한, 서양에 수출하는 다이아몬드는 얄팍한 것들이 대다수였다는 이야기도 있다. 그래서 서양에서는 소량의 다이아몬드의 아름다움을 극대화하기 위해 커팅 기술을 집요하게 연구했는지도 모르겠다.

인도 골콘다Golconda에서 채굴된 다이아몬드는 지금은 고갈되어 버렸지만, 다이아몬드 가운데 최고의 아름다움을 지닌 것으로 평가된다. 나도 몇 번 골콘다 다이아몬드가 세팅된 앤티크 주얼리를 접할 기회가 있었다. 그것들은 정말로 투명하고 특별한 광채를 지녔다. 직접 눈앞에서 보지 않는 한 잘 전달되지 않는 듯해서 아쉽다. 딜러 중 한 분은 '물과 같은water like'이라는 말로 이를 표현했는데 딱 맞는 것 같다. 골콘다 다이아몬드는 4C라는 다이아몬드의 일반적 감정 기준과는 무관한, 특별한 태생의 차이를 보여 준다고 나는 생각한다. 특별한 골콘다 다이아몬드를 접할 기회는 그리 많지 않지만, 가끔 찾아오는 만남에서는 그 신비의 아름다움에 늘 깊은 감동을 받는다.

서양의 유명 주얼러들은 19세기 후반에서 20세기에 걸쳐 이국적인 동양에서 얻은 영감으로 볼륨감 넘치고 사치의 극치를 보여 주려는 아름다운 주얼리들을 만들어 냈다. 특히 인도의 마하라자와 같은 특수 계층들은 조상 대대로 이어받은 수많은 보석들을 서양의 유명 주얼러들에게 맡겨 다시 세팅했다. 서양인들이 이들에게 문화적 영감을 받았듯이, 이들 또한 당시의 화려한 서양 문화를 선망했던 것이다. 그중에서 대표적인 주얼리는 까르띠에 사의 〈마하라자의 목걸이Necklace of Maharaja〉

라고 할 수 있겠다. 1928년, 까르띠에 사는 파티알라의 마하라자인 부핀다르 싱 경 sir Bhupinder Singh의 주문으로 다이아몬드 2,930개에 총 962.25캐럿이 쓰인 거대한 목걸이를 제작한다. 중심을 장식하는 234.69캐럿의 쿠션 컷 옐로 다이아몬드는 남아프리카에서 채굴된 439.86캐럿의 원석을 커팅한 것이라고 한다. 이를 빼놓은 나머

지 다이아몬드는 부핀다르 싱 경의 소장품이었다고 하니, 우리의 상상을 초월하는 어마어마한 부와 보석에 대한 한 개인의 사랑을 보여 주는 대표적인 작품이라 할 수 있겠다. 현재는 중심의 거대한 보석들이 사라져 큐빅 지르코늄 등으로 대체되어 있는 상태다. 까르띠에의 주요 전시회에 어김없이 등장하는 작품으로 가장 유명한 주얼리라 할 수 있겠다.

인도에서는 특별한 계급만이 주얼리를 착용하는 것은 아니다. 여성들은 각자의 상황에 맞게, 인도 전통 의상인 화려한 사리 Sari와 어울리는 귀걸이, 목걸이, 뱅글 등의 주얼리를 즐긴다. 런던에서는 그런 인도 여성들을 여기저기서 볼 수 있다. 내가 런던에서 가장 인상 깊게 본 인도 여성은 유복한 젊은이로 예사롭지 않은 사리에 진주와 다이아몬드로 만든 인도 주얼리를 겹겹이 화려하게 착용했다. 그런데 그 많은 주

얼리들을 화려한 사리에 착용했음에도 불구하고 부담스럽지 않을 뿐 아니라, 너무나 품위 있고 아름다웠다. 그리고 그녀의 우아한 움직임은 그 자체가 자신이 속하는 계층을 자연스럽게 전해 주는 듯했다. 인도는 미녀와 아름다운 보석의 나라라고 한 누군가의 말이 머리에 스쳤다. 인도인은 착용하는 주얼리로 그들의 사회적 지위를 알 수 있다고도 한다. 이는 주얼리와 함께한 시간, 즉 자신들 나름의 역사를 지닌 이들만이 뿜어낼 수 있는 기품이다.

완벽하게 계산되어 커팅된 현대 다이아몬드는 완벽한 아름다움을 우리에게 선사해 준다. 그런데 나는 완벽하기보다는 수수한 서양 앤티크 다이아몬드에, 그리고 그보다는 훨씬 더 원시적인 인도 다이아몬드에 자꾸만 끌리게 된다. 물론 소재인 다이아몬드와 유색석을 포함하여 전체적으로 어떤 디자인의 주얼리인가에 따라 이 척도는 달라지지만 말이다. 그 이유는 아마도 인도라는 국가를 빼놓고는 보석, 특히 다이아몬드의 역사를 논할 수 없기 때문이 아닐까. 한번쯤은 다이아몬드의 기원을 보여 주는 인도 주얼리를 대범하게 시도해 보는 것은 어떨까. 아마 당신도 나와 같이 특유의 발랄한 힘과 신비의 아름다움을 체험하게 될 것이다.

마하라자 부판다르 싱 영이 카프티에에서 자신의 아버지를 위해 제작했던 의식용 다이아몬드 목걸이를 착용하고 있다. 1928년경 이 목걸이는 그들이 소유한 다이아몬드를 트렁크에 가득 담아 당시 유명하던 프랑스 종 주얼러로 제작해 달라고 특별 주문해 만들어진 <마하라자의 목걸이>로 2,930개의 다이아몬드가 세팅되어 있다. 현재는 까르띠에를 대표하는 주얼리가 되었다. ⓒ Art of Cartier Collection

해골과 다이아몬드, 그 역설적인 관계

The Secret of Jewellery

가만히 주위를 살펴보니, 나와 오랫동안 함께한 것들에는 공통점이 있다. 그것이 사람이든 물건이든 '사랑스러움'을 주는 어떤 것이 그 안에는 꼭 존재한다는 것이다. 그게 뭐냐고 따져 물어도 속 시원히 대답할 수 없는 것은, 지극히 개인적인 느낌이기 때문이다. 나의 사무실 구석구석에는 그런 물건들이 숨어 있다. 그것들과의 인연은 나 자신의 능동적인 구애(?)로 이루어진 경우도 있지만, 내 주변의 소중한 사람들이 선물해 준 수동적인 인연도 많다. 남들이 보기에는 별것 아닌 것들이지만 이미 몇 년, 몇십 년을 나와 함께했고 그것들과 인연을 맺은 그날을 잊을 수 없게 해 주는, 내 인생에서 중요한 것들이다. "너는 왜 그런 사람과 친분을 유지하니?", "이게 뭐가 좋아서 샀어? 정말 이해할 수 없네." 가족과 친구들의 핀잔 섞인 걱정에 내 나름의 궁색한 답을 찾지만 돌아오는 것은 갸우뚱거리는 그들의 얼굴뿐이다. 그러나 어쩔 수 없다. 인연을 맺게 되어 지금까지 내 곁을 지켜주는 것은 물건이든, 사람이든 간에 모두 나만의 세계이자 취향이니까.

오랜만에 그런 사랑스러운 감정을 느낀 미술품이 생겼다. 첫눈에 강력한 흡인력으로 나를 꼼짝달싹 못하게 만든 이 작품은 모처럼 나의 설렘이라는 감수성을 자극했다. 영국 작가 데미안 허스트Damien Hirst의 〈신의 사랑을 위하여For the Love of God〉의 프린트 작품이었다. 원작은 18세기에 생존했던 30대 중반 유럽인의 것으로 추정되는 두개골을 플래티넘 주형으로 뜬 것이다. 책에 나온 작업 과정을 들여다보면 작가의 손 안에 있던 30대 중반 사람의 해골은 아이의 것처럼 작아 보였다. 그 해골 작품 중에서 실제를 그대로 사용한 것은 치아뿐이라고 한다. 작품에 세팅한 다이아몬드의 총 질량은 이마에 있는 52.5캐럿의 물방울 다이아몬드를 포함해 1,106.18캐럿에 이른다. 전체적으로 쓰인 다이아몬드의 가치는 1,500만 파운드라고 하니 세계적으로 화제가 되고도 남을 법하다. 해골 중 가장 비쌀 이 작품의 가격은 2007년 기준으로 약 5천만 파운드를 호가했다.

허스트는 〈신의 사랑을 위하여〉에서 해골을 모티프로 한 것이 아니라 해골 자체를 작품화했다. 출발이 너무 화려했기에 어쩔 수 없이 슬럼프에 빠졌던 허스트는 이 작품으로 재기했다는 평가를 받은 반면, 갖가지 구설수에도 시달려야만 했다. "다시 전성기의 작품 세계로 돌아왔다"고 긍정적으로 평가하는 사람들이 있는가 하면, "자세히 보면 허접스러운 작품이다", "디스코 볼을 연상시킨다", "화제를 일으키기에는 좋으나 작품성보다는 상업성이 너무 눈에 보인다"는 등 의견도 가지각색이었다. 솔직히 호평보다는 혹평이 더 많이 들리는 듯하다. 나는 이 원작을 실제로 보지는 못했다. 그러나 허접스럽다는 평가가 무슨 말인지는 알 것만 같다. 보석은 어쩔 수 없이 자연광 아래에서는 '쌩얼'을 공개할 수밖에 없다. 쌩얼이 완벽한 여성은 연예인과 같은 한정된 여성들인 것처럼, 보석과 이에 관련된 작품 가운데서도 쌩얼이 완벽한 것은 그리 많지 않기 때문이다. 2007년, 그의 개인전에서 이 작품을 보고 싶었으나 시간제 티켓을 예약해야 했고 일정이 맞지 않았다. 한 번에 10명씩, 경비원들과 함께 어두운 전시실에 입장해 5분 동안만 관람할 수 있는 특이한 전시였다고 전해 들었다.

평가야 어떻든 간에 내게 허스트의 이 해골 작품은 참으로 매력적이었다. 다이아몬드 해골은 절대 소유할 수 없는 '머나먼 당신'이기에 더욱 그랬을 것이다. 나와 같은 이들에게 꿈을 주기 위해서인지, 작가는 친절하게도 이 해골 작품을 에디션이 붙은 실크스크린으로 변형하여 찍어 냈다. 허스트의 이런 상업적인 면모를 비판하는 이들도 많지만 나는 개의치 않고 오히려 작가에게 감사할 따름이다. 내게 미술 작품은 투자의 대상이 아니다. 단지 마음으로 즐기면서 행복해질 수 있고 동시에 깊은 생각을 하게 해 주는 너무나도 고마운 대상이기 때문이다. 물론 소장하는 작품의 가치가 올라간다면 더할 나위 없겠지만, 앞으로의 금전적 가치를 떠나 내게 안겨 줄 독특한 '사랑스러움'이 나에게는 무엇보다도 가장 중요한 요소가 된다.

당시 한 갤러리에 나란히 걸려 있던 3점의 실크스크린은 각각 다른 디테일을 가지고 있었다. 1점은 그냥 실크스크린이고, 또 다른 1점은 해골에 다이아몬드가 뿌려져 있고, 나머지 1점은 해골과 바탕 화면 전체에 다이아몬드가 뿌려져 있었다. 각각이 다른 매력을 지녔다. 아무리 에디션이 있다 하더라도 이렇게 3가지 버전을 만들어 내어 작품 수를 늘린 허스트의 상업성은 참으로 대단하다. '다이아몬드가 뿌려진 작품'이라고 하니 너무 거창한 작품이라고 오해할 수도 있겠다. 실크스크린에 뿌려진 다이아몬드는 거의 가루 수준이기에 보석의 가치는 거의 없다고 보면 된다. 그러나 다이아몬드 특유의 광채는 밋밋할 수

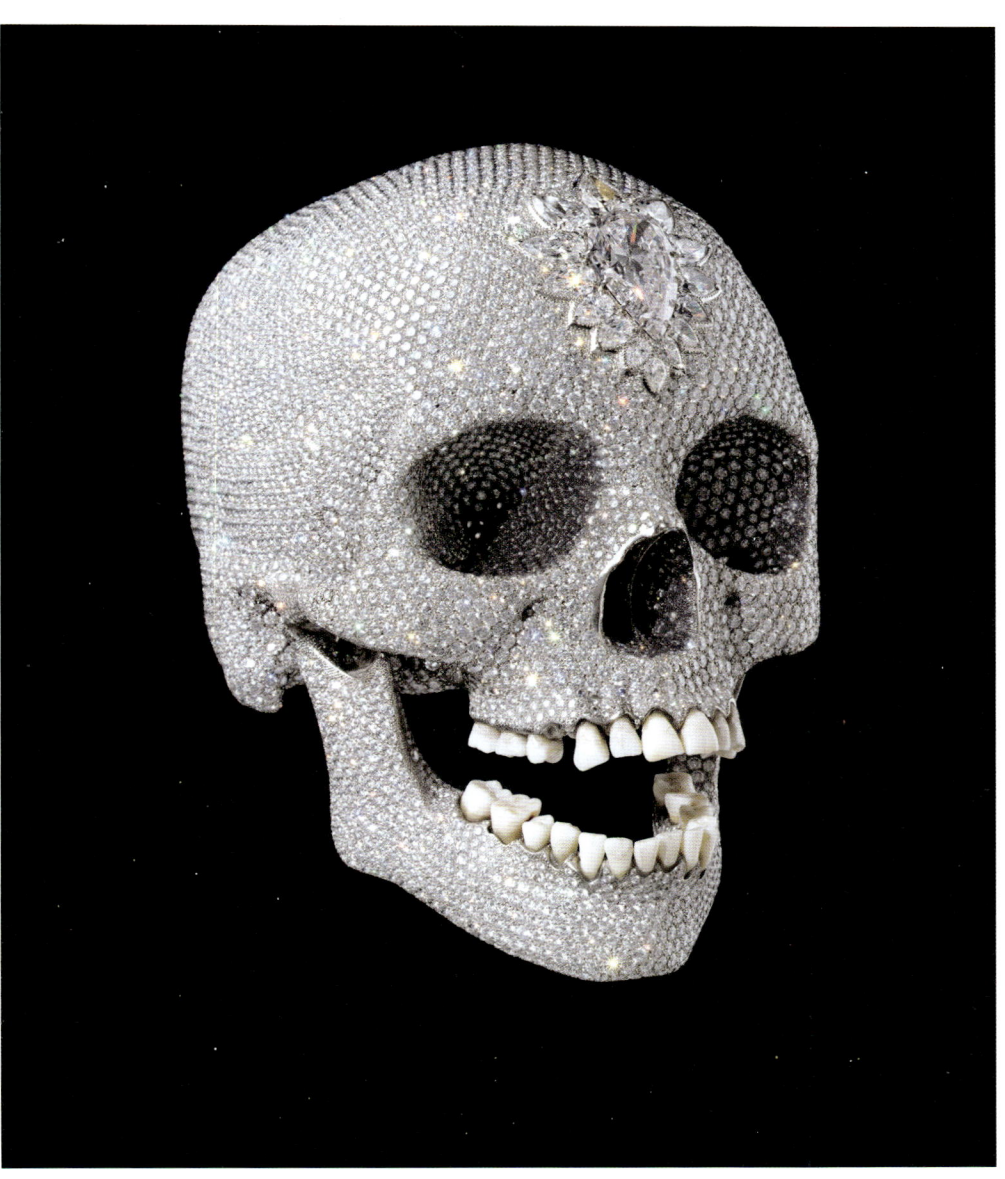

도 있는 평면 속 해골을 아주 특별하게 변신시켰다. 입체적인 느낌마저 내는 듯하다. 그리고 실크스크린 속의 해골은 정면이 아니라 45도의 '얼짱 각도'다. 일반적으로는 불쾌한 이미지인 해골 형상임에도, 이런 각도 때문인지, 어딘가 완벽하지 않거나 순해 보이기까지 한다. 보고 있노라면 그 표정이 우스꽝스럽게 느껴지기도 한다. 특히 교정을 해 주고 싶은 약간은 가지런하지 않은 이가 마냥 어두울 것만 같은 해골에 대한 선입견을 무너뜨린다. 해골의 캐리커처와 같은 느낌이라고 할까.

 사람들에게는 참 이상한 구석이 있다는 생각이 든다. 딱 들어맞는 예가 될지는 모르겠지만, 음식을 먹을 때는 너무 행복하지만 남은 음식을 처리할 때는 언제 입에 댔던 것인가 싶게 만지기조차 꺼린다. 해골도 마찬가지가 아닐까 싶다. 따지고 보면 현재 우리 몸의 일부이자 인간의 원초적 모습인데, 해골에 대한 사람들의 반응은 대부분 부정적이다. 악마, 귀신 등의 우중충한 이미지가 함께 떠올라 그럴 수도 있다. 혹은, 원래 해골이 라틴어로 공허(emptiness)를 의미하며, 세상의 모든 것에는 끝이 있고 인간에게도 어쩔 수 없이 죽음이 찾아올 것이니 '죽음을 기억하라(memento mori)'는 깊은 경고의 메시지를 연상시켜 그런지도 모르겠다.

 그러나 예부터 많은 서양 예술 작품 안에는 해골 모티프가 존재했다고 해도 과언이 아니다. 회화뿐 아니라 주얼리의 세계에서도 해골은 주요 모티프였다. 때로는 해골의 두 눈에 박힌 다이아몬드가 사람의 영혼까지 쳐다보는 듯한 심오한 주얼리도 존재한다. 그런데 나는 개인적으로 해골은 인간에게 죽음보다는 삶의 소중함을 강력히 일깨워 주는 모티프라고 생각한다. 더군다나 허스트의 작품에서는 다이아몬드를 주 소재로 한 탓인지 죽음에 대한 공포와 어두움보다는 삶의 화려한 기쁨이나 매혹이 더 많이 느껴진다. 최근에도 해골 모티프의 의류나 액세서리 등이 세계적으로 핫 아이템으로 한참 떠오르고 있다. 친구들이 광분해 마지않는 캐시미어 브랜드도 해골이 트레이드 마크이며, 여기서 '증상'이 좀 더 진행된 이들은 해골이 수십 개 세팅된 팔찌를 구매해야만 진정한 기분 전환을 외치게 된다. 결과적으로 해골은 세계적으로 가장 오래되고 변함없는 모티프가 아닐까 싶다.

내게 허스트의 〈신의 사랑을 위하여〉의 중요한 포인트는 다이아몬드라는 소재가 해골을 덮어 버렸다는 사실이다. 그리고 실크스크린 위에 가루와 같은 다이아몬드를 확 뿌려 버렸다는 것! 그 덕분에 이 해골은 우중충하지도 무섭지도 않게 반짝반짝 자신의 존재를 과시한다. 해골이 전하는 삶의 덧없음과 그에 따른 흉측한 모습을, 다이아몬드가 지니는 반짝이는 아름다움으로 덮어 버린 것이다. 그러나 다이아몬드

미카엘 볼게무트Michael Wolgemut가 1493년에 제작한 《죽음의 무도》 하단의 여러 관과 봉가된 자가 없이 해골들의 권력을 지는 모습을 표현하여 매멘토 모리의 상징적 테마를 잘 나타내고 있다.

의 영롱한 투명함은 죽음을 완벽히 덮지는 못한다. 죽음을 삶의 화려한 기쁨으로는 사라지게 만들 수 없다는 듯이 말이다. 해골이 지니는 죽음의 이미지와는 대조적으로, 우리에게 다이아몬드는 영원함의 상징이다. 해골이 안겨 주는 덧없음이라는 의미는 다이아몬드의 아름다움, 그리고 이로 인해 펼쳐지는 인간의 욕망과 허영심, 사치와는 상반된다. 그러나 둘 다 절대로 감출 수 없는 인간의 원초적인 모습이라는 사실을 생각해 볼 때, 해골과 다이아몬드는 서로 연결되는 반전을 이룬다.

나는 모든 것에서 이런 반전을 즐기는 듯하다. 겉보기에는 아무 특징 없는 물건에 숨어 있는 세밀한 모습을 찾아냈을 때, 남들이 보기에는 그저 그런 것에서 내게만 호소하는 부분을 발견할 때, 나는 그것에 열광하게 된다. 만약 허스트의 작품에 다이아몬드라는 소재가 쓰이지 않았다면, 이런 특유의 '사랑스러움'이 내 가슴을 파고들지는 않았을 것이다.

프린트 작품 한 점을 가지고 뭘 그렇게 야단법석을 피울까 싶을 수도 있지만, 나는 아침마다 사무실에서 나를 맞이해 주는, 약간은 어설퍼 보이는 이 해골 프린트를 보면 괜히 즐거워진다. 늘 그런 것은 아니지만, 해골 형상을 보면서 언젠가 나에게도 찾아올 그 순간에 후회하지 않게 '그래, 열심히 살아야지!' 하는 강한 용기도 얻곤 한다. 그리고 조명 아래서 과도하게 반짝거리는 다이아몬드에서 내 삶의 동기 부여, 즉 살아가기 위한 긍정적 욕심을 얻는다. 이는 인류 모두가 인정하는 다이아몬드의 아름다움 때문인 듯하다. 그것은 사치, 허영심 같은 물질적인 욕심이 아니라 인간이기에, 그리고 여자이기에 갖는 아름다움에 대한 순수하고도 본능적인 갈망이라고나 할까.

나만의 다이아몬드 반지

The Secret of Jewellery

생각해 보면, 한국에는 현대적인 주얼리의 역사가 없다고 해도 과언이 아닐 듯하다. 한국의 지난 100년을 되돌아보면, 식민지 시대와 전쟁으로 인한 가난 속에서는 주얼리라는 존재 자체가 무의미했을 것만 같다. 그러다 보니 지금처럼 주얼리의 대중화가 시작된 것이 50년이나 될까라는 생각이 든다. 그 짧은 동안에 세상은 이렇게 많이 변한 것이다. 길을 가다 각자 확실한 취향에 따른 주얼리를 착용한 이들을 보면, 한국의 주얼리 소비가 얼마나 가파르게 성장했는지, 또한 세련되게 변했는지를 느낄 수 있다. 나는 주얼리를 거래하다 보니 자연스럽게 주얼리를 즐기는 사람들 중, 주얼리의 고수라 불리는 이들과 함께하는 시간이 많다. 그들은 확실히 안다. 주얼리를 즐기는 자기 나름의 정확한 방법을 말이다. 그런데 그런 그들에게 가끔 받는 질문이 의외로 "다이아몬드 반지, 어떻게 선택해야 하지요?"다.

결혼을 앞두고, 출산 기념으로, 애정을 담은 선물로 등등 무엇인가를 축하하거나 추억을 만들기 위해 사람들이 많이 찾는 주얼리 중에서, 다이아몬드 반지처럼 깊은 의미가 담긴 것도 없는 듯하다. 인생에서 중요한 다이아몬드 반지의 선택 방법을 한마디로 표현하기는 참 어렵다. 솔직히 그런 선택을 위한 객관적이고 정확한 방법은 없다고나 할까. 많은 이들이 매장 직원, 혹은 전문가들의 의견을 주로 따른다. 그 이유는 왠지 복잡할 것 같은 다이아몬드에 대한 전문 지식이 부담스럽고, 전문가에게 의존하면 실수 없이 완벽한 쇼핑을 할 수 있을 것만 같은 생각이 들어서인 듯하다. 제3자의 의견은 선택의 순간에 겪는 스트레스(행복한 스트레스이지만 어쨌든 스트레스는 스트레스다!)에서 나를 해방시켜 준다. 그러나 냉정히 말하자면 나의 고민을 순간 잠시 덜어 줄 뿐이다.

예를 들면, 나는 옷을 살 때 매장 직원이 흔히 하는 말인 "어머, 고객님에게 딱 어울려요!"를 거의 믿지 않는다. 아니, 믿지 못한다. 이런 삐뚤어진 성격(?)은 하루아침에 생긴 것은 아니다. 가끔 다른 손님이 전혀 어울리지 않는 옷을 입었을 때도 매장 직원이 남발하는 이런 대사를 무수히 들었기 때문이다. 물론 요즘은 이런 부담스러운 판매 방식이 줄어들기는 했지만 말이다.

옷뿐 아니라 중요한 선택에서 제3자의 존재란 늘 이런 것이라고 나는 생각한다. 타인의 의견, 취향, 그리고 시장 정보에만 의존하는 주얼리 구매 방법에는 분명 위험이 따르기 마련이다. 타인의 조언에 의존해 구매한 것이 마음에 들 수도 있지만, 나중에 실망하는 일이 생긴다면 그 뒷감당은 본인의 몫이지 어느 누구를 탓할 수도 없다. 주얼리는 옷과 백을 쇼핑하는 것과는 또 다른 긴장감을 자아내는 아이템이다. 생각해 보라, 내 다이아몬드 반지를 주변의 의견에 따라 구매했는데, 얼마 지나지 않아 이 선택은 잘못된 게 아닌가 하는 생각에 우울해지는 상황을. 이런 위험을 덜기 위해서는 근본적으로 자신의 취향이 어떤지를 본인이 충분히 파악해야 한다. 결과적으로 본인의 감정과 본능

에 따른 선택이 중심이 되어야 내가 엄
선한 다이아몬드 반지와 오래오래 행
복할 수 있지 않겠는가.

주얼리를 거래하는 내가 이런 이야
기를 한다는 것에 납득하지 못하는 이
들도 있을 것이다. 영업을 잘하려면 당
연히 높은 소리로 '고객님~'을 외치
며 가끔은 마음에도 없는 이야기로 고
객을 정신없게 만들어야 하는데 말이

다. 아쉽게도 나는 성격상 그렇게는 못 한다. 솔직히 경영자의 입장에
서 고객을 혹하게 하는 애교를 날리고 싶은 욕구가 생길 때도 있다. 그
렇지만 사람은 무리를 할 때 꼭 실수하기 마련이다. 나는 소중한 분들
께 그런 실수를 하는 것을 상상하고 싶지도 않다. 그렇기에 제품이 지
니는 객관적 사실과 나의 느낌을 솔직히 전할 뿐이다.

다이아몬드 반지를 현명하게 구매하기 위해, 다이아몬드가 무엇인
지를 다시 한 번 생각해 보는 것은 어떨까?

다이아몬드는 탄소로 구성되는, 세상에서 가장 견고한 천연석이다.
지구의 저 깊은 땅속에서 상상을 초월하는 높은 온도와 압력이 가해지
는 순간 다이아몬드의 결정체가 형성되는 것이다. 이렇게 태어난 다이
아몬드의 가치를 평가하는 기준인 4C를 다시 정리해 보자.

캐럿은 다이아몬드의 중량, 즉 무게를 나타낸다. 현재 1캐럿은 0.2그
램으로 규정되어 있고, 100분의 1까지 정밀하게 계산된다. 0.999캐럿
부터 1.008캐럿까지가 1.00캐럿으로 표시된다.

투명도는 다이아몬드의 내부나 외부의 내포물, 홈의 크기와 종류, 양, 위치 등을 알려 주는 것이다. 홈이 없어 무결점 상태임을 표시하는 FL^(flawless)부터 육안으로도 발견할 수 있는 홈이 있음을 표시하는 I^(imperfect)까지 11단계로 나누어진다. 다이아몬드가 자연의 힘으로 만들어지는 과정에서 이미 타고난 내포물과 후에 생긴 표면의 홈 등을 감별하는 것이다. 이것들은 다이아몬드의 투명도를 결정하는 요소가 된다. 다이아몬드는 천연석이기 때문에 완벽한 FL이나 다음 단계인 IF^(Internally Flawless)의 다이아몬드를 찾아내는 것은 쉬운 일이 아니다. 혹시 찾는다 하더라도 가격은 그만큼의 몸값을 호가할 것이다.

컬러는 무색투명의 D부터 Z까지의 23단계로 평가되고, Z에 다가갈수록 황색 혹은 갈색을 띤다. D는 다이아몬드의 첫 자다. 일반적으로 F나 G까지는 육안으로 누런 색상을 감별하기 어려운 단계다. 황색이라 하니 고가의 옐로 다이아몬드를 연상하는 이들도 있겠으나, 짙고 상큼한 노란색의 다이아몬드일 경우에나 희귀한 팬시 컬러 다이아몬드^(fancy colour diamond)로 대접을 받게 된다. 카나리아 옐로 다이아몬드^(canary yellow diamond)는 옐로 다이아몬드 중에서 최상급이다. 이러한 팬시 컬러 다이아몬드는 다이아몬드의 결정체에 탄소 외의 요소가 들어가는 '자연의 돌발적 사고'로 탄생하는 것이다. 예를 들어 붕소가 들어가면 블루 다이아몬드, 질소가 들어가면 핑크 다이아몬드가 되는 식이다. 선명하고 짙은 색상을 지닐수록 높은 가치를 지닌다. 이렇게 특별히 아름다운 색상의 팬시 컬러 다이아몬드는 무채색 다이아몬드보다 희귀하기에 당연히 가격도 그 이상을 호가하는 것이다.

컷은 다이아몬드의 형태와 비율, 마무리 등을 보여 주는 평가 기준으로 다이아몬드의 광채^(brilliancy)를 좌우하는 가장 중요한 것이다. 마무리에 대한 평가는 다이아몬드를 가장 모범적으로 아름답게 빛나게 할 '엑설런트Excellent'부터 광채에 힘이 약한 '푸어Poor'까지 5단계로 나누어진다. 앞서 언급한 캐럿, 투명도, 컬러는 다이아몬드의 타고난 성질인 반면, 컷은 사람의 손으로 완성되는 것이다. 광물인 다이아몬드 원석에 숨어 있는 아름다움을 끌어내어야만 하는 가장 중요한 포인트다.

다이아몬드 원석이 지니는 크기, 즉 캐럿의 손실을 가능한 한 막으면서 광채를 최대한 끌어내는 효율성 있는 커팅 기술은 하루아침에 만들어지지는 않는다. 숙련된 장인의 기량에 따라 더 더욱 빛나기도 하고, 반대로 다른 요소는 완벽한데 커팅에 문제가 있어 광채를 잃는 경우도 있다. 그러므로 양질의 다이아몬드 원석은 선택된 장인에 의해서만 커팅되는 명예를 누린다. 요즘에는 기존의 58면체 브릴리언트 컷보다 컷 면이 더 많은 것들이 계속 등장하고 있다. 다이아몬드에 커팅된 면수가 많으니 당연히 더 많이 빛나 보인다. 그러나 앞에서 언급한 바 있는 것처럼 면수가 많다고 무조건 더 빛나는 것은 아니다. 너무 과도한 커팅은 전체적인 균형을 깰 수도 있다는 것을 염두에 두자. 또한 이런 조건들이 종합적으로 거의 비슷한 등급의 다이아몬드라도 산지가 어디인지, 어떤 내포물이 어디에 위치하는지, 비율과 마무리 등은 어떤지에 따라 개성도 전혀 다르고 느낌도 틀리다는 사실을 잊지 말자. 이는 다이아몬드가 천연석이기에 똑같은 다이아몬드는 존재하지 않는다는 증거이기도 하다.

   4C에 대해 간단히 나열해 보았는데, 사실 이 이상으로 체크해야 할 것들은 많다. 벌써 거부 반응을 일으키는 독자들도 있을 것이다. 하지만 최소한 다이아몬드의 4C가 무엇인지만이라도 사전에 알고 있기 바란다. 다이아몬드는 몇만 원의 소모성 상품이 아니다. 지식을 갖추고 있으면 언젠가 찾아올지도 모르는 다이아몬드의 구매 기회, 예를 들어 자녀들의 예물 준비를 할 경우나, 남편에게 기념일 선물로 다이아몬드 반지를 받았을 경우, 연인을 위해 특별한 선물을 해야 할 경우 등에 그 위력을 충분히 발휘할 것이다.

   그렇다고 얼마나 많은 지식이 필요할까 하고 너무 걱정할 필요는 없다. 다이아몬드는 일반인의 육안으로는 감별할 수 없다. 그래서 전문 감정사가 엄밀히 평가한 감정서가 필요한 것이다. 그러니 이 감정서를 파악할 수 있을 정도의 지식이면 충분하다. 감정서는 여러 가지가 존재하지만 세계적으로 권위 있는 감정 기관이 발행하는 것이라면 안심이다. 벨기에의 HRD$^{\text{Hoge Raad voor Diamant}}$, 미국의 GIA$^{\text{Gemological Institute of America}}$ 등이 대표적이다. 나의 거래처는 이 두 곳에서 발행하는 감정서를 지닌 다이아몬드를 주로 다룬다. 그 이유는 공식력 있는 감정서의 유무가 후에 다이아몬드 가격에 영향을 미치기도 하기 때문이다.

   이런 사항들을 사전에 알고 백화점을 한번 돌아보자. 지명도 있는 국내 브랜드, 유명 해외 브랜드 숍이 눈에 띌 것이다. 각 브랜드들이 역사와 명성을 내걸고 거래를 하기에 신뢰도가 매우 높다. 전문 지식을 지닌 세련된 점원도 고객을 편안하게 대한다. 그리고 그 브랜드만이 지니는 시그니처 디자인(signature design)은 매력적으로 다가올 것이다. 그러나 그만큼의 값을 치러야 한다.

다음에는 백화점과 호텔 주변에 자리 잡고 있는, 어머님들이 흔히 말씀하시는 보석방, 즉 주얼리 살롱으로 가 보자. 국내에서 그 나름대로 역사를 지니는 이런 곳들은 브랜드 주얼리에 못지않은 수준급의 것들을 선보여 줄 것이다. 클래식한 브랜드 주얼리가 지니지 못한 독특한 디자인의 것들을 원하는 이들에게 추천하고 싶다.

역사는 길지 않으나 대표의 취향과 개성이 묻어나는 주얼리 살롱에서는 남들과는 다른 나만의 특별한 것을 찾을 수 있다. 단, 수준이 천차만별이니 사전에 어느 정도 파악해서 방문하기 바란다. 웨딩 잡지에서는 혼수 전문 주얼리 숍을 흔히 볼 수 있다. 이런 곳들은 아무래도 이삼십 대를 겨냥한 혼수 전문 숍이 많기에 위압감 없이 다가갈 수 있을 것이다. 이 외에도 여러 곳이 있으나 점원들이 너무 적극적으로 고객의 결정을 서두르게 압박하는 곳은 절대 권하고 싶지 않다.

다이아몬드를 고를 때 또 주의해야 할 점은 다이아몬드는 환경에 따라 그 모습이 달라진다는 것이다. 다이아몬드가 놓인 곳의 조명과 쇼케이스의 바탕색 등은 숍마다 다르다. 함께 간 친구가 유난히 예뻐 보이는, 즉 '조명발'이 좋은 카페가 있는 것처럼 주얼리 숍도 마찬가지다. 보석을 다루는 곳은 당연히 주인공인 보석을 가장 아름답게 보이게 하는 인테리어와 조명으로 고객들을 현혹한다. 이는 디스플레이의 기본 상식이다. 이런 특수 조명은 다이아몬드가 가장 활기를 띠게 하는 환경이다. 여기서 명심할 점은 보석은 자연광 아래서는 조명 아래에서 볼 때와는 또 다른 모습을 보인다는 것이다. 그렇기에 마음에 드는 다이아몬드를 골랐다면 꼭 양해를 구해서 자연광에서도 살펴보라. 일상의 빛 아래에서도 다이아몬드는 기본적인 광채를 뿜어낸다. 태생이 다이아몬드이니 말이다. 그러나 숍의 조명 아래서 본 다이아몬드가 실망감과 아쉬움을 줄지도 모른다. 반대로 또 다른 매력을 찾을 수도 있다. 내가 선택한 다이아몬드 반지의 생김새를 확인하기 위한 필수 절차다.

그리고 쇼 케이스 위에서만 다이아몬드 반지를 바라보지 말고, 꺼내서 착용도 해 보고 가까이에서 혹은 멀리서도 보아야 한다. 반지를 거울에 비춰 보는 것도 중요하고, 정면과 옆면에서 보는 것도 좋다. 대략 마음에 드는 다이아몬드 반지가 정해지면, 크기나 색상이 약간 다른 다이아몬드와 비교해 보는 것도 참고가 될 것이다. 만약 나석 상태의 다이아몬드라면 반지가 되었을 때의 느낌이 또 다르다는 것을 꼭 알고 있어야 한다.

이렇게 다이아몬드 반지의 선택에 대해서 이야기하다 보면 끝이 없다. 앞서 말한 것처럼 정확한 선택 방법이라는 공식이 없기 때문이다. 어쨌든 지금까지 언급한 사항들을 참고하되, 다이아몬드 반지의 선택은 구매자 본인이 정하는 것이지, 절대 점원이 정하는 것이 아니라는 점을 다시 한 번 명심하자. 가장 정확한 것은 당신만의 본능적인 느낌이다. 아무리 등급이 좋다고 해도 내 마음에 들지 않는 무엇인가가 있다면 무슨 소용이겠는가. 그렇다면 감정서는 대체 왜 필요하냐고 묻는 이들이 있을 것이다. 감정서라는 것은 품질 평가를 위한 기준, 즉 참고 사항일 뿐이다. 그런데 어떤 이들은 감정서의 등급과 점원의 의견에 사로잡혀, 내 눈이 다이아몬드 반지를 어떻게 느끼는지를 간과하는 경우가 많다. 다이아몬드를 직접 눈앞에서 보다 보면 감정서에만 의존할 때는 발견하지 못했던 다채로운 모습을 경험할 수 있다. 그런 축복받은 일을 남에게 맡겨 버린다는 것은 정말 안타까운 일이다. 등급이 완벽한 다이아몬드가 당신에게도 완벽한 다이아몬드라고는 할 수 없다. 당신 스스로가 아름답다고 느끼는 것을 선택하라.

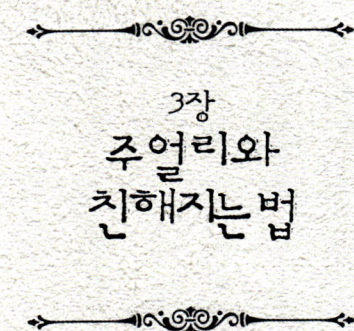

3장
주얼리와
친해지는 법

리어카에도 사랑스러운 것들은 있다

The Scent of Jewellery

내 주변에는 나이와 상관없이 제법 멋을 잘 내는 여성들이 많다. 그녀들의 특징은 절대 고가의 주얼리에 연연하지 않는다는 것이다. 평상시에는 화장기 없는 얼굴에, 단순하지만 소재나 전체 라인, 소매, 스티칭 등의 디테일에서 뭔가 심상치 않은 냄새를 풍기는 흰 셔츠와 청바지를 입고, 화려한 장식은 없어도 품위가 철철 넘치는 시계와 학생들이 즐겨 신는 평범한 운동화로 깔끔하게 코디한다. 거기에 강렬한 색채의 버킨 백을 걸치고 단순한 목걸이 또는 귀걸이로 마무리한다. 어떤 분은 단순하다 못해 어찌 보면 이렇다 할 특징마저 알 수 없는, 그러나 감이 너무 좋은 정장이나 원피스를 걸친다. 하지만 자세히 보면 '아, 어떤 브랜드의 어느 시즌의 것이구나' 하고 금세 알아차릴 수 있다. 거기에 예사롭지 않은 팔찌, 반지, 브로치 등으로 부담스럽지 않게 포인트를 주는 그 감각이란.

   이런 멋쟁이 여성들이 선택하는 주얼리들은 참 다양하다. 브랜드 주얼리, 앤티크 주얼리, 작가 주얼리 등이 예상 외의 자리에서 멋지게 빛날 때면, '아, 이 주얼리는 저렇게 착용할 수도 있구나'라는 생각에 유심히 보고, 그 좋은 느낌을 그녀들에게 이야기해 준다. 그러다 가끔 정체를 알 수 없는, 그러나 눈에 쏙 들어오는 멋진 것들을 만날 때가 있다. 그것들은 외국 시장이나 숍에서 온 것일 경우도 있지만, 때로는 압구정이나 이태원 등의 리어카 출신(?)일 경우도 있다. 리어카 출신의 액세서리는 가격이 몇천 원에서 몇만 원 수준이다. 하지만 의외로 독특하고 세련미 넘치며 과감하기도 해서 잘 차려입은 의상과 멋진 조화를 이루어 패션의 핵심 아이템으로 등극한다. 이럴 때면 나도 모르게 질투와 부러움을 동반하는 묘한 감탄사를 쏟아 내게 된다. 사정이 이렇게 되면 멋쟁이 여성들에게 쇼핑할 때 꼭 대동하라는 통사정을 하지 않을 수 없다. 이들은 어떤 것이 자신과 가장 잘 어울리는지, 그리고 심리적으로 어떻게 즐길 수 있는지를 너무나 잘 알고 있다. 그들은 입을 모아 비슷한 이야기를 꺼낸다.

"고가의 주얼리가 되었든 리어카 액세서리가 되었든, 내 눈을 확 끄는 그 어떤 것이 있어요. 아니나 다를까 그것들은 그 기대를 저버리지 않고 나를 즐겁게 해 주지요. 고가의 것들은 소중히 다루어 자식이나 며느리(하지만 왜 며느리에게 주냐는 무서운 철학을 펼치는 이들이 요즘 부쩍 늘고 있다)에게 물려줄 생각이에요. 사실 돈이 한두 푼 들어가는 것이 아니기 때문에 고가의 주얼리에 투자하기가 좀 부담스러울 때가 있지요. 물론 그런 현실마저 잊게 만드는 특별한 주얼리와 만나게 되면 너무 만족스러워요. 나의 목, 귀, 손 위에서 아름답게 빛나는 것들을 보면 정신적 충만감과 여자만이 누릴 수 있는 행복을 얻지요. 하지만 어떤 경우에는 정신이 바짝 들면서 이것 없이도 생활에 아무 문제가 없는데 혹 사치는 아닐까 하는 마음에 눈을 꼭! 감고 발길을 돌리기도 해요. 그러고는 며칠 동안 마음에 들었던 주얼리가 눈앞에 아른거리는 상사병으로 고통스러워하죠. 그러다 잊어버리면 다행이지만, 이 병을 이기지 못하면 결국 그 주얼리를 찾아가 기어이 내 것으로 만들고야 말죠. 그때의 행복감은 이루 말할 수 없어요.

반면에 리어카 액세서리들은 이런 고민의 시간이 없어 좋아요. 눈에 드는 순간 내 것으로 만들고 열심히 착용하다 빛이 바래거나 부서지면, 혹은 질리면 다른 액세서리로 교체하면 그만이니 구입에 그다지 망설임이 없지요. 자신의 스타일에 맞는 액세서리를 선택할 수 있는 폭도 고가의 주얼리에 비해 상대적으로 넓은 편이고, 가격이 저렴하니 분실 부담도 적어서 좋아요."

그렇다. 그녀들은 리어카의 액세서리를 마르고 닳도록 착용하다가 "나를 행복하게 해 줘서 땡큐"를 하며 기분 좋게 그것들에게 이별을 고하는 것이다.

이는 과거 서양의 주얼리 문화를 떠올리게 한다. 오랜 역사 속에서 특수 계층들은 남녀노소를 불문하고 주얼리를 즐겼다. 하지만 고가이

19세기의 도마뱀 브이치, 바로치, 개인 소장

면서 물량 면에서도 희귀한 다이아몬드 등으로 만들어진 진품만을 지니기에는 한계가 있었다. 수없이 되풀이되는 화려한 파티와 모임에 늘 똑같은 의상과 주얼리를 할 수는 없지 않은가. 그리고 여행길에 오를 때 느끼는 분실이나 도난의 부담감은 또 어떻게 할 것인가. 그래서 고가의 주얼리 대신에 이것들이 지닌 다양하고 아름다운 색상을 좀 더 과감히 재현한, 그리고 편하게 착용할 수 있는 대용품이 탄생했다. 이것이 우리가 흔히 말하는 모조 보석인 셈이다.

이것은 18세기 프랑스에서 조르주 프레데릭 스트라스 Georges Frédéric Strass 라는 인물에 의해 개량, 발전되었다. 이렇게 탄생한 페이스트 paste (개량자의 이름을 따서 '스트라스'라고도 불린다)는 주얼리 역사에 크나큰 업적을 남긴다. 페이스트의 정확한 정체는 산화납 유리로, 일반 유리보다 광채가 뛰어난 것이 특징이다. 여기에 보석에 구사하는 것과 마찬가지로 면 facet 을 내어, 주로 다이아몬드 대용품으로 사용했다. 페이스트를 소재로 한 주얼리는 진품만큼, 가끔은 그 이상의 광채를 지니며, 특히 18세기 이후의 프랑스와 영국에서 큰 인기를 끌었다. 당시 상류층은 페이스트 주얼리를 진품 주얼리처럼, 혹은 그 대용으로 즐겨 착용했다.

파티, 티타임, 공식 석상 등 멋을 부려야 하는 자리가 많았던 상류층에게 고가 주얼리의 착용은 여간 신경 쓰이는 일이 아니었을 것이다. 이는 과거나 현재나 마찬가지다. 여자라면 누구나 소중한 주얼리를 착용하고 모임에 참석했다가 집에 돌아오는 길에는 주얼리가 제자리에 있는지 확인하지 않는가. 그들에게 페이스트 주얼리는 분실, 도난 같은 슬픈 사고의 대책으로도 아주 입맛 당기는 해결책이었을 것이

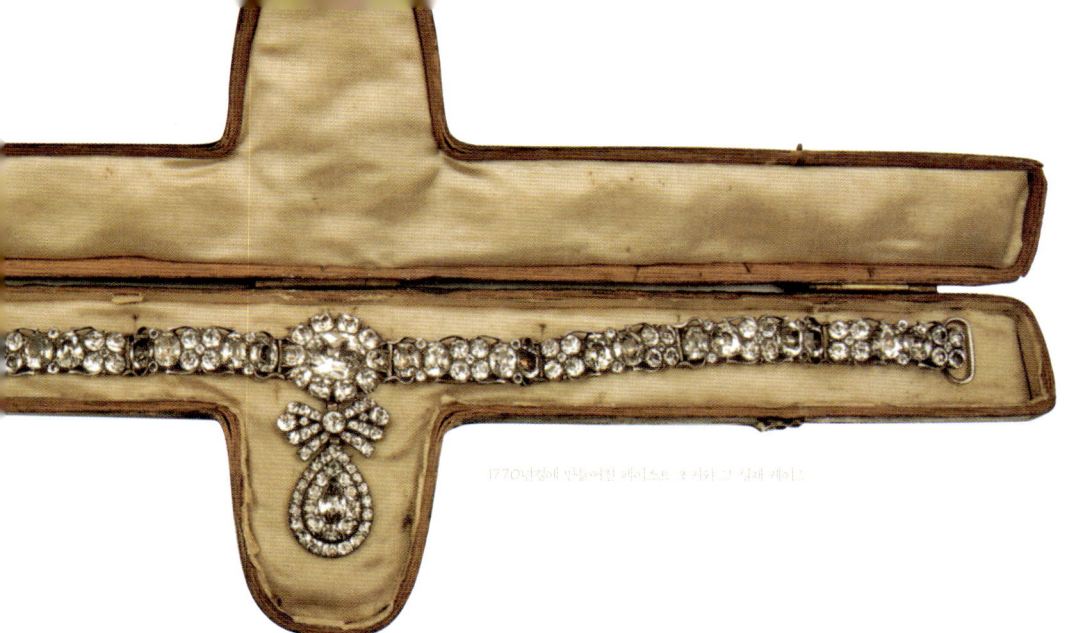

1770년경에 만들어진 페이스트 초커 시라크 컬렉션

다. 기분 좋은 시간을 보낸 후에 주얼리가 사라진 것을 발견하면 얼마나 비통에 사로잡힐까.

페이스트의 소재가 유리라고 하니 품질이 영 시원찮겠구나 하고 생각하기 쉽지만, 페이스트 주얼리는 당시 주얼리 제작자, 즉 엄선된 장인의 기술로 만들어진 것들이다. 소재만 다를 뿐, 페이스트 주얼리에 사용된 고도의 주얼리 제작 기술은 진품 주얼리와 별 차이가 없다. 주얼리 제작자들은 자신의 진품 주얼리를 모델로 해서 페이스트 주얼리를 만들기도 했는데, 그렇기 때문에 디자인이 근사했을 뿐 아니라 세공도 훌륭했다. 무엇보다 진품 보석에서는 한계가 있던 디자인과 볼륨 등에 다양한 색상의 페이스트로 대범하게 변화를 주어 또 다른 주얼리 전성기를 보여 주었다. 당시 촛불 아래에서 보면 진품 주얼리와 구분할 수 없을 정도로 은은하고 아름다운 빛을 발산했을 것이다.

18~19세기에 그 기술은 절정에 달했는데, 현재 시장에 거래되는 당

시의 페이스트 주얼리들은 그다지 많지 않다. 있다 해도 내구성의 문제 등으로 주로 19세기의 것들이 주류를 이룬다. 그중 최상급은 미술관이나 박물관에 소장되어 관람자들의 눈을 즐겁게 해 주기도 한다. 이러한 페이스트 주얼리들은 당시의 진품 보석을 소재로 한 주얼리와도 구분하기 어려울 정도로 정교하고 아름답다. 앤티크 주얼리 전시회에 가면 큰 주얼리, 예를 들어 티아라 등에 세팅된 보석들 중에 가끔 페이스트가 끼어 있는 것을 볼 수 있다. 원래는 그 자리에 진품 보석이 세팅되어 있었는데, 어떤 사연 때문에 보석이 사라지자 이를 대체할 새 보석을 찾지만 크기, 색상, 모양 등을 고려할 때 똑같은 것을 구할 수 없을 때 페이스트를 사용하기도 했다.

이전에 갤러리 람에 브로치 겸용 펜던트 톱, 팔찌 두 개, 귀걸이, 머리 장식품 겸용 브로치가 세트로 구성된 한 벌의 주얼리인 파뤼르^{parure}가 위탁 판매로 들어온 적이 있었다. 이 파뤼르에는 옐로 골드에 눈이 둥그레질 정도로 큼직한 에메랄드들이 세팅되어 있었다. 그러나 이는 진품 에메랄드가 아니라 화사한 녹색의 페이스트들이었다. 진품 에메랄드로 착각을 불러일으킬 뿐 아니라 실제로 착용하니 너무 기품 있고 아름다웠다. 물론, 파티 석상에서조차 이 세트를 한꺼번에 모두 착용하기는 부담스러워, 지금 패션과 어울리려면 일부만 착용해야 할 그런 것들이었다. 영롱한 녹색를 띤 이 파뤼르는 언젠가 아카데미 시상식에 참석했던 앤젤리나 졸리를 떠올리게 했다. 그때 그녀는 단순하지만 어깨가 드러나 가슴선을 은근히 돋보이게 하는 검은 드레스를 입고, 커다란 콜롬비아산 에메랄드로 만든 100캐럿이 넘는 드롭 귀걸이^{drop earring}와 65캐럿 칵테일 반지를 착용했다. 그녀가 선택한 주얼리는 미국의

1850년대에 제작된 녹색 페이스트 파뤼르 개인소장

로레인 슈와츠Lorraine Schwartz의 것으로, 거의 장식이 없어 에메랄드가 가진 있는 그대로의 청초한 아름다움을 잘 살렸다. 참으로 그녀답게 시원스럽고 세련된 매칭으로, '에메랄드 주얼리가 이렇게도 신선하고 아름다울 수 있을까'라는 생각을 하게 해 주었다. 나는 늘 그녀의 주얼리를 궁금해한다. 이렇게 대단한 것이 아니더라도 그녀는 늘 의상에 어울리는 주얼리를 그녀만의 스타일로 아무것도 아닌 양 걸친다. 그리고 그 모습은 언제나 자연스럽고 멋지다. 마치 "나 주얼리 했어요!"라고 외치는 듯이 인위적이고 가끔은 요란한 느낌마저 주는 다른 스타들과는 비교된다.

다시 녹색 페이스트 파뤼르로 돌아가 보자. 아마 요즘의 크리스털이나 큐빅이 이 자리를 차지했다면 모조품의 어쩔 수 없는 가벼움이 금방 들통 났을 것이다. 현대의 크리스털, 유리 등은 너무 투명하고 지나치게 깨끗하며 과장되게 반짝거려서 인위적인 느낌을 주기 마련이다. 당시의 독특한 세공으로 만들어지고 오랜 세월 동안 사람의 손때가 스며든 이 파뤼르에는 진품 앤티크 주얼리와 똑같은 기품과, 포근하고 인간적인 따뜻함이 있었다. 오리지널 케이스 또한 인상적이었다. 케이스의 표면을 감싼 가죽은 사람의 손에 의해 닳아 있었고, 내부의 실크 부분은 주얼리가 오랫동안 그 자리를 차지한 덕에 160년에 걸쳐 만들어진 자국이 선명했다. 당시 모습 그대로 소중히 잘 보존되어 온 것을 한눈에 알 수 있었다.

개인적으로 이런 페이스트 주얼리를 좋아하는 탓에 갤러리 람의 세컨드 라인인 마르maar(람RAAM을 소문자로 거꾸로 나열한 것으로, 람은 양을, 마르는 음을 뜻하기도 한다)에서는 페이스트 주얼리를 주로 선보인다. 퍼스트 라인인 람의 고가 주얼리는 다가가기 힘들지만, 마르의 페이스트 주얼리는 가격 면에서 덜 부담스럽다. 그리고 무엇보다도 나는 페이스트 주얼리의 독특한 매력에 빠져 있다. 문제는 세계적으로 광적인 페이스트 주얼리 컬렉터들이 많아 제대로 된 멋진 것들을 찾는 것이 진품 앤티크 주얼리를 찾는 것만큼 어렵다는 것이다. 그래서 이것들에 대한 사랑 때문에 더욱 애를 태운다. 페이스트 주얼리가 지금까지 우리에게 소중히 전해 내려오는 까닭은, 진품 보석이든 유리든 상관없이 거기에는 귀한 아름다움과 애정, 소중함이 담겨 있기 때문이 아닐까. 이런 페이스트 주얼리는 코코 샤넬, 엘자 스키아파렐리, 미리엄 해스켈 등이 제작한 커스텀 주얼리의 기원이 되었다.

고가의 소재와 고도의 기술로 제작된 진품 주얼리들에게는 아름다움과 우아함, 그리고 그에 걸맞는 가치를 기대하게 된다. 또 그 값어치는 주얼리를 잘 모르는 사람들의 눈에도 쉽게 들어오기 마련이다. 사람으로 친다면 다가가기 힘들 정도로 빈틈없고 새침데기이며 지적인

냄새를 물씬 풍기는 완벽한 미인이라고 할까. 그래서 소유하고 나면 너무 뿌듯해서 사람들에게 자랑하고픈 그런 존재다. 반면에 페이스트 주얼리는 그 아름다움 속에 '보석'이 아닌 '페이스트'라는 반전을 가지고 있다. 그리고 보면 볼수록 또 다른 느낌이 살아나는 묘한 매력을 지녔다. 그것은 씹으면 씹을수록 뭔가 색다른 맛이 느껴지고 점차 정이 드는, 푸근하면서도 독특한 매력이라고나 할까.

   이렇듯 주얼리의 선택에는 정답이 없다. 다만 내 마음에 특별한 떨림을 주는 주얼리를 만나면, 그것을 행운으로 여길 줄 아는 안목만이 그 결정을 좌우할 뿐이다. 고가의 주얼리든 페이스트 주얼리든, 시장이나 리어카의 액세서리든 자신을 매혹시킨 것들을 만나면 잊지 말라. 당신이 그것을 선택한 것이 아니라 그것이 당신을 선택한 것임을, 그리고 그것은 당신과 끊임없이 대화를 나눌, 어디에도 없는 소중한 친구임을.

사랑이 지나간 뒤 주얼리에 대처하는 법

나의 눈을 아주 즐겁게 해 준 주얼리 컬렉션이 있었다. 컬렉션에서 엿보이는 멋진 안목을 지닌 그 주인공이 누구인지, 보석 애호가라면 누구나 궁금해 할 것이다. 영화 〈오션스 13〉에서 13번째 멤버인 미즈 스폰더 역을 맡은 엘런 바킨Ellen Rona Barkin이다. 전통적인 미인은 아니지만 어딘지 위험해 보이는 묘한 섹시함을 가진 그녀가 2006년 10월에 자신이 소장한 주얼리들을 뉴욕 크리스티 경매에 내놓았다. 크리스티에서는 이 경매를 위해 특별 도록을 제작했다. 그 안에 실린 그녀의 주얼리 컬렉션들은 독특하고 감각적이었기에, 이 도록은 나의 소중한 보물 중 하나가 되었다. 엘런 바킨에 대해 아는 것이 별로 없고 그저 많은 미국 여배우 중 한 사람 정도로 기억했던 내게 이 도록은 그녀의 사생활마저 궁금하게 만들었다.

2000년 그녀는 한국에도 잘 알려진 화장품 회사인 레블론 사의 회장과 결혼해 여배우로서의 활동을 자제했다. 사실은 남편이 그녀를 놓아주지 않았다는 소문이다. 그런데 2006년 밸런타인 데이 때 갑자기 이혼하게 되었단다. 그 직후에 찍은 영화가 〈오션스 13〉이었던 것이다. 경매에 나온 것들은 5년이 넘는 결혼 생활 동안에 남편이 꾸준히 선물

한 103점의 주얼리였다. 1985년 당시, 레블론 사의 모든 주식을 현금으로 매수하여 현재의 회장 자리를 차지한 사업가이자 대단한 재력가인 그에게 엘런 바킨은 네 번째 부인이었다고 하니, 이런 주얼리 선물 공세는 아마 전前 부인들부터 이어졌을 것이다. 그 후의 재혼 여부는 알 수 없으나 새 부인에게도 이 전통은 계속될 것 같다. 그게 그가 여자를 대하는 스타일일 테니 말이다. 다른 부인들의 사정은 알 길 없으나 엘런 바킨만큼은 자신이 원하는 주얼리를 직접 선택했다고 한다. 이렇게 만들어진 결혼반지를 포함한 컬렉션을, 좋은 추억이 없었다는 짧은 말 한마디와 함께 한꺼번에 경매에 내놓았으니 놀라지 않을 수 없었다.

주얼리를 사랑하는 같은 여자로서 모으기 힘든 컬렉션을 이렇게 한꺼번에 처분하는 이유가 몹시 궁금해졌다. 그것은 가격을 떠나 하나하나가 정말 특별한 것들이었기 때문이다. 친한 딜러가 그 속내에 대해 자세히 알려 주었다. 그 딜러는 엘런 바킨 부부의 이야기를 어찌나 잘 아는지, 남자인데도 동네 아주머니와 수다를 떠는 것처럼 재미있게 말을 했다. 물론 남의 불행을 흥미진진하게 받아들인다는 것에 조금은 죄책감이 들었지만, 그녀의 주얼리들에 대한 순수한 관심이기에 이해해 주기 바란다.

결혼 생활 동안 늘 그랬듯이 그날도 새로운 주얼리를 선물 받은 엘런 바킨. 하지만 몇 주 후, 남편의 변호사로부터 불쑥 이혼 통보를 받게 되었다고 한다. 그렇다면 몇 주 전의 주얼리는 '안녕'을 의미했던 것일까? 아니면 2주 사이에 그녀에게 질려 버린 것일까? 새 애인이라도 생긴 것일까? 상상의 날개를 펴 보지만 그 이유는 딜러도 모른다고 했다.

엘런 바킨은 경비원들이 지켜보는 가운데 강제로 짐을 싸게 되어 거의 내쫓기다시피 집에서 나오게 되었다고 한다. 만약 이 이야기가 사실이라면 그녀에게 이 사건은 영원히 지우고 싶은 트라우마가 되었으리라. 이런 상황을 겪는다면, 아무리 아름답고 귀한 주얼리라 할지라도 그것을 선물한 남편의 흔적을 영원히 없애기 위해 모두 처리하고 싶을 것이다. 돈의 가치도 잊고 당장 버리고 싶은 마음이 생기겠지만, 그것은 주얼리들에 대한 예의가 아니라고 위로하면서 말이다. 어쨌든 이런 가십과 함께 그녀의 컬렉션이 경매에 나온다는 소문이 전 세계적으로 퍼졌고, 주얼리를 사랑하는 이들의 광적인 관심을 모으게 되었다.

조지 왕조 시대부터 빅토리아 왕조 시대까지의 주얼리, 20세기 초의 벨 에포크 시대의 주얼리, 1925년경의 아르 데코 주얼리, 그 이후 프레드 레이턴을 포함한 앤티크·빈티지 주얼리와 현대 주얼리, 그리고 인도 주얼리 등 주얼리 역사상 가장 중요한 시기의 명품들이 모여 있는 초호화판 컬렉션이 경매에 등장했다. 아니나 다를까 '엘런 바킨의 화려한 주얼리들 Magnificent Jewels from the Collection of Ellen Barkin'이라는 제목의 이 경매는 예상 판매액을 훨씬 뛰어넘는 20,369,200달러를 기록했다. 크리스티 옥션 하우스에 의하면, 이 금액은 2006년 기준으로 최근 15년 동안 미국에서 있었던 개인 주얼리 컬렉션 경매 중에서 전체 판매액으로는 최고가였고, 한 개인이 소유한 주얼리의 낙찰가로는 '4위' 안에 들 정도로 놀라운 성과였다고 한다.

개인적인 생각이지만 컬렉션의 질을 생각한다면 이는 놀라운 액수는 절대 아니다. 돈과 주얼리의 품질을 떠나, 이 경매가 세계적인 이슈가 된 데에는 이들 주얼리를 선택한 엘런 바킨, 그녀만의 특별한 안목도 큰 몫을 했을 것이다. 세련되고 시크하면서도 착용하기에 부담감이 없지만 아무나 할 수 없는, 가지고 싶어도 구할 수 없는 그런 주얼리가

103점이나 모였으니 당연할 수밖에. 그중에는 '세기의 사랑'을 이루었다는 윈저 공작 부인 Duchess of Windsor의 컬렉션 중 하나로, 제작 시기가 1940년대라고 추정되는 한 쌍의 팔찌가 포함되어 있었다. 이 팔찌에는 옐로 골드에 알사탕만 한 비즈 스타일의 에메랄드들이 세팅되어 있었다. 엘린 바킨의 컬렉션에는 여성의 멋스러운 스타일링에 꼭 필요한 아이템들이 가득했다. 특히 아기자기한 느낌에서부터 대담한 느낌에 이르는 팔찌 아이템들은 그녀의 '분신'이라고 할 만큼 세련되고 독특한 셀렉션이었다. 특히, 에드워드 7세 시대에 유행한 긴 로프rope 스타일의 우아한 소투아르, 다른 주얼리가 전혀 필요 없을 것만 같은 기품 있고 화려한 귀걸이와 반지는 서랍 구석에 처박아 둘 주얼리와는 차원이 달랐다. 그뿐 아니라 대부분의 주얼리에 다양한 색상의 최상급 보석들이 사용되어 그 아름다움에 가치를 더했다. 그 외에도 D 컬러의 30캐럿 다이아몬드 주얼리, 그녀가 가장 즐겨 착용하던 D 컬러의 16.93캐럿 다이아몬드 주얼리, 결점 없이 완벽한 IF의 브리올레트 컷briolette cut 다이아몬드 펜던트 등이 경매에 나왔는데, 모두 다시는 만나기 힘든 명품들이었다.

　여기서 만족하기에는 아직 이르다. 프랑스 파리의 방돔 광장에서 조용히 존재감을 드러내는 주얼리 브랜드의 이름이자 창립자 조엘 아서 로젠탈Joel Arthur Rosenthal의 머리글자를 딴 자JAR의 주얼리가 이 컬렉션에 17점이나 포함되어 있었다. 일반인은 알 리 없는, 어떻게 보면 알아도 별 소용없는 자 숍에는 쇼윈도가 없다. 그뿐 아니라 정해진 영업 시간도 없고 별도의 광고도 하지 않는다. 그렇기 때문에 모르면 그냥 지나칠 수밖에 없는데 이는 대표인 자가 추구하는 바다. 굳게 닫힌 문은 정해진 소수의 손님들만을 위해 열린다. 고객이 주얼러를 선택하는 것이

20세기를 대표하는 조엘 주얼러 자가 제작한 나비 브로치. 블랙 오팔과 830개 다이아몬드가 어우러진 최고의 예술품이다. 메인 보석. © Christie's Images/The Bridgeman Art Library Nationality

아니라 주얼러가 고객을 선택하니, 그 콧대가 얼마나 높겠는가. 자가 자신의 주얼리를 허락한 이들은 세계적으로 250명 정도에 불과하다고 한다. 자는 20세기의 가장 중요한 주얼리 디자이너로 뽑히며, 이미 앞에서 언급한 바 있는 19세기 러시아가 낳은 천재 주얼러 카를 파베르제에 비유될 뿐 아니라 '생존하는 최고 주얼리 작가'로 평가받고 있다. 자의 주얼리는 오로지 한 명의 특별한 고객을 염두에 두고 만든 단 한 점의 주얼리이기 때문에 연간 채 100점도 제작되지 않는다고 한다. 설사 고객이 주얼리를 선택했다 해도 당사자에게 어울리지 않는다고 판단하면 판매를 거절하기도 한다고 하니, 손님 입장에서는 돈이 문제가 아니라 애가 닳아서 어떻게든 한 점이라도 내 것으로 만들어야겠다는 욕심이 발동하고 말 것이다. 이야기가 이 정도로 흘러가면 도대체 그의 주얼리 작품이 얼마나 대단하기에 그렇게 콧대가 높은지 호기심이 저절로 일 것이다.

엘런 바킨이 경매에 내놓지 않았던 유일한 반지가 바로 자가 그녀에게 개인적으로 선물한 다이아몬드 반지였다. 그 둘은 주얼러와 고객 관계를 뛰어넘은 친구가 되었단다. 불쾌한 전 남편의 흔적으로 가득한 주얼리들과는 이렇게 인연이 끝났고, 친구에게 받은 특별한 반지는 소중한 우정의 증표가 되어 그녀의 향후 인생과 함께하는 것이다.

이유야 어찌 되었든 죽도록 사랑하다 이별을 하게 될 경우, 사랑의 징표로 받은 주얼리의 처리는 참 난감하다. 이런 딱한 처지에 놓인 주얼리들의 사후 처리에 대해 친구들과 이야기를 나누다 보면, 몇 가지 유형으로 구분된다. 첫 번째 유형은 선물한 이의 마음을 생각하며 인생의 소중한 장면으로 기억할 수 있게 주얼리를 잘 간직한다는 '미워도 다시 한 번 파'다. 다음은 당장이라도 버리고 싶지만 돈으로 환산하면 제법 괜찮은 수익을 기대할 수 있기에 팔아서 멋지게 한 번에 써 버린다는 '실속파'다. 엘런 바킨 역시 경매 수익금을 사업 자금으로 활용했다고 한다. 실제로 헤어진 남자 친구에게 받았던 고가의 주얼리를 크리스티 옥션 하우스에 되판 친구에게 거한 밥을 얻어먹었던 적이 있다. 그러나 그들이 잘되기를 바랐던 나로서는 몹시 불편한 식사 자리였다. 마지막은 선물 받은 주얼리를 볼 때마다 사랑의 아픔이 새록새록 떠오르므로 상대에게 되돌려 보낸다는 '청렴결백 파'다. 이는 상대에게 실례이거나 지나친 행위라는 의견도 많았지만 오죽하면 그랬을까 하는 의견으로 토론은 마무리되었다. 남녀 사이의 일이야 당사자들만이 가장 잘 대응할 수 있지 않던가. 그 대응 방법은 모두 다르지만,

어찌 되었든 애정을 표시하는 다른 증거물들에 비해, 주얼리는 실연한 사람을 전전긍긍하게 만드는 묘한 구석이 있다.

자신의 방식대로 언짢은 추억을 '쿨'하게 날려 버린 엘런 바킨. 한때 그녀의 것이었던 주얼리들은 이제 모두 각각 다른 사람들의 손으로 떠났다. 사랑이 말라 버린 주얼리들은 이제 새 주인의 애정을 먹고 다시 찬란한 빛을 발하고 있을 것이다. 주얼리의 빛이 영원하려면 그 안에는 사랑과 진실이 함께해야 한다. 제아무리 화려한 주얼리도 주인의 마음을 얻지 못하면 그 생명을 잃은 것이나 다름없지 않은가.

이런저런 이유로 여전히 당신 곁에 머물고 있는 추억의 주얼리가 있다면, 오늘 하루쯤 '애물단지'인 그들에게 애정 어린 시선을 건네 보면 어떨까. 어두운 서랍 저편에서 싸늘히 몸을 누인 그 존재에게 각자의 방식으로 너그러운 화해를 청해 보면 어떨까. 혹시 아는가, 지나간 추억의 후유증에 대처하는 현명한 방법이 될지 말이다. 그래도 여전히 내키지 않아 어두움 속에서 추억의 증표를 간직하고 싶다면 그대로 내버려 두는 것도 좋겠다. 다만 그로 인해 영원히 지울 수 없는 또 다른 공허가 마음속에 자리 잡지 않기를 바랄 뿐이다.

협찬 주얼리의 하어든 가벼움

The Secret of Jewellery

시즌마다 유행과 화제를 불러일으키는 화려한 유명 인사들. 특히, 여배우들은 매년 개최되는 각종 시상식에서 경쟁이라도 하듯이 점점 더 과감하게 노출을 즐긴다. 여자인 내가 봐도 그 섹시함에 아찔할 지경이다. 특히 한국에서 행해지는 시상식은 노출 경쟁이 더욱 심하다. 여배우들의 코디네이터들은 그날을 특별하게 기념하기 위해서 길게는 몇 개월 전부터 드레스와 주얼리 등을 엄선한다. 소위 잘나가는 연예인인 경우 브랜드 측에서 미리 알아서 챙기는 것은 물론, 여러 브랜드에서 뜨거운 구애를 받기 마련이어서 행복한 망설임에 빠진다. 시상식에서 대상을 받을 만한 연예인들은 그 많은 기회 중 어느 것에 손을 들어 줄지 고민에 빠지게 되고, 반대로 그렇지 않은 연예인은 도리어 유명 브랜드에서 이런저런 핑계로 거절하기도 한다는 잔인한 뒷이야기도 들려온다. 스포트라이트를 받지 못할 것 같은 연예인에게 자사의 제품이 간택되기를 그 누가 바라겠는가.

 연예인들의 백, 옷, 주얼리, 머리 스타일 등은 인터넷에 바로 올라온다. 그들의 패션 스타일은 베스트(best)와 워스트(worst)로 나뉘어 잔인한 평가와 수많은 댓글들로 이어진다. 성공적인 코디의 주인공은 그녀가 걸친 의상은 물론 주얼리, 신발, 백, 머리 스타일, 화장까지 철저하게 해 부당한다. 반면에 걸친 것 하나하나는 명품이지만 생뚱맞은 코디로 추락하게 된 주인공은 '스타일 무개념 죄'로 세상의 다양한 욕과 친해져야 한다. 그런가 하면 훌륭한 코디에도 불구하고 자신의 이미지와 어울리지 않아 개성과 아름다움이 무참히 짓밟히는 경우도 많다. 네티즌들이 가장 즐거운 비명을 내지르는 순간은 별것 아닌 아이템들이 은근히 잘 어울려서 평범한 스타일의 연예인이 한순간에 '스타일의 지존'으로 우뚝 서는 경우다. 이렇듯 자신의 의지이든 스타일리스트에 의해 만들어졌든 간에, 유명 인사들의 스타일과 일거수일투족은 일반인들에게 호기심과 궁금증, 그리고 '워너비(wannabe)'의 환상을 불러일으키는 게 틀림없다.

    나의 관심사는 당연히 그들이 걸치는 주얼리다. 주얼리 업계에 몸담은 이라면 어느 브랜드의 어떤 모델인지를 한눈에 금방 알 수 있는 것들이 대다수다. 최근 몇 년 사이에 아카데미상, 혹은 골든 글로브상과 같은 시상식에서 유명 디자이너들의 오트 쿠튀르 드레스와 함께 앤티크 주얼리들을 착용한 여배우들이 심심찮게 눈에 띄었다. 요즘에는 주얼리뿐 아니라 의상마저 현대의 것이 아니라, 패션계의 역사상 가장 중요한 시기였던 1930년 이후의 빈티지 브랜드 의상을 찾는 배우들이 늘고 있다. 시상식에서 눈에 띄는 앤티크 주얼리의 협찬사는 프레드 레이턴과 닐 레인(Neil Lane)이다.

    몇 년도의 어느 시상식이었는지 잘 기억나지는 않지만 훤칠한 키와 아름다운 몸매를 자랑하는 니콜 키드먼이 구찌 드레스를 입고 등장한 적이 있었다. 다이아몬드와 에메랄드가 세팅된 앤티크 귀걸이와 다이아몬드 플라워 브로치, 그리고 사파이어 및 다이아몬드 반지로 장식한 그녀는 자신만의 '쿨'한 아름다움을 주얼리로 한층 드높였다. 요즘 유행하는 마른 몸매와는 거리가 먼, 그래서 가끔은 메릴린 먼로를 떠올리게 하는 묘한 매력의 소유자 스칼릿 조핸슨. 그녀 역시 19세기 황옥과 다이아몬드를 세팅한 귀걸이, 브로치와 다이아몬드 반지를 착용하고 등장한 적이 있다. 그 외에 내털리 포트먼, 케이트 허드슨, 피비 케이츠 등 내로라하는 수많은 여배우들이 앤티크 주얼리에 자신들의 미모를 내맡겼다. 이렇듯 앤티크 주얼리의 세계에서도 유명 인사들의 치맛바람이 거세기는 마찬가지다.

 스타들이 착용한 앤티크 주얼리는 세계적인 주얼리 유행의 한 흐름을 만들어 내는 데 일조하곤 한다. 제74회 아카데미 시상식에서 당시 패션 리더였던 기네스 팰트로는 알렉산더 매퀸의 검은 의상에다 19세기의 것으로 보이는, 실버에 다이아몬드를 세팅한 앤티크 샹들리에 귀걸이chandelier earrings와 펜던트를 세트로 착용했다. 앤티크 주얼리로 유명한 닐 레인 사의 것이었다. 아쉽게도 당시의 의상과 머리 스타일은 워스트로 평가받았지만 나는 그녀에게 잘 어울리는 독특함이 있었다고 생각한다. 그 후 앤티크 샹들리에 귀걸이를 착용하는 배우들이 부쩍 늘어난 듯하다. 우마 서먼, 르네 젤위거, 리즈 위더스푼, 니콜 키드먼, 제니퍼 로페즈와 같이 할리우드 여배우들이 애용하는 것 또한 앤티크 샹들리에 귀걸이다. 이런 샹들리에 귀걸이의 특징은 착용하는 이의 얼굴 곁에서 움직임 있는 찬란한 빛을 발산해, 생기 있는 화사함을 주는 것이다. 또한 드레스뿐 아니라 평상복과도 잘 어울리며, 클래식한 고급스러움과 세련된 분위기를 함께 연출한다. 그런 까닭에 한순간의 유행에서 벗어나서, 유명 인사들뿐 아니라 일반인들에게도 꾸준한 사랑을 받는 아이템으로 자리 잡게 된 것이다.

샹들리에 귀걸이에 대해 잠시 설명하자면, 중심이 되는 보석 아래로 3개의 드롭형 보석을 단 귀걸이를 총칭하는 말이다. 요즘에는 주렁주렁한 디자인의 것을 대략 '샹들리에 귀걸이'라고 부른다. 이것은 세계 각국의 여성들이 즐기는 '머스트 해브must-have' 아이템으로 등극했다. 그중에는 앤티크 주얼리의 가장 큰 특징 중 하나인 오랜 세월에 의한 실버의 변색을 인위적으로 만들어 내기 위해 보석을 세팅하는 금속 부분을 일부러 그을리는 등, 국내에서 말하는 일명 '앤티크 처리'를 한 것들도 많다. 현존하는 진품 앤티크 귀걸이의 수는 많지 않다. 귀걸이의 특성상 오랜 세월을 쌍으로 보관하기란 결코 쉽지 않은 탓일 것이다. 고객들이 즐겨 찾는 아이템이라 주얼리를 매입할 때면 늘 귀걸이를 열심히 찾아 헤매지만 인연이 있는 앤티크 귀걸이를 발견하기란 참으로 쉽지 않다. 물론 적당한 귀걸이야 그렇지 않겠지만, 눈을 확 끌어당기는 매력과 아름다움을 지닌 것과의 만남은 자주 있지 않다. 한쪽을 잃고 달랑 하나만 살아남은 귀걸이는 목걸이, 브로치 등으로 그 모습을 바꾸어 현존하기도 한

다. 나도 최근에 너무나 마음에 들어 했던 페이스트 귀걸이의 한쪽을 잃어버려서 남은 한쪽을 펜던트로 소중히 간직하고 있다.

스타들이 시상식에서 착용하는 앤티크 주얼리는 귀걸이뿐 아니라 참으로 다양하다. 스칼릿 조핸슨은 원래는 티아라의 구성 요소들인 듯한 19세기의 별 모티프 다이아몬드 브로치 3개를 사랑스럽게 머리에 착용했고, 내털리 포트먼은 19세기 다이아몬드 머리띠를 시크하게 조화시켜 눈길을 끌었다. 프레드 레이턴 사의 주얼리를 애용해 시상식뿐 아니라 『보그』, 『바자』 등 미국 패션 잡지에 자주 등장하는 사라 제시카

제77회 아카데미 시상식에 참석한 스칼릿 조핸슨. 앤티크 티아라를 귀엽게 활용해 섹시함과 킬치한 분위기를 동시에 보여 주었다. ⓒCarlo Allegri/Getty Images

파커. 그녀의 멋지면서, 때로는 의외라서 신선한 주얼리 스타일링과 마주하노라면 감탄사가 따라붙지 않을 수 없다. 브로치는 가슴에 달아야 한다느니, 옐로 골드 주얼리를 착용할 때는 같은 옐로 골드 소재로 통일해야 한다느니, 복잡한 믹스 매치는 피해야 한다느니 등의 흔하고 고리타분한 주얼리 착용 공식과는 전혀 다르게, 그녀가 선보이는 신선한 코디는 세계 여성들의 눈을 고정시키기에 부족함이 없다. 예측 가능한 스타일링에는 무관심하고, 남들과는 다른 신선한 선택으로 자신

을 차별화하는 것이 트렌드세터trendsetter들의 특징이다. 그러니 당연히 다른 이들과 거의 겹치지 않는 빈티지 드레스에 그렇게 열광할 수밖에. 어쨌든 이런 유명 인사들은 스스로, 혹은 스타일리스트에 의해 센스 있게 연출되어서 아름다움이라는 새 옷으로 치장한다.

대부분의 유명 주얼리 브랜드들은 자사의 역사적인 주얼리, 즉 과거에 자사에서 제작한 앤티크 혹은 빈티지 주얼리 컬렉션을 유명 인사들에게 적극적으로 협찬하며 브랜드의 역사, 즉 그들만의 소중한 '기원'을 강조하는 마케팅을 대대적으로 펼치기도 한다. 유명 인사들의 선택을 받았다는 것만으로도 방송이나 매체 등을 통해 홍보 효과를 톡톡히 본다. 바로 이것이 '스타 마케팅'이다. 그래서 유명 인사들에게는 늘 '협찬'이라는 단어가 따라다니며 '협찬사 – 스타'는 '악어 – 악어 새'의 관계처럼 서로에게 없어서는 안 될 존재가 되었다.

갤러리 람에서도 연예인들의 화보 촬영이나 시상식을 위해 주얼리를 협찬하고는 한다. 그러다 보니 아주 가끔은 업계의 좋지 않은 소문과도 만나게 된다. "누구는 협찬 제품을 돌려주지 않거나 돌려주기까지 시간이 너무 오래 걸린다", "누구는 초대받지 않아도 각종 브랜드 신제품 행사에 빠짐없이 나타나 준비된 선물을 챙겨 간다", "누구는 결혼식이나 집 인테리어와 관련해 당당하게 협찬, 즉 공짜를 요구한다" 등으로 그 내용도 다양하다. 화려한 세계의 이면에 이런 험악한 분위기가 도사리고 있다는 것에 적잖이 실망했던 기억이 있다. 다행히도 나는 아직까지 이런 연예인들을 만난 적이 없다. 오히려 협찬에 감사를 표하는 예의 바른 분들이다.

이런 좋지 않은 협찬 문화도 문제이지만, 주얼리 협찬이 유명 인사들에게 마냥 달가운 것만은 아닐 것이다. 준비된 의상과 주얼리 등으로 스포트라이트를 받는 것도 한순간, 마치 마법에서 깨어난 신데렐라처럼 더 이상 자기 것이 아닌 현실에 공허함을 느끼기도 하지 않을까. 대여를 받은 제품으로 한껏 치장하고 멋진 변신을 하지만 헤어지기 싫은 그 제품들과 작별 인사를 해야 하니 말이다. 이런 씁쓸한 감정은 회를 거듭할수록 나아지기도 할까? 아니면 불편한, 혹은 비현실적일 수도 있는 아름다운 것들에게서 탈출하면서 해방감을 느끼는 것일까?

개인적으로 옷, 구두, 가방과 같은 소모성이 강한 패션 아이템의 협찬과 주얼리의 협찬이 똑같은 취급을 받는 것은 아무래도 조금은 불공평하다는 생각이 든다. 그 이유는 주얼리는 직접 사든 혹은 주고받든 간에 대부분 인생에서 중요한 순간의 소중한 목격자와 같은 존재이기 때문이다. 각 주얼리에는 그때그때마다 특별한 의미가 부여된다. 본인이 구매하는 경우에도 열심히 사는 자신에게 후한 포상을 안겨 주는 기분으로 큰마음 먹고 대사를 저지르지 않나. 그런 까닭에 주얼리에는 다른 패션 아이템들에 비해 추억이라는 낭만적인 모티프가 함께 자리한다. 그것이 현대이든, 앤티크이든, 고가이든, 저가이든 전혀 상관없다. 남들이 보기에 아무리 하찮은 것이라 해도 자신만이 아는 사랑과 애정, 따뜻한 혼이 깃든 것이 바로 주얼리다.

이 때문에 예쁘게만 포장되어 빛을 내는 협찬 주얼리에는 중요한 그 무엇인가가 빠져 버린 느낌이 든다. 소중한 사연이 없이 외형의 화려함에만 치중한 그 모습은 단지 순간적이고 곧 잊히고 마는 화려함인 듯해서, 가끔은 서글픈 생각이 들기도 한다. 그렇다, 혼이 빠진 그런 느낌이다. 주얼리 협찬이 없을 수는 없겠지만, 자신만의 스타일을 연출할 수 있는 자리에서는 한순간 화려하게 치장하는 협찬 주얼리보다는 각자의 인생이 엿보이고 삶의 철학이 묻어나는 그들만의 주얼리를 더 많이 볼 수 있었으면 싶다.

문득 『악마는 프라다를 입는다』의 실제 모델이라는 패션업계의 대모이자 미국 『보그』의 편집장인 안나 윈투어가 생각난다. 그녀의 스타일링을 이야기하자면, '멋있다'라는 표현만으로 충분하지 않다. 60대인 그녀가 항상 즐겨 착용하는 것은 아쿠아마린, 황옥 계열의 준보석, 페이스트 등으로 보이는 소재를 과감히 디자인한 볼륨감 있는 앤티크 목걸이들이다. 가끔은 세트로 보이는 팔찌까지 곁들이는데 절대 과하다는 느낌이 없다. 도리어 "아, 이런 스타일링도 있구나" 하는 새로움에 저절로 마음이 동한다. 그녀는 여러 의상에 맞춰 이 목걸이들을 늘 착용하는데, 협찬 품목이라면 이렇게 자주 등장하지 못할 테니까 아마도 개인 소장품인 듯하다. 그녀가 연출하는 코디의 마법에 따라 표정을 달리하는

2010년 미국 패션 위크에 참석 중이 안나 윈투어.
그녀는 패션 디자이너들 애지중지할 만큼의
막강한 영향력을 갖기로 유명하다.
© Pascal Le Segretain/Getty Images

주얼리들은 언제나 새 생명으로 부활하고, 그녀의 단발머리와 함께 트레이드 마크가 되었다. 그녀에게서는 나이와 상관없이, 모든 여성들이 꿈꾸는 여성스러움과 사랑스러움, 그러나 절대 유치하지 않은 당당한 고귀함이 엿보인다. 그녀는 다이아몬드 같은 고가의 주얼리를 그다지 많이 착용하지 않는 듯하다. 하지만 고가의 주얼리가 안겨 주는 멋의 몇 배 이상으로 앤티크 준보석 주얼리를 넉넉히 소화한다.

 자신만의 스타일링으로 단단히 무장하고 세련됨의 극치를 우리에게 보여 주는 안나 윈투어. 한국에도 이렇게 자기만의 멋진 주얼리 스타일을 가진 유명 인사들이 많아졌으면 좋겠다. 남의 시선에 얽매이지 않는, 자신만의 도도한 주얼리 스타일을 확립한 특별한 향취를 엿보고 싶지 않은가? 나는, 소중하고 깊은 사연이 담긴 그들의 주얼리를 통해 인생이 묻어나는 인간다움의 미덕을 느끼고 싶다.

인연이 닿는 주얼리는 따로 있다
The Scent of Jewellery

주얼리를 수입하고 판매하는 것이 나의 주된 일이지만, 가끔 그 반대의 경우가 생겨나고는 한다. 하루는 소장 주얼리의 판매 문의가 들어왔다. 문제의 주얼리는 약간 과장해서 이야기하자면 갓 태어난 아기의 주먹만 한 에메랄드가 세팅된 반지였다. 느낌을 보기 위해 실제로 착용해 보니, 덩치 하면 누구에게도 뒤지지 않을 나에게조차 부담스러웠다. 에메랄드가 너무 커서 진품 보석 반지라기보다는 커스텀 주얼리처럼 보이기도 했다. 왕관의 일부나 검의 손잡이 부분에나 어울릴 것 같은 이 느낌이란. 목걸이로 만든다고 해도 사정은 별반 달라지지 않을 것 같았다. 그렇다고 품질이 뛰어나냐 하면, 결코 최상급은 아니었다.

국내에서 새 주인을 찾을 수 없을 것 같아 동남아, 특히 중국 등의 주얼리 마니아들을 주로 상대하는 홍콩의 옥션 하우스에 이 에메랄드의 판매 가능성을 타진해 보았다. 희망 판매 가격을 낮춘다 해도 옅은 색상 때문에 판매가 힘들다는 답이 왔다. 할 수 없이 판매를 의뢰한 고객에게 구매 당시, 혹은 애용했을 당시의 즐거웠던 기억을 되새기며 가끔 즐겨 차고, 가보로 남겨 두는 편이 좋을 것 같다는 궁색한 답을 건넸다.

그런가 하면 어떤 고객은 모 주얼리 브랜드의 다이아몬드 목걸이, 반지, 귀걸이 등을 담보로 받았는데, 돈을 돌려받을 상황이 아니어서 이것들을 처리하고 싶다고 문의를 했다. 이 제품들은 구매 가격이 억대를 넘기는 것이었다. 하지만 원석의 가치가 뛰어나 희소성이 있다거나 유명인의 컬렉션이었다는 등 특별한 사연이 함께하지 않는 한, 중고 제품은 당시의 구매 가격으로 되팔 수 없다. 운이 나쁘면 구매가의 반값도 받지 못하는 경우가 허다하다.

이런 일들은 내게 흔하지 않다. 하지만 그때마다 아쉬움과 슬픔에 사로잡히곤 한다. 고객은 설렌 마음으로 거금을 투자해 주얼리들을 구매했을 것이고, 태어난 지 얼마 되지 않은 주얼리들도 첫 주인을 맞이하며 평생 동안 충성을 맹세했을 것이다. 그런데 결국 이렇게 가치도 제대로 평가받지 못하고 떠돌이로 전락하고 말았으니, 주얼리에게는 이보다 억울한 경우가 또 어디 있을까. 너무 주얼리의 입장만 생각해 아쉬워하는 것은 아니냐고? 고객의 입장에서도 애석하기는 마찬가지다. 여성들의 쇼핑 아이템 중에서 주얼리라는 항목은 가격대가 높은 데 비해, 섣불리 구매하면 유행이 지난 옷과 가방, 신발처럼 빛 몇 번 보지 못하고 서랍 구석에서 썩는 경우가 많다. 그러다 주얼리를 되팔 때면 구매 가격에 비해 터무니없는 가격으로 내놓아야 하기 때문에 주얼리와의 잘못된 인연을 곱씹으며 후회하기 마련이다.

그렇다면 이런 이야기를 꺼내는 내 자신은 어떤가? 나조차 잘못 구매한 주얼리 때문에 낭패를 보는 경우가 있었고, 그런 뼈아픈 경험 탓인지 요즘은 후회할 것 같은 쇼핑을 거의 하지 않으려고 노력한다. 물론 자신감을 가졌던 선택이 사오십 대가 되어서 "왜 이것을 선택했을

까" 하고 고개를 꺄우뚱거리지 않으리라는 장담은 못 하지만 말이다. 내친김에 지금까지 거래한 앤티크 주얼리들을 떠올려 본다. 내 나름대로 스스로의 안목을 믿으며 엄선한 것들이었다. 그러나 엄선 기준은 각각 달랐다. 주얼리에 사용한 보석의 희귀성, 아름다운 세공, 유명한 소장자 등이 선택의 이유가 될 때도 많았지만, 뭐라 형용하기 힘든, 그래서 내 영혼을 자극하는 주얼리는 따로 있었다. 나는 이것을 '인연'이라 생각한다. 그 많은 주얼리 중에서 유독 앤티크 주얼리와 사랑에 빠진 것을 보면 이 특별한 인연의 힘을 무시할 수는 없다.

내 손을 거쳐 새 주인을 찾은 '그들'과의 인연을 생각하면 지금도 아쉬움이 많이 남는다. 새 주인들이 마음을 불편하게 하는 것이 아니라 내 손을 떠났다는 것 자체가 왠지 서글픈 것이다. 몇백 년의 세월을 유럽에서 보내다 용케 살아남은 그들을 한국이라는 먼 나라로 데려온 장본인이 나이기에 좋은 주인, 즉 주얼리를 사랑하는 것은 물론이고 그 가치를 잘 이해하여 소중히 간직해 주고 다음 세대로 잘 넘겨줄 수 있는 그런 주인을 찾아 주어야 한다는 사명감 같은 것이 자연스럽게 생겨난다. 행여 그런 주인이 나타나지 않으면 평생 책임지고 소중하게 보살펴야 할 것만 같은 책임감도 그림자처럼 따라다닌다. 아직 경험한 적은 없지만, 세상의 어머니들이 딸을 시집보낼 때 느끼는 기대감과 아쉬움이 이런 것은 아닐까. 나의 자식들을 하나하나 꺼내 얼굴을 마주할 때면 반가움으로 가슴이 벅차오른다. 그리고 그들의 아름다움을 한없이 만끽한다. 잘난 자식을 둔(물론 아주 주관적이지만) 어머니들이 자식들의 뒷모습을 보면서 뿌듯해 하는 이유를 너무도 잘 이해할 것 같다.

내게는 아끼는 반지가 있다. 의아하겠지만, 그것은 앤티크 주얼리가 아니다. 앤티크 주얼리를 주로 거래하다 보니 사람들은 내가 앤티크 주얼리만 즐기는 것으로 오해하는 경우가 많다. 그러나 절대 그렇지 않다. 예전에 출장을 가서 셀렉트 숍 앞을 지나가다 발견한 반지다. 내가 좋아하는 미국 작가의 주얼리 셀렉션과 우연히 마주치게 된 것이다. 그 여성 작가는 흔히 우리가 생각하는, 자기주장이 강하고 씩씩한 서양인과는 거리가 멀다. 소녀처럼 부드러운 느낌을 준다고나 할까. 한 점 한 점 소중히 수공으로 만든 그녀의 주얼리에서는 뭐라 말할 수 없는 미묘한 손맛이 느껴진다. 그래서 그녀의 주얼리는 몇 가지 라인을 제외하고는 똑같은 것이 없다. 이는 대량 생산되는 주얼리가 절대

가질 수 없는 느낌이다. 이런 점이 앤티크 주얼리와 비슷하기에 나는 그녀의 주얼리에 본능적으로 이끌리는지 모른다. 인도에 푹 빠진 그녀가 제작하는 주얼리의 특징은 자연에서 디자인 모티프를 얻으며, 색색 가지 파스텔 톤의 원석을 22K 옐로 골드나 핑크 골드 등으로 재현한다는 데 있다. 일 년에 몇 달 동안 인도에서 머물며 원석을 선별하는 데 집중하는 그녀는 색상, 모양도 선택 기준으로 삼지만, 그것보다 원석이 지닌 '기'를 더 꼼꼼히 살핀단다. 직접 만져 보고 기를 느낀 후에 그기에 맞는 디자인 작업에 들어간다고 하는데, 그녀의 주얼리는 특별한 장식이나 복잡한 세공보다는 원석 자체의 아름다움이 돋보이는 단순미를 지녔다. 많은 가공 대신 원석 그대로의 자연스러운 형태를 보석으로 재현하는 것이다. 그녀의 주얼리에서 느껴지는 단순함, 자연스러움, 편안함은 내가 앞으로 살고 싶은 삶의 방식이기도 하다. 그래서 그녀의 주얼리에 자꾸 끌리는 게 아닐까.

그런 그녀의 작품 중에서 핑크 골드에 장미석rose quartz이 평평하게 세팅된 반지를 보는 순간 내 마음은 바로 그곳으로 향했다. 장미석은 연애와 마음의 치유에 효험이 있다고 믿어지는 수정의 일종으로, 사랑과 미의 여신 비너스를 상징하기도 한다. 보티첼리의 유명한 〈비너스의 탄생〉에서도 유추할 수 있듯이, 비너스는 바다의 거품에서 태어난 아름다운 여신이다. 그런 비너스를 찬양하기 위해 다른 신들은 세상에서 가장 아름다운 꽃, 장미를 창조했다. 장미석, 즉 로즈 쿼츠라는

핑크 골드에 장미석을 매끈하게 가공해서 세팅한 Marie Helene de Taillac에서 구매한 것으로 장미는 내가 아끼는 소장품이다.

1910년경에 제작된 진주와 다이아몬드 목걸이. 안에 돋보기가 숨어 있다. 개인 소장.

이름도 여기서 유래한 것이라 한다. 착용하는 이에게서 여성스러움을 끌어내고 동시에 정신적 안정을 가져다 주며 미적 감각도 높여 준다는 이야기 때문인지, 장미석은 액세서리뿐 아니라 많은 소품들에도 자주 사용된다. 그만큼 아주 흔한 돌이다. 하지만 내가 발견한 반지의 장미석은 너무나도 예쁜 분홍이었다. 만지고 싶은 충동을 일으키는 부드러움을 지녔다고 할까. 게다가 그 속에 섬세한 반짝임마저 간직하고 있었다. 외유내강의 여성을 떠올리게 했다. 하나밖에 없는 반지라 서둘러 점원에게 꺼내 달라고 부탁했다. 착용하고는 거울 앞에서 여러 각도로 돌려 가며 반지를 유심히 살폈다. 장미석이 완벽한 원형이 아니라 약간 기울어진 둥근 형태라 자연스러워서 더 좋았다. 이 아름다운 분홍 돌을 핑크 골드가 테두리를 두른 듯 감싸 안고 있다. "나 여기 있어요!"라고 자신을 주장하지 않는 자연스러움과, 화려하지 않고 소박한 모습이 내 마음을 사로잡았다. 내 것이 되려고 그랬는지 신기하게도 치수도 딱 맞았다. 어떻게 이 친구를 그냥 그곳에 버려두고 올 수 있겠는가. 나는 너무나 만족스러운 새 인연에 행복했다. 남들이 보기에는 별것 아닌 일처럼 보이겠지만, 나는 일상의 작은 인연에서 얻는 행복감과 즐거움으로 에너지를 충전한다.

만약 내가 이 장미석 반지를 포기했다면 어떠했을까. 왜 그때 사지 않았을까 하고 두고두고 후회했을 것이다. 마치 열애를 하다 '이 사람은 내 짝이 아닌 모양이다' 하고 포기하거나 이별을 고한 후에 한참 가슴앓이를 하다가 큰마음 먹고 전화를 했더니 사랑하는 사람에게는 이미 다른 짝이 생겨 버렸을 때 느끼는 허무감이나 좌절과 다를 바 없을 것이다. 사랑도 그렇고 주얼리도 그렇다. 인연이라는 생각이 들고 내 것이다 싶으면 꽉 잡아야 후회가 없다. 이 사람이, 이 주얼리가 내 곁에 있어야 할 이유가 있다면, 주저 없이 인연의 힘을 믿어 보기 바란다. 그 많은 사람들 중에 유독 당신에게 띈 사람이라면, 또 그 많은 주얼리 중에 유독 눈에 띈 것이라면, 그 이유 하나만으로도 이미 가치는 충분할 테니 말이다.

컬렉션을 즐겨라

The Scent of Jewellery

5년에 한 번씩 대한민국을 떠들썩하게 하는 대선. 후보들만큼 초미의 관심이 되는 존재를 들자면 아마 예비 영부인들일 것이다. 그중 유난히 말이 많았던 주인공은 이명박 대통령의 부인인 김윤옥 여사였던 것 같다. 김 여사는 나의 친구 어머님을 유난히 닮아 다른 후보 부인들보다 자꾸 눈이 갔다. 남편의 넥타이를 다정하게 손봐 줄 때 살짝 보였던 여사의 손목시계가 화근이었다. '천만 원이 넘는 프랭크 뮬러의 시계.' 각 언론은 마치 대어라도 낚은 듯 그 시계에 대해 떠들어 대기 시작했다. 하지만 다음날, 문제의 시계는 십만 원 이하의 국산시계라는 웃지 못할 반박성 기사가 신문 지면을 장식했다. 이런 내용이 핫 이슈가 될 수 있을까. 나로서는 이해가 되지 않았다.

일본에서 오래 생활한 탓일까. 한국의 명품관 쇼핑 문화도 이상하기는 매한가지다. 실컷 쇼핑을 즐긴 후 누가 볼까 봐 뒷문에 대기시킨 운전기사를 통해 자가용에 몰래 쇼핑 아이템들을 싣는 한국의 문화는 특이하다 못해 기괴하게까지 느껴진다. 물론 너무 많은 쇼핑 백들을 감당할 수 없어 자연스럽게 이런 상황이 생길 수도 있겠지만 말이다. 궁금증을 참다못해 지인에게 물으니 한국 사회에서 내로라하는 명문가 출신 사람이 사치를 일삼는다는 구설에 오를까 봐 그럴 것이라는 답이 돌아왔다. 하지만 나로서는 여전히 이해가 안 된다. 내 돈마저 마음대로 편하게 쓰지 못하는 이런 상황을 어떻게 이해해야 할까.

한 가지 더 납득할 수 없는 것이 있다. 바로 '된장녀 신드롬'이다. 한참 세간에 이 말이 떠돌았을 때 나는 이 단어에 동의하기보다는 '그게 뭐 어때'라는 생각부터 들었다. 수입 중 일부를 아껴 자신이 간절히 바라는 그 무엇인가를 위해 과감히 돈을 쓰는 것이 뭐가 그렇게 특별한 것이며, 또 그것이 어떻게 사치로 여겨져야 하는 것일까? 남에게 피해를 주는 일도 아니고 자신이 감당할 수 있는 경제적 여건에서 합리적인 구매를 한다는 것에 색안경을 쓸 필요가 있을까? 오늘 점심에 설렁탕을 먹고 입가심으로 한 손에 별 다방 카페라테를 들고 사무실로 돌아오는 나 역시 된장녀라는 말인가.

인사 청문회에 빠짐없이 등장하는 문제 역시 개인 재산과 관련된 것들이 많다. 신기하게도 남성 후보자들의 여성 편력에 대한 질문은 지금껏 들어 본 적이 없다. 그 문제를 파헤치다 보면 뒤가 구리지 않을 이들이 거의 없어 그런 것일까? 아니면 남성 우월주의적 사고에서 나온 암묵적인 약속 때문일까? 부동산 투기 등과 관련된 과거 의혹이 불거질 때면 기다렸다는 듯이 의원들은 두툼한 자료를 가지고 후보들을 무섭게 몰아붙인다. 부의 축적 방법이 정당했는지 추궁하는 의원들의 발언이야 당연한 것이며, 공인으로서 부적절한 과거사를 짚어 보는 것도 마땅하다. 하지만 일반인들 수준의 부동산 매입까지 모조리 투기로 내몰릴 수 있지는 않을까 하는 순진한 염려를 해 보기도 한다. 나 역시 주얼리를 매입할 기회가 생기거나 손님에게 어떤 물건을 권할 때 당연히 소장 가치를 우선으로 하지 않았던가. 어쨌든 이런 한국 사회의 분위기 때문인지 국내에서는 소위 좀 가졌다는 사람에 대해서는 칭찬과 존경보다는 부정적인 시각부터 먼저 들이대고 본다. 어쩌면 노블레스 오블리주Noblesse oblige 정신이 제대로 자리 잡지 않은 한국 사회의 슬픈 자화상일지도 모른다.

    상황이 이렇다 보니 한국의 컬렉팅 문화도 쉬쉬하는 경향이 강하다. 미술품, 자동차, 주얼리, 가구, 도자기 등의 컬렉터들을 주변에서 흔히 발견할 수 있는데도, 여전히 컬렉팅을 사치스럽게 생각하거나 부자들만이 즐기는 유희쯤으로 여기는 사람들이 많다. 특히 주얼리에 대해서는 그 어떤 것보다도 편견의 정도가 심하다. 그래서인지 독보적인 국내 주얼리 컬렉터들의 컬렉션을 접할 기회가 별로 없다. 훌륭한 주얼리가 있어도 착용하고 다니다 행여 구설수에 오를까 금고 속에서 잠재우는 이들도 있다. 반면, 외국의 경우에 타인의 눈을 의식하지 않고 패션의 일부나 스타일의 마무리로 주얼리를 자유롭게 즐긴다. 개인의 주얼리 컬렉션을 경매에서 선보이거나 컬렉터의 이름을 떳떳하게 내걸고 책으로 출간하거나 전시회를 열며, 일반인들도 그들의 개인적 세계를 들여다보는 것을 불편하게 생각하거나 이상한 선입견으로 바라보지 않는다. 도리어 그들 삶의 한 부분으로 자연스럽게 받아들이는 것이다. 누가 뭐라고 하든지 "이것이 바로 내가 살아가는 방식"이라고 외치며 자신의 취미 생활을 당당하게 누리는 것이다.

그렇다면 우리는 컬렉팅 문화를 어떤 눈으로 바라보아야 할까? 어느 시대가 되었든 안목을 지닌 컬렉터가 있었기에 우리를 감동시키는 문화와 예술이 존재할 수 있었다. 소위 상류층이라고 불리는 사람들의 적극적인 재정적 후원이 없었다면, 현존하는 문화유산들의 상당수는 머릿속 상상에 머물렀을지 모른다. 나는 건축, 회화, 보석 등의 예술 세계를 들여다보며 그 아름다움을 선사해 준 선대에게 국적을 떠나 감사의 마음을 보낸다. 다양한 예술 세계가 아름다움이라는 꽃을 피울 수 있었던 것에는 분명 그들의 공이 있으며, 따라서 우리는 그들에게 큰 빚을 지고 있는 것이다. 물론, 그 유산이 만들어지는 과정을 생각해보면, "다들 미쳤구나"라는 말밖에 나오지 않는다. 그 유산이 몇백 년, 몇천 년이라는 오랜 세월을 거쳐서 우리에게 전해지기까지 얼마나 많은 사람들의 피땀 흐르는 노동력과 불행이 함께했을까 하는 생각 때문이다.

그렇다. 최고 명작이 가진 화려한 아름다움의 뒷면에는 상류층의 욕망과 광적인 낭비가 숨겨져 있다. 하지만 지금 이 시대를 사는 우리는 그것에서 얻어지는 문화적 혜택, 즉 미적인 감동을 얻고 살아간다. 역사를 돌아보면 많은 이들의 희생과 비난 속에서 얻어지는 것들이었기에 당시에는 환영받지 못했을 수도 있었겠지만, 현재는 찬란한 빛을 발휘하는 유산들로 거듭나 우리에게 감동을 주는 것

1860년대에 제작된 회중시계로 다이아몬드가 가득히 세팅되어 있는 케이트 소유.

지수정이 세팅된 옐로 골드 목걸이, 사파이어와 다이아몬드가 세팅된 반지, 페리도트와 다이아몬드로 만든 잠자리 모양의 브로치, 골드 잎 브로치 등이 놓여 있다. 모두 개인 소장 ⓒ Lee Seok-jin

이다. 해외 유명 유적지, 미술관, 박물관들이 소장한 놀라운 컬렉션을 보면 절로 부러움과 탄성이 터져 나온다. 그리고 조상 덕분에 몇백 년, 아니 몇천 년을 먹고 사는 그 나라 사람들을 보면 복 많은 민족들이라는 생각에 가끔 부러워지기도 한다. 과거에 훔친 문화유산들을 컬렉팅해 놓고 보란 듯이 세상에 내놓는 자들도 많은데, 자신의 재산을 쏟아부으며 주얼리 컬렉팅에 몰두했다고 손가락질을 당하면 좀 억울하지 않겠는가.

우리나라에서도 누가 뭐라고 하든 연연하지 않고 떳떳하게 주얼리를 탐하는 컬렉터들이 늘어났으면 한다. 세계적인 수준의 컬렉션을 만들라는 이야기는 절대 아니다. 단지 자신의 인생을 돌아볼 때 그때그때의 순간들을 떠올리게 해 주는 컬렉션도 좋다. 주얼리는 여자로 태어난 내가 나의 흔적을 후손에게 아기자기하게 남길 수 있는 사랑스러운 방법이 아닐까. 당당했으면 좋겠다. 누가 뭐라고 하든지 간에 내가 몰두하고 사랑하는 것들에 말이다.

현대 여성의 부적, 주얼리

The Secret of Jewellery

대다수의 남성들은 카페에 앉아 오랫동안 수다를 떨거나 통화만으로 몇 시간을 보낼 수 있는 여성들을 이해하기 어렵다고 한다. 백화점에서 오랜 시간을 보내고, 한 잔의 술을 기울이기라도 하는 여성은 더 심한 시선으로 바라본다. 그런데 여성의 입장에서는 남성들이 흉을 보는 이런 사소한 시간이 스트레스를 풀며 자아의 존재 이유를 찾고자 하는 소중한 시간 중 하나인 것이다. 이런 데에서 만족을 얻지 못하는 여성들은 종교로 마음의 치유를 받으려 하기도 하고, 가끔은 마음의 '강력한 테라피'를 받는다는 핑계로 용하다는 점집을 찾아다니기도 한다.

좋은 집에 살며, 유행하는 의상에 최고급 승용차를 타고 최고의 음식을 찾아다니는 싱글들. 혹은 유능한 남자의 아내, 예쁜 아이들의 엄마로 완벽한 인생을 보내는 것만 같은 여자들. 겉으로 보면 아무 고민 없이 사는 팔자 좋은 여성들이다. 그러나 그들 내면에 한 발짝 들어가 보면 과연 겉에서 보는 것처럼 그렇게 완벽한 삶을 사는 것일까? 다들 표현하지는 않지만 각자의 고뇌와 어디선가 찾아오는 불안감을 안고 살아가고 있는 것이 현대 여성들의 진짜 모습이다. 이런 이들에게 기분 전환을 시켜 주는, 때로는 마음을 정화시켜 주는 자신만의 특별한

루비와 다이아몬드가 가득히 세팅된 19세기 리본 브로치
개인 소장

주얼리를 찾아보라고 권하고 싶다. 신기하게도 안도감과 포근함을 전해 주는 부적과 같은 주얼리를 말이다.

  주얼리는 사실, 없어도 살아갈 수 있지만 선물로 받으면 다른 무엇보다도 기쁜 아이템이다. 그것이 꼭 다른 누군가에게 받는 선물일 필요는 없다. 열심히 살아온 나 자신을 위한 선물이라도 또 다른 기쁨을 얻을 수 있다. 이런 계기로 마련한 주얼리가 너무 익숙해져서 없어서는 안 될 소중한 것이 되어 버린 경험을 한 이들이 분명히 있을 것이다. 이런 주얼려로 인해 새로운 나를 발견할 수 있다. 누가 그러던가, 여성이란 나이 들면서 자신의 정체성을 자신이 지니는 주얼리로 표현한다고. 그러나 오해 없기를 바란다. 주얼리는 그 사람의 재력을 보여 주기 위한 것이 아니다. 물론 그런 의도로 주얼리를 즐기는 이들이 있기도 하지만, 그것은 그들의 또 다른 삶의 표현 방법이라고 이해하면 될 뿐이다. 어쨌든 주얼리는 그 사람의 내면 중 일부를 보여 주는 특별한 것이 될 수 있다.

  나의 일부가 되는 주얼리를 찾고 즐기는 방법은 그리 어렵지 않다. 먼저 주얼리는 화려하고 부담스러운 고가의 것이라는 공식을 잊기 바란다. 분명히 그 어딘가에 존재하는, 나와 공감할 수 있는 특별한 주얼리를 찾아보라. 그리고 내가 마음 깊이 즐거울 수 있고 진심으로 예쁘다고 느낄 수 있는 그런 것을 선택하면 될 뿐이다.

  나 같은 경우, 그런 주얼리는 내 마음의 상태나 기분에 따라 그때그

때 달라지기도 한다. 그리고 선택하는 것이 주얼리가 아닌 액세서리일 때도 있다. 최근에 나의 오른쪽 팔에는 작은 핑크 골드의 장식이 달린 빨간 실이 달려 있다. 오래전부터 마돈나와 같은 스타들은 빨간 실을 손목에 즐겨 맸다. 그리고 몇 년 전부터는 레시티아 코엔스칼리Laetitia Cohen-Skalli라는 프랑스 디자이너가 다양한 민족과 문명에서 행운을 가져다주는 부적으로 여겨지는 '예루살렘의 빨간 실'에서 영감을 받아, 색색의 실과 다이아몬드로 개성적인 아이템들을 만들었다. 이제는 너무 흔해졌다고 해도 될 만큼 세계 각국의 여성들이 이 스타일을 즐긴다. 국내에서도 여기저기서 복제하는 바람에 리어카에서도 쉽게 찾아볼 수 있는 스타일이 되어 버렸다.

하지만 내 것은 소중한 친구가 선물해 준 것으로, 미국 작가의 평화 마크가 달린 것이다. 빨간 실로 매듭짓는 구조로 되어 있어 잘 때도, 샤워할 때도, 심지어 마사지를 받을 때도 뺄 수 없는 구조다. 그리고 그 존재마저 잊을 정도로 내 팔에 확실히 동화되어 버린 액세서리다. 또 다른 하나는 원래는 평화 마크와 같이 실로 연결된 작은 나비 형태의 팔찌였던 것을 내가 목걸이로 바꾼 것이다. 프랑스 작가의 것으로 나비를 모티프로 한 앤티크 스타일이며, 아주 작은 다이아몬드와 핑크 사파이어를 화이트 골드에 세팅한 것이다. 이렇게 말하면 대단한 작품 같은데 매우 작은 아이템이다. 나는 평화 마크를 착용하기 전까지는 이 나비를 핑크색 실에 달아 늘 팔에 착용하다가, 평화 마크를 선물로 받은 후에는 때가 묻은 핑크색 실을 버리고 체인에 달아서 목걸이로 착용하고 있다. 이것들은 언제나 착용하기에 다른 팔찌, 목걸이를 착용할 때도 늘 나와 함께한다.

한번은 빨간 실이 닳아서 새로 끼는 과정에서 작은 평화 마크를 잃어버리는 사건이 있었다. 잠깐 테이블에 올려놓았는데 보이지 않은 것이다. 내가 경악하는 모습을 보고 집안 식구들이 난리가 났다. 그 전에 청소기를 돌렸다기에 나는 청소기 안의 필터를 꺼내, 그 속의 지저분한 먼지를 털어 가며 평화 마크를 찾았는데 보이지 않았다. 거의 포기하는 순간, 다행히도 소파 밑에서 찾아낼 수 있었다. 그것을 찾아서 너무나 기뻐하는 나와 달리, 어머니는 작고 예쁘지도 않은 평화 마크를 보고 한심한 듯이 "다이아몬드라도 세팅된 핑크 골드 덩어리라고 생각했다"며 어이없어 했다.

그 후에 주얼리를 제작하는 친한 언니에게, 나비를 목걸이로 착용하기 위해 체인 제작을 부탁했더니 제작을 해 주면서 이렇게 말했다. "근데 너무 작아서 나비인지 뭐인지 잘 안 보이는데 괜찮겠어?"

그렇다. 이 두 아이템은 주얼리라고 할 수 없는, 나 아닌 다른 이들에게는 정말 별것 아닌 작은 액세서리다. 심지어 잘 보이지도 않는다. 그러니 어느 누가 이 작은 이들에게 신경이나 쓸까. 평화 마크인지, 나비인지, 골드인지, 다이아몬드인지 말이다. 이들이 내 몸과 함께한다는 그 존재감은 나만의 자기만족에 불과한 것이다. 평화를 상징하는 이 핑크 골드의 존재는 마치 나에게 마음의 평화를 가져다주고 나를 지켜 줄 것만 같은 포근함을 안겨 준다. 예전에는 내 삶에서 '평화'라는 것은 가끔 잊기도 하는 당연한 상태였다. 그러나 점차

황옥과 자수정amethyst이 세팅된 1780년대의 펜던트와 귀걸이 세트

나이 들면서 평화란 언제든 없어질 수도 있는 소중한 것임을 새삼 느끼게 되었다. 게다가 나비라는 모티프는 왠지 훨훨 날아갈 수 있을 것 같은 자유로움을 선사해 준다. 목걸이이기에 거울을 보지 않는 한, 나비는 내 눈에 보이지 않는다. 어떨 때에는 나비가 뒤로 돌아가서 거울에 비춰도 보이지 않기도 한다. 그래서 그런지 나비가 잘 있는지를 확인하려고 나비를 만지는 습관이 생겨 버렸다.

내게 주얼리는 나를 푸근하게 해 주는 안도감, 나를 밝게 해 주는 화려함, 나를 옹호해 주는 든든함을 지녔다. 그리고 나를 표현해 주는 대리인으로, 그 어느 누구보다도 나를 소중한 존재로 인식시켜 주는 부적과 같은 특별한 존재다. 독자들도 나만의 부적 같은 주얼리를 찾아보며 또 다른 나를 발견하기를 바란다. 현재 내 마음이 어떤 상태에 있고, 무엇을 원하며, 어떨 때가 가장 마음이 편하고 행복한지를 말이다. 신기하게도 주얼리를 선택하는 내 모습에서 나도 모르는 나의 내면이 보일 때가 있다. 또한, 언제나 주얼리의 아름다움에 밀리지 않는 나를 만들어 나가는 노력을 잊지 않기 바란다. 그 과정에서 주얼리는 나의 스타일을 확립하는 것을 도와주기도 하고, 삶의 방식을 가르쳐 주기도 하는 신기한 아이템이라는 사실을 깨달을 것이다.

   내게 이런 주얼리를 찾아내고 착용하는 순간의 두근거림은 사랑할 때의 두근거림과 비슷하다. 이때가 바로 내가 여자라는 존재임을 확인하는 순간이다. 당신에게 특별하고 소중한 주얼리는 과연 어떤 것들인가?

주얼리를 코디하다

The Scent of Jewellery

"주얼리 코디를 이렇게 하라."

이런 충고는 굳이 할 필요가 없을 듯하다. 요즘처럼 자유로운 시대에는 각자가 지니는 개성대로 액세서리든 주얼리든, 자유롭게 또 마음껏 즐기는 것이 코디를 가장 잘하는 방법이라고 생각하기 때문이다. 그러나 주얼리를 좋아하는 한 개인으로서 내가 느끼고 경험한 바를 한 번쯤 이야기하는 것도 나쁘지는 않을 것 같다.

내 생애의 첫 주얼리는 고등학교 입학 선물로 받은 작은 진주 목걸이였다. 앞에서 언급한 바 있듯이, 분홍빛이 도는 진주 한 알을 18K 옐로 골드의 가느다란 줄에 통과시킨 일본 미키모토 사의 목걸이다. 그 후로는 모 브랜드의 저가 실버 액세서리 등, 내 나름으로 이것저것 제법 모았다. 남들이 보기에는 장난감 잡동사니와 마찬가지인 것들이지만, 지금의 나에게는 하나하나가 참으로 소중한 추억들이다. 이것들을 모으는 과정에서 내가 선호하는 스타일, 안 해 보았으나 도전하고 싶은 스타일, 욕심나지만 어울리지 않는 스타일, 한번 시도해 보고 싶으나 좀 더 나이가 들어야 어울릴 것만 같은 스타일 등에 대해 진지하게 생각해 보게 되었다.

특히 내가 다니던 교토의 한 국제고등학교의 친구나 선배들을 보면서 처음으로 액세서리와 주얼리에 대한 관심을 가지게 되었다. 길게 늘어뜨린 웨이브 머리, 발랄한 펌, 세련된 숏 커트, 밝은 톤의 염색에 옅은 화장은 물론 귀에 몇 개씩 달린 피어스, 목걸이, 팔찌, 발찌 등 화려했던 그들의 모습이 아직도 생생하게 기억난다. 이렇게 이야기하면 이상한 학교로 보이겠으나 150년의 역사를 자랑하는 학교다. 설립자의 모토가 국제주의이며 학생들의 자유를 존중해 주는 학풍을 지녔기에 학생들은 각기 자유롭게 멋을 내고 다닐 수 있었다. 그런데 나는 집에서 혼날까 봐 그 흔한 피어스도 뚫어 보지 못하고, 다른 친구들을 부러워하며 고등학교 시절 3년을 보내야만 했다. 그러다 대학생 때 귀를 뚫은 뒤부터 늦바람이 무섭다는 말 그대로 원 없이 피어스와 귀걸이를 하고 다녔다.

그러나 지금은 아주 특별한 자리가 아니면 귀에 아무것도 걸지 않는다. 피어스나 귀걸이는 여성의 얼굴에 화사함을 주는 가장 효과적인 장신구다. 그런데 어느 순간부터 그 무게가 부담스러워지면서 예쁘게 보이는 것보다는 아무것도 귀에 걸지 않는 편안함이 좋아졌다. 하지만 모른다. 어느 순간부터 예전처럼 귀걸이를 애용하게 될지 말이다. 아무튼 요즘에는 피어스보다 반지, 목걸이, 팔찌를 더 즐긴다. 이렇게 개인적인 시행착오를 겪는 과정에서, 또 자연스럽게 나이가 들면서 선호하는 스타일이 바뀔 수도 있다. 이 변덕스러

1860년경에 제작된 다이아몬드, 로즈 커트, 톱니의 펜던트

움은 귀찮기는커녕 참으로 즐겁다.

　나 자신을 꾸미는 것에 익숙해지면 인생에서 유리한 점이 많이 생긴다. 또한, 아름답고 싶다는 욕망은 어느 누구에게나 있는 본능이다. 나를 꾸미는 일은 여러 방법으로 시도할 수 있다. 예를 들어, 미용실에서 머리를 가꾸고 화장을 하고 옷을 내 취향대로 잘 차려입고 백과 신발, 그리고 향수로 마무리를 한다. 그러나 진정한 마무리는 주얼리를 착용하는 것이 아닐까.

　예를 들면, 내가 즐기는 목걸이 중에 소투아르가 있다. 이는 앞에서 언급한 바 있듯이 19세기 말부터 20세기 초의 에드워드 7세 시대, 혹은 벨 에포크 시대와 아르 데코 시대에 걸쳐 오랫동안 사랑받은 긴 형태의(때로는 허리선까지 내려오는) 목걸이다. 여성의 의상이 코르셋에서 해방되고 편안한 직선의 실루엣으로 변하는 시대에도 소투아르의 인기는 계속되었다. 소투아르를 착용하게 되면 나도 모르게 몸짓이 달라진다. 내 소투아르는 긴데다 술(tassel)까지 달려 있어, 테이블 같은 데 부딪칠까 봐 신경을 쓰다 보니 자연스럽게 우아한 몸짓을 하게 되기 때문이다. 이럴 때면 주얼리가 여성의 기품과 관능미마저 끌어내는 마법처럼 느껴진다. 아무리 외모를 완벽하게 꾸며도 그 언행이 거칠다면 무슨 소용이 있겠는가.

　주얼리를 패션의 마무리로 여기고, 내 속에 숨어 있는 여성성을 최대한 끌어내는 경험을 꼭 해 보기 바란다. 여자만이 지닐 수 있는 특권을 왜 즐기지 않는가. 게다가 주얼리는 착용하면 할수록 내 것이 된다는 점을 잊지 말기 바란다. 익숙해지기 위해서는 기나긴 시행착오가 필요한 것이다.

이렇게 즐기는 주얼리가 꼭 고가의 것이어야 한다고 부담을 가질 필요는 절대 없다. 액세서리 하나라도 그 존재가 있고 없고에 따라 오늘의 내 분위기가 많이 다르다는 점을 경험해 보았을 것이다. 목에, 팔에, 귀에, 손가락에, 가슴에, 그 어느 곳에라도 반짝이는 무언가가 있다면, 그 존재로 인해 별것 아닌 의상이 흥겨워지는 것을 느껴 본 적이 있지 않은가? 이럴 때마다 다음 생이라는 것이 만약 있다면, 또 다시 여자로 태어나고 싶다는 생각을 하게 된다. 여자이기에 느낄 수 있는 아기자기한 즐거움을 위해서 말이다.

인생에서 소중한 순간마다 주얼리를 주고받고, 때로는 본인이 선택하여 나만의 작은 컬렉션을 만들어 간다는 것은 참 의미 있는 일이다. 어떤 나라에서는 여자아이가 태어나면 그녀가 성인이 될 때까지 부모는 물론 친척, 가까운 친지들이 주얼리를 꾸준히 선물해 준다. 자연히 어느 정도 성장했을 때 주얼리가 제법 모이게 되는데, 이것들은 주변의 축복을 가득 담은 특별한 의미를 띤다. 더구나 어릴 때부터 착용한 것이라 그 애착은 남다를 것이다.

우리도 각자 의미 있는 주얼리 컬렉션을 만들어 가면 어떨까. 우리나라에서도 돌을 맞이하는 아기들에게 금으로 축복을 전하는데, 아기가 조금 성장한 후에 착용할 수 있는 작은 펜던트나 팔찌를 전하는 것도 좋을 것 같다. 특히 딸을 가진 어머니들이라면 그녀가 성인이 될 때까지 생일, 학교 입학과 졸업, 크리스마스 등 기념일마다 추억을 담은 작은 주얼리를 선물하여 사랑을 전하는 것은 어떨까. 어머니들이 즐겨 왔던 주얼리를 당시의 사연과 이야기를 담아 딸에게 물려주는 것도 특별한 이벤트가 될 것 같다. 그것들이 그 다음 세대로 이어진다면, 할머니의 소중한 유품으로 남게 될 것이다. 이렇게 가족의 아련한 스토리가 담긴 주얼리는 인위로 만들어 낼 수 없는 특별한 매력과 가치를 지닌, 그 어디에서도 발견할 수 없는 것이 된다.

　이제부터는 조금 더 구체적으로 주얼리 코디에 대해 이야기해 보겠다. 나는 주얼리를 선택할 때 먼저 다음 사항들을 고려해 본다. 나에게, 정확히 내 피부 톤과 생김새, 전체적인 분위기에 어울리는가? 예를 들면, 화이트 골드나 플래티넘 등 백색 계열 금속보다는 옐로 골드의 따뜻한 느낌이 내게는 더 잘 어울린다. 그리고 사탕처럼 알록달록하고 맛있게 생긴 유색석을 착용할 경우, 발랄하게 연출할 수는 있으나 자칫 잘못하면 촌스러워질 수 있다. 다이아몬드나 진주처럼 흰색을 주색으로 하는 보석을 착용하면 좀 심심하고 고리타분해 보일 위험성이 있으나, 약간만 신경 쓰면 힘을 주지 않은 멋을 연출할 수 있다. 여러 주얼리를 주렁주렁 착용하지 않고 한두 개 정도로만 포인트를 주어 단순하게 마무리한다. 얼굴이 심심해서 그런지 볼륨감 있게 여러 개를 착용하면 주얼리에 밀려서 인상이 흐지부지해지기 때문이다.

하지만 꼭 이래야만 한다는 절대적인 공식은 없다. 그 이유는 내 기본 스타일과 어울리지 않는다 하더라도 그날의 의상이나 머리 스타일에 따라 새로운 코디가 성공하는 경우도 있기 때문이다. 그리고 가끔은 모험을 하고 싶은 것이 사람, 특히 여자의 심리다. 그때그때의 기분으로 단지 즐기면 될 뿐이다. 그래서 가끔 특별한 저녁 자리에는 평상시에 애용하는 것과는 다르게 좀 더 화려한 것, 예를 들어 디자인적으로 대범하고 모험적이면서도 다채롭고 화사한 주얼리를 선택하여 그 자리가 시각적으로 흥겨울 수 있도록 한다. 가끔 이런 식으로 평상시와 다른 나를 연출하고 즐기는 것은 나 자신뿐 아니라 보는 이들에게도 신선함을 준다. 그러기 위해서는 주얼리의 아름다움에 밀리지 않는, 즉 그 화려함에 눌리지 않게 나 자신을 내면적으로도 외면적으로도 늘 향상시켜야 한다.

우리에게 친근한 주얼리는 기본적으로 반지, 목걸이, 귀걸이, 팔찌, 브로치 등이다. 그중에서 반지는 의외로 눈에 잘 띄는 아이템이다. 손의 움직임으로 은근히 상대편의 시선을 사로잡으며, 다른 아이템들과는 달리 착용하는 본인의 시야에도 자주 들어온다. 결혼반지나 약혼반지, 고가의 보석이 세팅된 전형적인 반지만 고집하지 말고 때와 장소에 따라 캐주얼한 반지 또한 즐

플래티넘에 각기 다한 크기의 다이아몬드를 세팅한 1905년의 이터니티 반지. 매하소장.

겨 보면 어떨까? 게다가 열 손가락은 다양한 연출을 가능하게 한다. 반지는 어떤 손가락에 착용하는가에 따라 분위기가 많이 달라지기 때문이다. 나는 가끔 두세 개의 캐주얼한 반지를 양손에 착용한다. 최근에는 오른손 가운뎃손가락에는 내 이름으로 디자인된 단순한 핑크 골드 반지를, 왼손에는 늘 착용하는 앤티크 데이지 반지를 착용하기도 하고, 때로는 22K의 옐로 골드에 로즈 컷 다이아몬드 한두 개가 세팅된 인도 반지 세 개를 오른손 가운뎃손가락과 넷째 손가락, 왼손 엄지손가락에 나눠서 낀다. 어떤 날에는 앤티크 크리스털로 만든 큼직한 꽃 반지를 오른손 엄지손가락에 단 하나만 착용하기도 한다. 중요한 미팅이 있는 날에는 캐주얼한 것보다는 무게감 있는 시계나 팔찌에 데이지 반지, 아니면 디자이너의 준보석 하나가 세팅되거나 보석이 아예 없는 굵은 링 반지 하나만 착용하기도 한다. 아침이면 어떻게 반지를 코디하여 하루를 잘 보낼 수 있을까 하고 늘 생각하게 된다.

이렇게 무궁무진한 코디를 즐길 수 있는 게 반지의 장점이다. 꼭 하나만 착용하라는 법도 없다. 자신의 스타일에 맞게 여러 개를 코디해 보라. 다이아몬드 이터니티 반지eternity ring(링을 따라 작은 다이아몬드들을 빈틈없이 세팅한 반지)를 가지고 있다면, 여러 개의 반지와 함께 활용해 보는 것도 좋다. 이터니티 반지 하나만으로도 나쁘지 않다. 클래식한 멋을 연출할 수 있을 것이다. 만약 금전적으로 부담이 된다면 손가락 안쪽, 즉 보이지 않는 쪽에는 다이아몬드가 세팅되지 않은 디자인을 선택해도 상관없다. 전체적으로 다이아몬드가 세팅된 디자인의 것에 비해 착용감은 더 좋을 것이다. 이런 반지는 평생 유행 없이 즐길 수 있다. 이제 나는 반지 없는 열 손가락을 상상할 수 없게 되어 버렸다. 반지 중독에 빠진 나를 발견하게 된다.

귀걸이는 얼굴을 가장 화사하게 해 주는 훌륭한 능력을 지닌 아이템이니 적극적으로 활용해 보기 바란다. 최근에는 큼직한 디자인, 예를 들어 후프형, 샹들리에형, 드롭형이 유행인데, 기본 디자인인 다이아몬드 스터드 피어스(stud pierce)도 하나쯤 준비해 두면 좋다. 이 귀걸이는 의외로 많은 자리에서 활약할 수 있는 아이템이다. 특히 T. P. O(시간, 장소, 상황에 따라 복장을 다르게 하는 것)에 따라 우아하고 세련된 연출이 필요할 때 다이아몬드 스터드 피어스를 애용해 보자. 큼직한 귀걸이는 한눈에 들어오는 반면, 스터드 피어스는 머리 스타일에 따라서 다르긴 하지만 대체로 살짝살짝 드러나면서 반짝인다. 있는 듯, 없는 듯하면서도 우아한 자기 존재를 확실히 보여 주는 것이다. 이터니티 반지처럼 소재가 다이아몬드라 가격이 부담스럽지 않을까 하고 생각하는 이들도 있겠지만, 작은 다이아몬드가 2개만 있으면 되기 때문에 생각보다 부담스럽지 않다. 진주 스터드 피어스도 추천한다. 만약 귀 아래쪽을 뚫었다면 좀 큰 진주를 착용해 보라. 귓불에서 약간 흘러내리는 물방울을 보는 듯한 아슬아슬한 연출이 참 매력적일 것이다. 하지만 귓불의 한 중간을 뚫었다면 진주 스터드 피어스가 잘 안 어울릴 수도 있다. 어쨌든 이렇게 기본 아이템을 먼저 준비하면 다음 주얼리의 구매 방향을 잡기 쉬워질 것이다.

코디할 때 가장 무난하게 활용할 수 있는 아이템이 목걸이다. 평상시에는 쇄골까지 오는 길이에 십자가나 다이아몬드가 하나만 달린 단순한 것을 착용하되, T. P. O에 따라 진주나 볼륨 있는 긴 목걸이를 겹쳐 착용하면 어떨까. 사실 이런 연출은 과거의 서양 초상화에 종종 나오는 코디다. 신기한 것은 몇백 년 전의 이런 연출을 최신 의상에 시도해 보아도 전혀 손색이 없다는 사실이다. 특히 길거나 짧은 진주 목걸이는 활용도가 높다. 그러나 진주가 몇십 개나 들어간 목걸이는 고가일 수밖에 없다. 그러니 평상시에 편하게 착용하려면 모조품, 즉 패션 액세서리만으로도 충분하다. 약한 진주가 손상되고 분실되는 부담감에서 벗어날 수 있다. 해마다 열리는 샤넬 컬렉션을 참고해 보는 것도 좋다. 진주 목걸이의 무궁무진한 연출의 정석이라고 해도 과언이 아니다.

목걸이를 겹쳐 착용할 때는 균형이 가장 중요하다. 작은 거울에서는 전체적인 균형과 분위기를 살피기 어렵기 때문에 전신 거울에 비춰 보는 것이 좋다. 너무 주렁주렁 달아서 정신없지 않은지, 목걸이의 길이와 볼륨이 의상과 조화를 이루는지, 다른 액세서리나 주얼리를 생략하는 게 좋은지 살펴라. 거울에 보이는 내가 바로 남들에게 보이는 모습인 것을 잊지 말자.

브로치는 잘못하면 고리타분하고 지루해 보일 수 있는 아이템이다. 그러나 잘 소화를 한다면 이것보다 더 우아한 주얼리는 없을 것이다. 각국의 여성 정치인, 퍼스트 레이디, 여왕 등의 가슴 언저리에는 늘 브로치가 빛나고 있는 것을 볼 수 있지 않은가. 그들은 목걸이, 귀걸이, 브로치를 동시에, 심지어 의상에 맞춘 화려한 모자와 함께 착용하고 있는데도 과해 보이지 않는다.

포인트는 착용하는 위치다. 가슴이 아닌 어깨에 가까운 곳에 브로치를 착용하면 그 절묘한 변화에 따라 브로치가 달라 보인다. 예를 들어 에드워드 8세의 부인인 심프슨 부인은 표범 모티프의 브로치를 일부러 어깨 위쪽에 착용해, 뒤에서도 표범의 얼굴이 살짝 드러나게 하는 등 위트 있는 착용을 즐겼다고 한다. 또한 의상 디자인에 따라 브로치를 허리 부분이라든지, 가슴 중앙 등에 달아 다양하게 연출해 보자. 앤티크 주얼리 중에는 참으로 독특한 디자인의 브로치들이 가득하다. 이런 것들을 여러 개 함께 착용하는 코디 또한 추천한다.

최근에는 팔찌를 과감하게 착용하는 이들이 많다. 굵고 큼직한 뱅글을 끼거나 몇 개나 되는 체인 팔찌를 착용하는 식이다. 그런데 팔찌는 여름을 위한 아이템이라고 생각하는 이들이 많은데, 의외로 긴팔 의상에도 잘 어울린다. 움직임에 따라 팔목 아래로 내려와서 살짝살짝 보일 때 약간 신비스럽다고나 할까. 또한 반팔이나 소매 없는 여름 의상에 팔찌를 주렁주렁 연출할 경우, 목걸이는 단순하게 착용하거나 아예 생략하자. 다른 주얼리들을 착용할 때도 마찬가지지만, 오늘의 의상 포인트는 어디에 둘지를 먼저 생각해 보면 어떨까. 요즘에는 남성들도 팔찌를 여성 못지않게 즐긴다. 개인적으로는 굵직한 금 팔찌를 한 남성보다는 실버, 가죽, 나무, 고무 등

천연 진주와 다이아몬드로 세팅된 1900년경의 팔찌, 개인 소장

부담스럽지 않은 소재의 팔찌를 한 남성이 훨씬 자연스럽고 멋스럽게 보인다.

주얼리마다 착용할 때 주의할 점을 생각나는 대로 간단히 읊어 보았다. 물론 내가 제의한 의견과 전혀 다른 생각을 가진 분들도 있을 것이다. 중요한 것은 본인의 스타일, 즉 얼굴형, 머리 스타일, 목과 귀, 팔, 손가락의 생김새, 즐겨 입는 의상 등을 잘 파악하고 이에 따라 어떤 주얼리가 어울리는지를 꾸준히 연구하는 것이다. 개개인의 생김새를 기본으로, 취향에 따라서 주얼리 코디의 영역은 확 달라진다. 나이에 따라서도 달라진다는 것을 잊지 말자. 이전에는 잘 어울려 즐기던 주얼리가 왠지 어색하고 어울리지 않는 일도 있지 않은가. 사회적 위치라든가 환경이 나이에 따라 달라지고, 거기에 따라 취향도 달라지기에 그런 것 같다. 딱 이렇게 해야만 한다는 법칙은 절대 없다. '옐로 골드는 옐로 골드에 맞춰서' 등의 따분한 공식은 잊어버리기 바란다. 고정관념을 과감히 버리라. 생각하지도 못한 조합이 의외로 세련되게 어울릴 수도 있으니 말이다. 어머니 세대가 즐기던 촌스러워 보이는 주얼리가 때로는 나에게 가장 어울릴 수도 있는 법이다.

오랜만에 서랍을 열고 내가 그동안 착용하지 않던, 혹은 그동안 잊었던 주얼리를 한번 살펴보라. 분명히 눈이 마주치는, 혹은 이런 주얼리도 있었나 하고 당신의 관심을 끄는 존재가 있을 것이다. 만약 예물로 받은 옛날 스타일의 것이라 요즘 착용하기에는 좀 촌스러운 듯한 주얼리가 있다면 과감히 리폼해서 착용하는 것도 나쁘지 않다. 주얼리는 착용하면서 즐겨야 제맛이 난다. 특별한 자리를 위해서만 주얼리를 착용하지 말고, 일상에서도 마음껏 즐기면서 나를 연출하는 법에 익숙해졌으면 좋겠다. 남에게 예쁘게 보이기 위한 주얼리 코디보다는 본인이 즐기기 위한, 좀 더 자발적이고 모험적 시도를 해 보는 것은 어떨까? 나라는 사람을 적극적으로 표현할 수 있는, 혹은 자립한 여성의 강하면서도 우아한 매력을 풍길 수 있는, 그런 나만의 코디를 계속 만들어 내기 바란다.

지성이라는 이름으로 주얼리를 즐기다
The Scent of Jewellery

지금까지 가 보았던 미술관이나 박물관 중에서 가장 좋아하는 곳을 하나만 꼽으라면, 나는 런던의 빅토리아 앤드 앨버트 박물관Victoria & Albert Museum을 말할 것이다. 이토록 내가 좋아하는 박물관이 한때는 그 앞을 지나가기도 싫을 정도로 기피 대상이던 시기도 있었다. 런던에 있을 당시, 제출해야 하는 과제물을 위한 자료가 늘 이 박물관에 있었기 때문에 주말에도 그곳을 방문해야만 했다. 그러다 보니 그곳은 어느새 즐거움을 주는 곳이 아니라 무엇인가 배우고 성과를 얻어야 한다는 강박관념과 스트레스를 주는 무거운 곳이 되어 버린 것이었다. 런던을 방문하기 쉽지 않은 지금에 와서야, 당시에 그곳을 마음껏 즐기지 못했던 것이 많이 후회된다. 인간은 가졌을 때는 그 고마움을 모른다. 누가 그랬다, 네가 지금 가시 방석처럼 여기며 앉아 있는 바로 그 자리가 꽃자리라고. 지금은 런던을 방문하는 일정이 생기면 아무리 바쁘더라도 꼭 들르는 가장 좋아하는 곳이 되어 버렸다.

1852년에 설립된 빅토리아 앤드 앨버트 박물관은 흔히 약자인 V&A로 표기되며, 대영 박물관과 함께 영국을 대표하는 국립박물관 중 하

나다. 빅토리아 여왕과 그녀의 남편인 앨버트 공의 이름을 딴 V&A는 몇백 년에 걸쳐 제작된 도자기, 유리 제품, 금속품, 가구, 보석 등의 장식 예술품과 회화, 조각 등의 미술품, 그리고 디자인 영역에 이르는 총 300만 점의 소장품을 자랑한다. 대영 제국으로 거듭나던 식민지 시대에 모은 예술 작품들이 가득한 곳이라고 해도 과언은 아닐 것이다. 박물관의 외관은 내부의 규모를 상상할 수 없을 정도로 지극히 평범하다. 그러나 한 발짝 들어가게 되면 실내에 펼쳐진 세계와 그 다음에 선보일 또 다른 세계에 대한 무한한 궁금증이 절로 생긴다.

입구의 높은 돔 천장에 달린 데일 치훌리^{Dale Chihuly}의 거대한 유리 조형물인 〈아이스 블루와 스프링 그린 샹들리에^{Ice Blue and Spring Green Chandelier}〉(2001)는 들어오는 이들의 시선을 가장 먼저 차지하는 예술품이다. 자유분방한 형태의 이 유리 조형물은 아무리 찾아봐도 빅토리아 시대의 전형에 따른 건축물과 공통점이 없다. 환상적인 형태와 컬러를 지닌 치훌리의 작품과, 유럽의 고전적인 공간의 대조는 강렬한 신비감을 자아낸다. 이 입구를 지나서 만나게 될, 또 다른 공간들과 그곳에 놓인 작품들은 당신의 기대감을 절대 배신하지 않을 것이다. 이처럼 어울리지 않을 것만 같은 것들의 절묘한 조화는 V&A와, 3000년 전부터 현대까지의 다양한 미술 사조를 보여 주는 이곳의 소장품들을 상징한다.

그중에서 윌리엄 앤드 주디스 볼링거 주얼리 갤러리^{William & Judith Bollinger Jewellery Gallery}는 800년에 걸쳐 만들어진 주얼리 3,500점이 전시된 섹션으로 V&A에서 가장 인기 있는 곳 중 하나다. 미국의 자선 사업가인 윌리엄 볼링거와 주디스 볼링거 부부가 기부한 700만 파운드로 4년에 걸쳐 만들어진 곳으로, 2008년에 드디어 일반인들에게 공개되었다. 주얼

빅토리아 앤드 앨버트 박물관에 있는 윌리엄 앤드 쥬디스 볼링저 주얼리 갤러리 내부. 우주를 연상시키는 나선 계단 너머로 주얼리들이 보인다. ⓒ Victoria & Albert Museum

리만을 위한 공간으로 특별히 디자인된 이곳은 원시적 주얼리부터 현대 주얼리에 이르기까지 기나긴 역사의 흐름을 한눈에 엿볼 수 있도록 구성되어 있다.

무엇보다도 이 갤러리의 가장 큰 특징은 우주를 연상시킨다는 점이다. 유리라는 소재를 적극적으로 활용한 이 공간에서는 주얼리들이 마치 어둠 속에서 별처럼 둥둥 떠 있는 듯한 환상적인 효과를 자아낸다. 이곳을 만든 여성 디자이너 에바 이르지치나Eva Jiřičná는 800년 동안 만들어진 주얼리들이 놓일 장소를, 우주 공간과 같은 분위기로 풀어냈다. 2층과 연결된 나선 계단은 투명한 유리와 철로 조합되어 묘한 분위기를 자아낸다. 아래에서 위층을 올려다보면, 조명으로 빛나는 이 계단 너머로 전시된 주얼리들이 찬란하게 떠 있는 것처럼 보인다. 이 세상에서 절대 동시에 함께할 수 없는 고대, 현대, 미래라는 시간들이 한꺼번에 펼쳐진 우주 공간 속에서 각 시대의 주얼리를 감상하는 신비로운 느낌이다. 처음에는 초현대적인 futuristic 공간을 만들어 내는 게 특기인 에바 이르지치나의 스타일과, 주얼리 갤러리가 지녀야 할 현실이 과연 어떻게 어울릴까 하는 걱정부터 들었다. 그런데 그녀는 데일 치훌리의 작품이 걸린 V&A 입구를 작업할 때도 그러했듯이, 이 주얼리 갤러리에서도 묘한 어울림을 우리에게 선사해 주었다. 그리고 공간까지 하나의 예술 작품으로 즐길 수 있다는 점을 신선한 충격으로 제시해 주었다.

'주얼리의 역사 History of Jewellery'라는 제목을 내건 이 갤러리에서는 특별한 지식이 없어도 주얼리를 쉽게 이해할 수 있도록 시대별로 작품들을 전시하고 있다. 먼저, 금속이라는 소재의 가공 기법이 놀라울 만큼 발달했던 시기의 작품을 아우르는 '고대의 주얼리 Jewellery from Ancient world'를 시작으로, 유럽의 엄격한 계급 사회를 보여 주고 종교를 테마로 한 강렬한 주얼리로 가득한 '1200년에서 1500년까지의 중세 주얼리 Medieval Jewellery 1200-1500', 주얼리에도 예술가라는 개념이 싹트기 시작한 '르네상스 주얼리 Renaissance Jewellery', 이전의 무거운 주얼리들과는 사뭇 다른 화사함이 돋보이는 '17세기 주얼리 17th-century Jewellery', 커팅 기술이 눈에 띄게 발달하여 유난히 다이아몬드가 빛나는 '18세기 주얼리 18th-century Jewellery', 과거의 주얼리 스타일에서 영감을 얻은 주얼리와 자연을 모티프로 한 주얼리로 가득한 '19세기 주얼리 19th-century Jewellery'가 이어진다. 또한, 기계에 의존하지 않는 수공예를 예찬하는 '아트 앤드 크래프트 주얼리 Arts & Crafts Jewellery', 주얼리 역사상 가장 획기적이라고 할 수 있는 주얼리와, 또한 이와 거의 동시에 진행된 우아한 주얼리를 보여 주는 '1895년부터 1910년까지의 아르 누보 주얼리와 갈런드 스타일Art Nouveau Jewellery and the Garland Style 1895~1910', 이국적이고 기하학적 디자인으로 주얼리의 근대사를 장식한 작품부터 다시 옐로 골드 주얼리가 대세를 이루는 1950년대까지의 작품을 선보이는 '아르 데코 주얼리부터 1950년대까지Art Deco Jewellery to the 1950s', 마지막으로 아방가르드의 진수를 보여 주는 1960년대 이후부터의 '현대 주얼리Contemporary Jewellery'로 구성되어 있다.

이 중에는 우리에게 익숙한 까르띠에, 티파니, 부셰롱, 쇼메 등 유명 주얼리 메종의 역사적 주얼리들이 포함되어 있다. 윌리엄 앤드 주디스 볼링거 주얼리 갤러리의 개관을 기념하여 뉴욕 주얼리 컬렉터이자 딜러인 퍼트리샤 V. 골드스타인Patricia V. Goldstein이 소장하던 미공개 상태의 티파니와 까르띠에 주얼리 컬렉션도 이곳에 소장되고 선보여 많은 화제가 되었다. 또한, 이곳에 소장된 카스텔라니, 줄리아노, 파베르제와 같은 19세기 천재 작가들의 작품들은 세계 어느 곳과 비교해도 으뜸이라고 할 수 있겠다. 이들 모두 각 시대의 예술 사조를 보여 주는 증인들이라 해도 과언이 아니다.

또한 이 갤러리에서는 140명 이상의 현존 주얼리 작가들의 작품을 선보이고 있다. 이 작품들은 고가의 보석 대신 플라스틱과 종이는 물론, 기존에는 주얼리의 소재로 생각하지도 못했던 새로운 소재와 기술을 활용한 현대 주얼리들이다. 지금 우리가 앤티크 주얼리의 가치를 평가하듯이, 머지않은 미래에 또 다른 시각으로 평가되고 검증될 가능성을 기대해 본다.

해외여행이 활성화된 요즘 같은 시대에는 그 지역을 몇 번이나 방문해도 꼭 들르게 되는 중독성 있는 호텔, 레스토랑, 쇼핑 거리, 미술관, 박물관 등이 분명히 있을 것이다. 만약 주얼리와 친해지고 싶다면 각

도시에 하나쯤, 그 나라의 주얼리를 살필 수 있는 곳을 선택해 두자. 나에게 V&A의 주얼리 섹션은 몇 번을 가도 질리지 않는 곳이다. 그리고 회를 거듭할수록 매번 그곳에서 주얼리와 사랑에 빠지게 된다.

당신이 혹시 주얼리에 대해 알고 싶은 욕심이나 호기심이 조금이라도 있다면, 그것은 주얼리에 호감이 있다는 증거다. 주얼리를 보는 안목을 조금씩 키워 나간다면 호감이라는 감정은 차차 설렘 같은 또 다른 느낌으로 다가올 것이다. 교과서를 통해 논리적인 지식을 쌓아 가자는 따분한 이야기가 아니다. 안목을 키운다는 것은 각자의 감성을 단련하기 위한 중요한 훈련 과정이다. 어떤 시대의 어떤 스타일, 어떤 흐름이 각 주얼리에 깊이 얽혀 있는가를 실물을 보며 자주 살피다 보면 나의 취향에 대해서 더 잘 알 수 있으며, 자연스럽게 주얼리의 세계를 광범위하게 망라하게 될 것이다. 이렇게 얻게 될 나만의 특별한 취향은 나이, 상황 등에 따라 달라질 것이다. 점차 성숙해질 취향의 변화를 주얼리에 비추어 마음껏 즐기기 바란다.

시크릿 오브 주얼리

2012년 2월 20일 초판 1쇄 인쇄
2012년 2월 22일 초판 1쇄 발행

지은이 | 송경미
발행인 | 전재국

본부장 | 이광자
단행본개발실장 | 박지원
책임편집 | 강혜진
마케팅실장 | 정유한
책임마케팅 | 정남익 노경석 조용호 신재은
제작 | 정웅래 박순이

발행처 (주)시공사
출판등록 1989년 5월 10일(제3-248호)

주소 | 서울특별시 서초구 서초동 1628-1(우편번호 137-879)
전화 | 편집(02)2046-2844 · 영업(02)2046-2800
팩스 | 편집(02)585-1755 · 영업(02)588-0835
홈페이지 www.sigongsa.com

이 책에 실린 도판은 Cartier Korea, Tiffany Korea, Albion Art(Japan),
The Bridgeman Art Library, Färber Collection에서 사용 허가를 받은 것입니다.
저작권법에 의하여 한국 내에서 보호를 받는 저작물이므로 무단 전재 및 복제를 금합니다.

허락을 받지 못한 일부 도판은 저작권자가 확인되는 대로
계약 절차를 밟고 그에 따른 사용료를 지불하겠습니다.

ISBN 978-89-527-6452-2 13630

본서의 내용을 무단 복제하는 것은 저작권법에 의해 금지되어 있습니다.
파본이나 잘못된 책은 구입하신 서점에서 교환해 드립니다.